国家级职业教育规划教材
人力资源社会保障部职业能力建设司推荐

全国职业院校智能网联汽车新形态工作手册式教材
全国技工院校智能网联汽车工学一体化教材

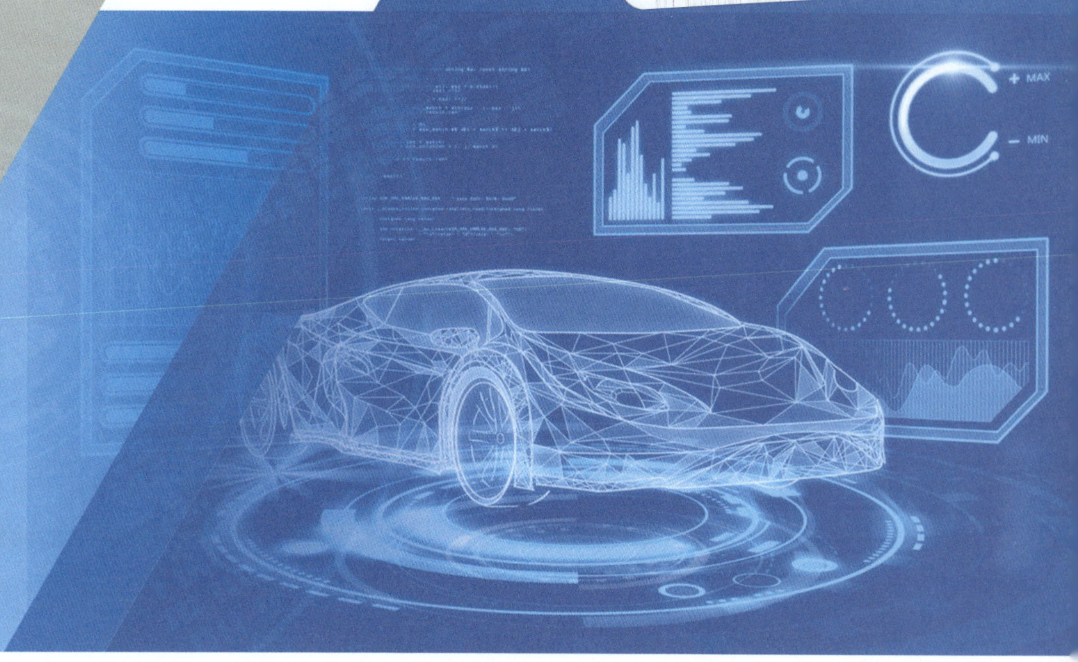

汽车线控底盘装调与检修

中德诺浩汽车职业教育研究院　组织编写

主　编　宋建桐　吕丕华
副主编　许智达　李　卓　刘宏亮
参　编　卢　伟　贺　翔　王　旭

中国劳动社会保障出版社

内容简介

本书以新一代汽车企业岗位（群）任职要求、职业标准、典型工作任务为主体内容，以“教、学、做”合一的形式编写而成，具有工作手册和教材的共同特征。全书共有 5 个学习情境、16 个任务，内容主要包括线控加速系统踏板装调与检修、线控换挡系统检修、线控驱动自动驾驶系统调试与检查、线控电动转向系统检修与更换、线控转向自动驾驶系统调试与检查、线控制动系统检修、线控悬架系统综合故障检修、线控底盘通信系统检查与数据解析、线控底盘参数调节与综合测试等。

本书可作为职业院校与技工院校智能网联汽车相关专业教学用书，也可作为汽车企业相关技术人员与社会人士培训参考用书。

图书在版编目（CIP）数据

汽车线控底盘装调与检修 / 宋建桐，吕丕华主编 . -- 北京：中国劳动社会保障出版社，2023
全国职业院校智能网联汽车新形态工作手册式教材　全国技工院校智能网联汽车工学一体化教材
ISBN 978-7-5167-5898-4

Ⅰ. ①汽…　Ⅱ. ①宋…②吕…　Ⅲ. ①汽车 – 线路 – 底盘 – 装配（机械）– 技工学校 – 教材②汽车 – 线路 – 底盘 – 调整 – 技工学校 – 教材③汽车 – 线路 – 底盘 – 车辆修理 – 技工学校 – 教材　Ⅳ. ①U463.1 ②U472.41

中国国家版本馆 CIP 数据核字（2023）第 126599 号

中国劳动社会保障出版社出版发行

（北京市惠新东街 1 号　邮政编码：100029）

*

三河市华骏印务包装有限公司印刷装订　新华书店经销

880 毫米 ×1230 毫米　16 开本　16.5 印张　353 千字

2023 年 8 月第 1 版　2023 年 8 月第 1 次印刷

定价：59.00 元

营销中心电话：400-606-6496

出版社网址：http://www.class.com.cn

http://jg.class.com.cn

前言

近年来，我国汽车产销总量连续位居全球第一，汽车产业已发展成为我国国民经济重要的战略性、支柱性产业。伴随新一轮科技革命和产业变革，智能网联汽车已成为全球汽车产业发展的战略方向。

党的二十大报告指出，“坚持把发展经济的着力点放在实体经济上，推进新型工业化，加快建设制造强国、质量强国、航天强国、交通强国、网络强国、数字中国”。国家发展和改革委员会等部门印发的《智能汽车创新发展战略》提出，“发展智能汽车，有利于提升产业基础能力，突破关键技术瓶颈，增强新一轮科技革命和产业变革引领能力，培育产业发展新优势”，具有重要的战略意义。与之呼应，汽车产业对于高素质技术技能型人才的需求越来越紧迫。

根据中共中央办公厅、国务院办公厅印发的《关于加强新时代高技能人才队伍建设的意见》，为贯彻落实全国职业教育大会精神，为我国汽车产业提供有力的人才和技能支撑，编者团队以岗位职业技能为核心，以优化课程结构、加强实践教学、突出能力培养和提高教材质量为突破口，编写了这套职业院校智能网联汽车新形态工作手册式教材。

本套教材融入企业新知识、新技术、新工艺、新方法，根据汽车产业链典型岗位工作标准，将智能网联汽车理论知识与实践应用有机结合，综合培养学生的专业知识、技术技能、职业道德等职业综合素质和行动能力，具有以下特点：

（1）产教融合，内容前瞻。集合职业院校与龙头企业等多方力量，依据职业教育国家专业教学标准，按照生产实际和岗位需求，将新技术、新工艺、新规范、典型生产案例纳入教材内容，对接职业标准和岗位（群）能力要求。

（2）理实结合，工学一体。以真实生产项目、典型工作任务等为载体，把握学生认知规律，体现先进职业教育理念，将工作过程和学习过程融为一体，培养学生的综合职业能力。

（3）模式先进，编排合理。采取行动导向教学模式，按照结构化、模块化、系统化的要求精心编排教材内容，满足项目学习、案例学习、模块化学习等不同学习方式的需求。

（4）形态创新，数字引领。采用工作手册式教材形式，图、文、表并茂，“岗课赛证”融通，配套数字资源形式多样、信息技术应用充分，附有专属二维码便于使用者浏览和学习，有效激发学生的学习兴趣和创新潜能。

（5）课程思政，导向明确。内容编写坚持正确的政治方向和价值导向，落实课程思政要求，弘扬劳动光荣、技能宝贵、创造伟大的时代风尚，培育劳模精神、劳动精神和工匠精神。

（6）彩色印刷，制作精良。全书采用彩色印刷，版面清晰，主题明确，满足理论及实训等多种教学场景。

本套教材可作为职业院校智能网联汽车相关专业核心教材，也可作为其他汽车类专业的专业课教材和拓展课教材使用，同时还可供从事汽车研究、设计、制造、使用和维修的工程技术人员学习和参考。

智能网联汽车技术是传统汽车技术与信息技术、人工智能、通信技术、传感器技术等新技术的深度融合，整个行业还在不断地创新探索技术和服务的内容、模式，加之编写团队水平有限，使本书在一些具体问题的处理上难免有不尽如人意之处，敬请广大读者批评指正！

《汽车线控底盘装调与检修》由北京电子科技职业学院宋建桐、中德诺浩（北京）教育科技股份有限公司吕丕华任主编，中德诺浩（北京）教育科技股份有限公司许智达、广西商业技师学院李卓、运城市机电工程学校刘宏亮任副主编，山东理工职业学院卢伟、贺翔、王旭参与编写。其中，任务一到任务四由宋建桐编写，任务五到任务七由吕丕华编写，任务八和任务九由许智达编写，任务十和任务十一由李卓编写，任务十二和任务十三由刘宏亮编写，任务十四由卢伟编写，任务十五由贺翔编写，任务十六由王旭编写。

此外，本教材在编写过程中还得到了相关行业、企业，以及职业院校产、学、研各方面的专家和技术骨干的参与和支持，在此致以诚挚的谢意。

编　者

2023 年 8 月

Contents 目录

情境一
线控驱动系统装调与检修

情境介绍

智能网联汽车融合了自主式智能汽车与网联式智能汽车的技术优势，涉及汽车、信息通信、交通等诸多领域，是未来汽车技术发展的一个重要方向。在智能网联汽车技术架构中，车载平台底盘线控技术与环境感知技术、智能决策技术共同被列为三大车辆关键技术。

智能网联汽车匀速行驶和加速行驶功能由线控驱动系统实现。线控驱动系统利用线控技术替代传统汽车的拉索与软轴等机械装置，突出体现底盘线控系统的基本技术特征。深入了解线控驱动系统的基础知识，掌握线控驱动系统装调与检修工作的思路与方法是掌握智能网联汽车线控底盘相关技术技能的重要出发点。

本情境包含线控加速系统踏板装调与检修、线控加速系统驱动电机检修与标定、线控换挡系统检修、线控驱动自动驾驶系统调试与检查四个工作任务，具体内容包括线控加速系统的检修、驱动电机系统标定、线控换挡系统检查、线控驱动自动驾驶系统调试等。

情境目标

▸ 能根据车辆装调技术要求，正确使用装调及检查工具，规范完成线控加速系统踏板的装调。

▸ 能根据车辆维修手册，正确使用故障诊断及维修工具，规范完成线控加速系统踏板和驱动电机系统故障的诊断与检修。

▸ 能根据车辆维修手册，正确使用故障诊断及维修工具，规范完成线控换挡系统故障的检修。

▸ 能根据自动驾驶汽车相关装调手册，按照标准工作流程，规范完成线控加速踏板人工接管门限值标定等调试任务。

▸ 能根据自动驾驶汽车相关操作手册与功能检查技术规范，熟练使能线控驱动自动驾驶系统，规范完成自动驾驶纵向加速与换挡控制功能的检查。

任务一
线控加速系统踏板装调与检修

任务导入

场景：某国产智能网联汽车售后维修中心。

人物：客户王先生、维修技师张师傅、见习维修技师小杨。

情节：王先生的国产智能网联汽车在使用过程中出现了踩下加速踏板后车辆无反应的故障。送修后，张师傅用诊断仪读出线控底盘中加速踏板的相关故障码。现在小杨需要协助张师傅对线控加速系统进行检修。本次维修工作是小杨第一次接触线控底盘，如果你是小杨，你会从哪些方面着手开始工作？

任务目标

▸ 能根据智能网联汽车线控底盘的类型划分及技术特征，准确进行技术资料查询和工作准备。

▸ 能按照车辆维修手册操作规范，正确使用工具，规范完成线控加速踏板的更换。

▸ 能按照车辆维修手册检修流程，正确使用万用表和专用工具，规范完成线控加速系统踏板故障的检修。

任务实施

一、线控加速踏板装调检查

1. 知识学习

（1）线控底盘的定义

随着汽车工业的发展进步，智能网联汽车正在逐渐代替传统汽车成为人们日常出行的重要交通工具。智能网联汽车（intelligent and connected vehicle，ICV）是指搭载先进的车载传感器、控制器、执行器等装置，并融合现代通信与网络技术，实现车与X（车、路、人、云等）智能信息交换、共享，具备复杂环境感知、智能决策、协同控制等功能，可实现安全、高效、舒适、节能行驶，并最终实现替代人来操作的新一代汽车。智能网联汽车相关技术在汽车底盘上突出体现为各类先进底盘线控系统的广泛应用。

底盘是汽车最基本的组成部分。汽车底盘承受来自车身、乘员、动力装置的质量以及路面的冲击力，通过接收动力系统的输出实现车辆运动。驾驶员在驾驶车辆时，利用大脑控制四肢，通过转向盘、加速踏板、制动踏板、换挡操作杆等装置进行车辆控制。传统汽车上，车辆座舱内的操控装置与底盘执行部件之间（如转向盘与车辆转向轮），通过拉索、拉杆、软轴、齿轮传动等机械机构直接相连。此类操控方式可以被理解为“提线木偶”——操控者通过扯动连线带动木偶的手脚上下运动。

随着传统汽车向智能网联汽车的进化，智能网联汽车通过线控技术实现了汽车底盘及其操控系统两方面全新的功能：利用电信号替换原有传统操纵装置的机械连接，优化车辆操纵稳定性和驾乘舒适性；由智能驾驶装置辅助操控甚至取代驾驶员直接操控车辆，使车辆主动安全功能全面提升并具备自动驾驶能力。

采用线控技术的汽车底盘系统被称为汽车线控底盘。汽车线控（drive by wire）技术是利用电信号取代底盘操纵部件与执行部件之间的机械连接的车用机电控制技术。在线控底盘运行过程中，传感器采集驾驶员的操控意图，车载计算单元对传感器信号进行运算处理，利用电能驱动执行部件进行车辆操控。不同于传统底盘“提线木偶”的方式，线控系统可以被理解为“小型机器人”，“机器人”通过电线传输信号“听懂”驾驶员的操控命令或车辆发出的指令，智能化地驱动执行部件完成相应动作。

（2）底盘线控系统

智能网联汽车线控底盘包含线控驱动系统、线控转向系统、线控制动系统和线控悬架系统四个底盘线控系统。其中，线控驱动系统又包含线控加速系统和线控换挡系统，如图 1–1 所示。

线控加速系统用于驾驶员驾驶车辆加速行驶及自动驾驶提速，典型部件包括线控加速踏板、动力装置如驱动电机或电控发动机等。

线控换挡系统用于车辆行驶时换挡，典型部件包括电子换挡系统、变速箱或电机控制器（motor control unit，MCU）。

线控转向系统用于驾驶员转变车辆行驶方向及车辆自动驾驶横向运动，典型部件包括转向盘、线控转向系统、转向机等。

线控制动系统用于车辆减速行驶、制动及自动驾驶纵向减速，典型部件包括线控制动踏板、电动制动助力器等。

线控悬架系统又称为主动悬架系统，用于驾驶员对车辆悬架个性化调节以及高级辅助驾驶中车辆悬架的自动调节，典型部件包括可变阻尼减振装置等。

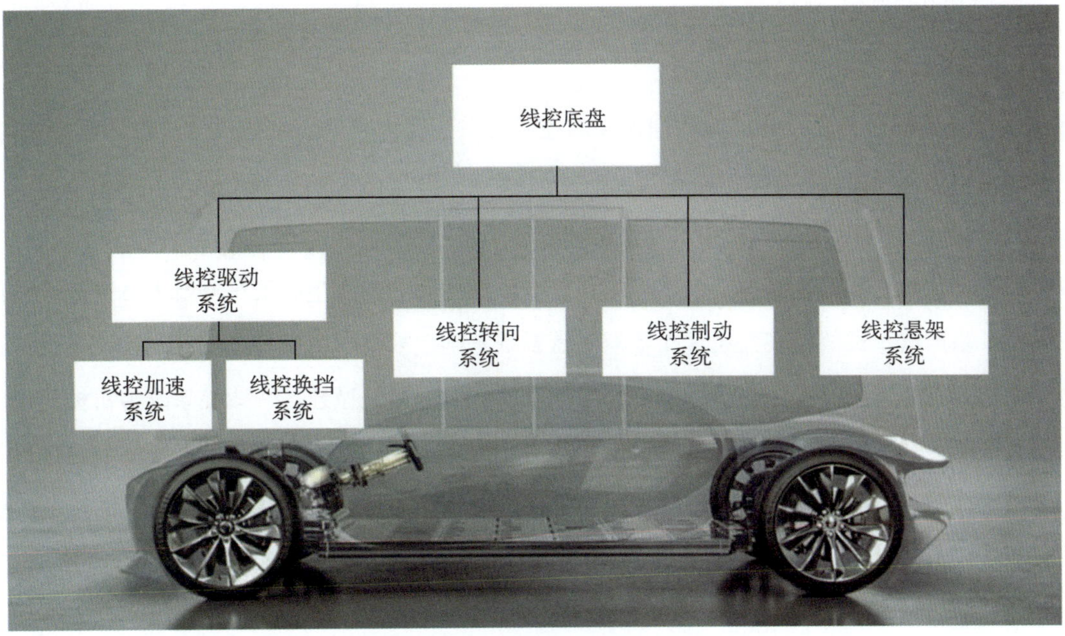

图 1-1 底盘线控系统

（3）线控底盘的优点与技术难点

1）优点

线控底盘相对于传统底盘具有质量小、易调试、控制精度高、易于实现自动驾驶、布置灵活等优点，可以实现各级别智能（自动）驾驶、驾乘个性化、人机界面丰富等多种功能和特点。

① 质量小：由于省去了复杂机械连接部件，底盘线控技术可极大减小底盘质量。

② 易调试与控制精度高：线控系统相对传统操控系统更便于维护和装调，相关工作往往可以在一个外接的电脑上进行。车规级的机电控制系统可以实现比人力更精确的控制精度。

③ 易于实现自动驾驶：线控底盘由于其技术属性极易作为先进驾驶辅助系统（advanced driving assistance system，ADAS）以及自动驾驶系统的重要组成部分，完成其中执行部分的工作。在驾驶员操控车辆的同时，线控底盘的底盘控制单元可以接收整车控制器（vehicle control unit，VCU）的指令，控制执行电机与驾驶员协同工作或者直接单独自动驾驶车辆，例如，辅助增加转向力以减轻驾驶员负担、在紧急状况下夺取车辆控制权执行紧急避障自动驾驶等。

④ 布置灵活：底盘线控技术可以大幅提高汽车使用个性化和人机工程设计的灵活度。个性化方面，以线控转向系统为例，体现在转向系统可以通过在控制器中预置程序使系统具有舒适、运动等多个模式供驾驶员个性选择；人机工程方面，车辆操控方面的人机界面可以有拨杆、按钮等多种形式并且在座舱内的布置不受传动系统物理结构限制，这一特点在线控换挡系统上体现得尤为明显。

线控底盘一般作为车辆自适应巡航（adaptive cruise control，ACC）、车道保持辅助（lane keeping assist，LKA）系统等车辆先进驾驶辅助系统（ADAS）的执行系统使用，因此，具有上述先进驾驶辅助系统（ADAS）功能及更高级别自动驾驶功能，通常是某一个车型的底盘有线控系统以及底盘技术先进性的标志。

2）技术难点

底盘线控技术作为一种代替机械物理连接的技术方案，存在一些固有的技术难点，如安全可靠性、路感、控制延迟、高耗能等问题。

① 安全可靠性问题：底盘线控技术存在被“黑客劫持”、控制信号错误或者丢失、传感器失灵、执行器故障等潜在风险。在车辆高速行驶过程中，安全可靠性问题的发生会给车辆及人员造成难以估量的损失。因此，量产汽车的线控底盘通常在基本底盘系统基础上采取以下三种方案：线控冗余设计，同时有多套控制器或者控制电路互为备份；机械和线控双系统，保留机械连接，线控系统与机械连接同时工作；线控冗余与双系统结合。其中，第三种方案普遍应用于线控转向和线控制动系统中。在进行与线控底盘相关的工作时，智能网联汽车是否具有转向管柱并不是该车是否装配线控转向系统的特征，事实上线控转向系统并不通过“代替”而取消了转向管柱，而是机械和线控双系统同时存在和共同工作。

② 路感问题：在传统汽车行驶过程中，路面反馈力会传递给驾驶员，使驾驶员具有“路感”和心理安全感。简单的纯线控系统只能做到从操纵装置到执行器单向发送信号，无法传递反馈力。目前先进的技术解决方案是通过机械和电子系统并存的方式，在车辆的人机界面上加装路感反馈装置（电机），通过振动或力的方式给驾驶员提供并适度强化道路及周围环境信息。例如，一些车型上具有主动加速踏板，该系统可在车辆与前车距离较近的时候向驾驶员脚部发出振动提示。

③ 控制延迟问题：在线控系统工作过程中，驾驶员的意图采集、信号传输等工作环节客观上都需要一定的时间。为了保证车辆安全，底盘需要在毫秒级的时间段内做出动作。因此智能网联汽车线控底盘通常要求底盘总线在传输速率和可靠性方面性能优异，以避免延迟问题发生。在目前智能网联汽车ADAS 相关事故中，控制延迟相关故障是重要的原因之一。

④ 高耗能问题：底盘线控技术中动力输出方式是利用电能代替人力做功，因此，智能网联汽车相对于传统车辆存在高耗能问题。近年来随着智能网联汽车动力装置的性能提升和线控系统能耗优化，能耗问题逐渐减轻，但是在后市场维修中线控系统供电相关的故障现象仍需特别关注。

（4）线控底盘的发展趋势及滑板底盘

随着线控技术、机电系统集成技术和车载计算平台技术的不断发展，线控底盘正在逐步集成化、数字化和平台化，其发展的一个重要方向是滑板底盘。

滑板底盘是一种将驱动电机、动力蓄电池和各底盘线控系统高度集成为一体的新型汽车线控底盘，如图 1–2 所示。滑板底盘具有以下四方面突出优点：平台化，滑板底盘更易于构成纯电动汽车平台，形成车辆产品系列化，极大减少新产品开发时间，同时降低开发工作复杂程度；灵活可变，滑板底盘由于形状扁平、结构紧凑、长度和轴距等尺寸灵活可变，相对传统底盘可以为座舱提供更大的空间，提高车辆舒适性并扩展车辆用途；全线控，底盘可以实现全线控并可以通过软件调整底盘性能；高度集成热管理，便于实现底盘的多种布置形式。

图 1-2　滑板底盘

在底盘技术方面，滑板底盘中各线控系统如线控制动、线控转向、线控悬架等，系统的控制器和执行单元通过集成设计被缩减成各个模组。当前最先进的滑板底盘具有四个模块化、可快速更换的角单元底盘部件，如图 1-3 所示。角单元位于每个车轮与底盘车架之间，仅通过一个模组就将线控悬架、线控转向执行机构与控制器、线控制动电机、线控驱动电机全部集成为一体。由于成本等原因，上述配装有角单元底盘部件的滑板底盘目前还处在小规模应用阶段，但“滑板底盘”概念和大量相关技术已经在量产的新车型上得到了运用。

图 1-3　滑板底盘和角单元底盘部件

此外，滑板底盘采用名为“电池融合底盘（cell to chassis，CTC）”的动力蓄电池组装技术。该技术将传统的“电池单体、电池模块、电池组”模式转变为“电池单体、电池组”的 CTC 模式，实现动力蓄电池与底盘的集成化设计。

（5）线控加速系统

线控加速系统的主要功能是利用传感器采集驾驶员加速意图，结合车辆驱动模式设定，通过动力装置控制器对动力装置进行供电和控制，实现车辆加速行驶。线控加速系统与线控换挡系统共同组成线控驱动系统。

以纯电动汽车为例，线控加速系统主要由线控加速踏板、电机控制器、驱动电机等组成，如图 1–4 所示。

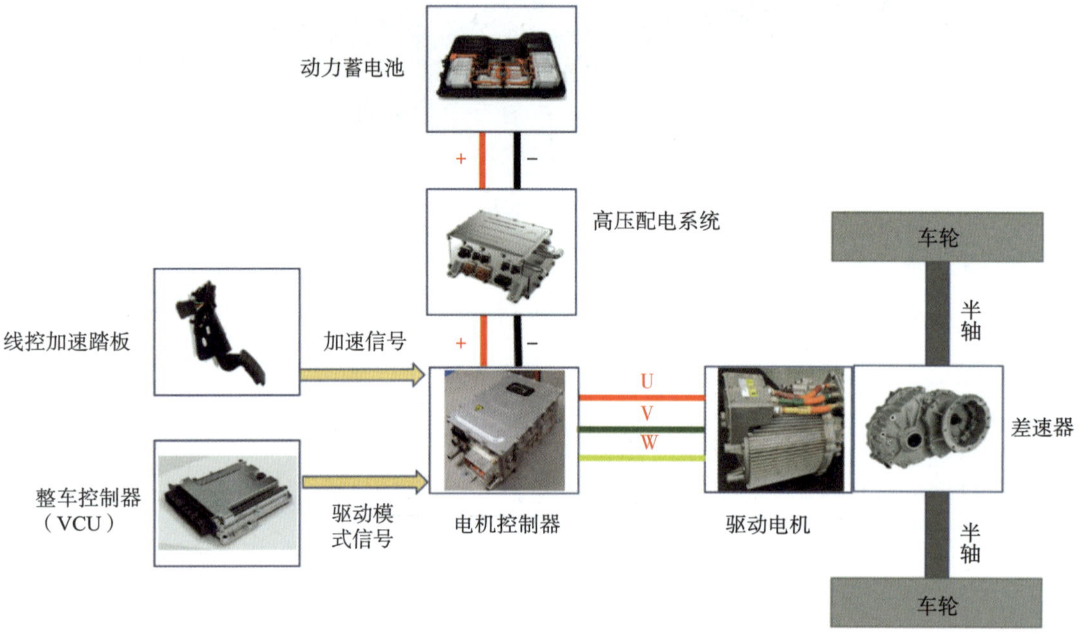

图 1–4　线控加速系统的组成

在线控加速系统工作过程中，动力蓄电池将存储的化学能转变为电能，通过高压配电系统为电机控制器供电。电机控制器根据驱动电机的类型将动力蓄电池的直流电转换为相应电压等级的直流、交流或脉冲电流，为驱动电机供电。电机控制器接收来自线控加速踏板和整车控制器等部件的信号，控制驱动电机的输出扭矩。驱动电机输出轴与变速箱连接，通过差速器与半轴驱动车轮，实现车辆加速行驶。

（6）线控加速踏板

1）功能

线控加速踏板又称为电子油门踏板，是将驾驶员通过踩踏踏板所表现的加速意图转化为电信号并传输给驱动系统控制器的装置。线控加速踏板内部安装有机械弹簧与阻尼机构，提供适度的踩踏力与阻尼感。驾驶员脚部松开踏板后，踏板接触面应顺滑回弹。

2）外观与分类

按照安装位置不同，线控加速踏板可分为地板式与悬挂式两大类，如图 1–5 所示。地板式线控加速踏板安装在车身地板上，用于座舱空间较大的车型。悬挂式线控加速踏板安装在车辆前围板上，常见于座舱空间较为紧凑的车型。

a）　　b）

图 1–5　线控加速踏板的类型

a）地板式　b）悬挂式

3）装调与检查

线控加速踏板根据类型安装于转向盘下方的地板或前围板上，位置处于制动踏板右侧，如图 1–6 所示。

图 1–6　线控加速踏板的安装位置

线控加速踏板安装方式一般为三点或者四点螺栓连接。

线控加速踏板部件检查包括外观检查、安装检查和机械操作检查。

① 外观检查：观察踏板外壳是否存在裂纹，踏板臂与安装螺栓的位置应作为检查重点。检查线控加速踏板插接口是否完好，是否存在污损和裂纹。

② 安装检查：根据踏板类型与维修手册，查看踏板紧固情况。由于踏板面为运动部件，应查看踏板面运动范围内是否存在地垫等物品的干涉和阻挡。

③ 机械操作检查：按照驾驶员正常驾驶姿势踩踏加速踏板或使用专用工具，查看踏板力是否在手册规定的合理范围内。踏板踩下和回弹过程中不得有卡滞感。

如检查发现线控加速踏板存在外观和机械操作问题，需及时进行部件维修或更换；如检查发现存在安装问题，需核实踏板型号和零件号是否正确，并在必要时进行重新安装。

2. 技能操作

（1）操作准备

准备技能操作所需的物料，见表 1–1。

表 1–1　物料准备

类别	所需物料
教学整车 / 实训平台	配备线控加速系统的整车或台架
仪器、设备、工具	维修手册、车内防护用品、耐磨手套、绝缘扭力扳手、绝缘工具套装、手电筒等

（2）线控加速踏板装调检查

对线控加速踏板进行检查，将检查结果记录在表 1–2 中。

表 1–2　线控加速踏板检查记录

序号	项目类别	工作内容	检查结果	备注
1	部件类型	踏板类型	地板式 □　悬挂式 □	
2	外观检查	壳体	正常□　不正常□	
		安装面（孔）	正常□　不正常□	
		插接口	正常□　不正常□	
3	安装检查	紧固	正常□　不正常□	扭矩值： 标准扭矩值：
		干涉与阻挡	正常□　不正常□	
4	机械操作检查	踏板力	正常□　不正常□	
		踏板阻尼	正常□　不正常□	
		踏板回弹	正常□　不正常□	

二、线控加速系统检修

1. 知识学习

（1）线控加速踏板的组成

线控加速踏板由踏板、踏板位置传感器、复位弹簧和阻尼机构等组成。复位弹簧通常采用双弹簧设计，以保证踏板踩下后极端情况下仍可以安全复位。线控加速踏板的组成如图 1–7 所示。

（2）线控加速踏板位置传感器

线控加速踏板位置传感器是专门用来检测加速踏板的转角或位移变化并将其转化为电信号的传感器。根据工作原理的不同，常用的线控加速踏板位置传感器分为电位计式、霍尔式和感应式三类。电位计式踏板位置传感器属于接触式传感器。霍尔式和感应式踏板位置传感器属于非接触式传感器。非接触式传感器内部的运动部件和固定部件无物理接触，不会因长期使用而出现触点磨损，具备较长的使用寿命和较高的可靠性，因此，目前智能网联汽车绝大多数采用此类踏板位置传感器。线控加速踏板位置传感器的分类如图 1-8 所示。

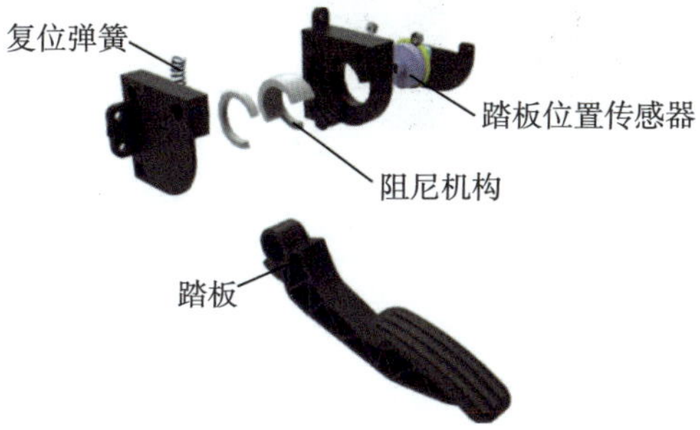

图 1-7　线控加速踏板的组成

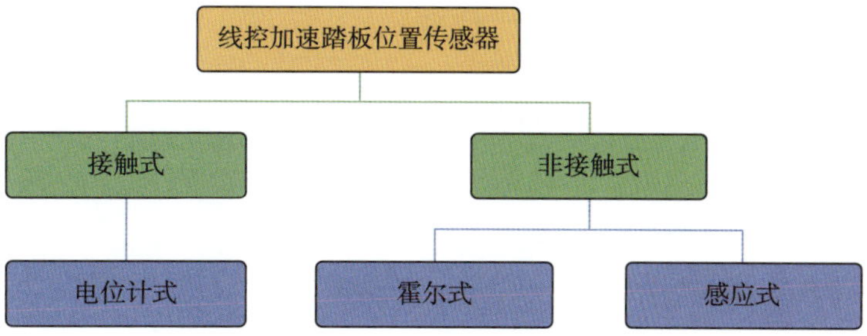

图 1-8　线控加速踏板位置传感器的分类

1）感应式踏板位置传感器

感应式踏板位置传感器的定子与踏板壳体固定，其主要部件有发射线圈（又称励磁线圈）、接收线圈和处理器；传感器的转子与踏板相连，是一个或若干个特定形状的闭合回路，随着踏板踩下而绕轴旋转。感应式踏板位置传感器如图 1-9 所示。

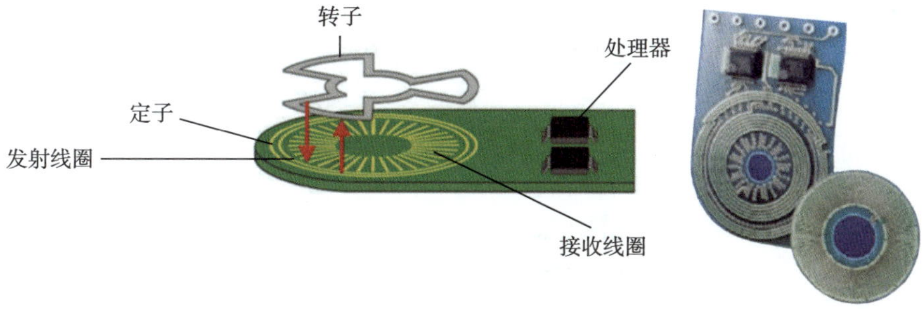

a）　　b）

图 1-9　感应式踏板位置传感器

a）原理图　b）元件

2）霍尔式踏板位置传感器

霍尔式踏板位置传感器由与壳体固定的霍尔元件和随踏板运动的磁铁组成。根据霍尔效应原理，当磁铁随踏板转动时，磁铁之间的磁场方向发生变化，造成通电的霍尔元件电压变化。传感器处理器对霍尔元件的电压数值进行运算，并输出直流电信号。霍尔式踏板位置传感器如图 1-10 所示。

与感应式踏板位置传感器相同，常用的霍尔式踏板位置传感器同样采用冗余设计，其具有两个独立的霍尔元件和处理器，在测量踏板位置信息时同时输出两路独立的信号。

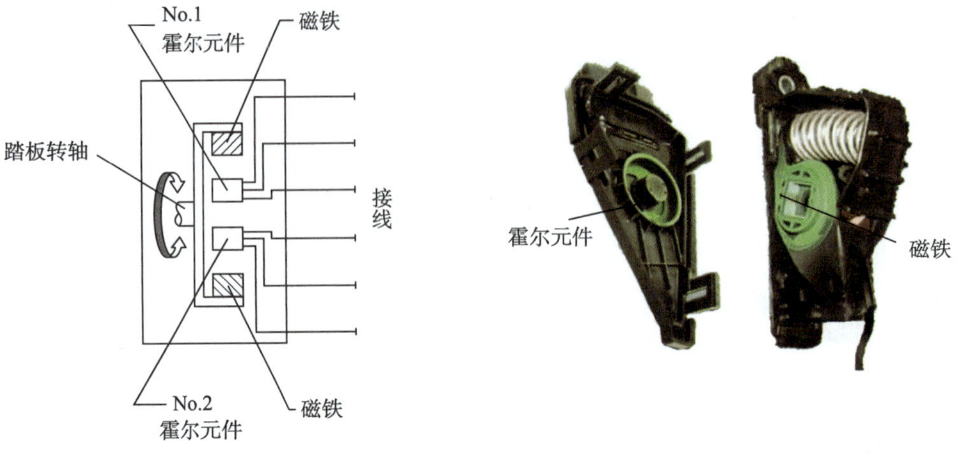

a）　　　　b）

图 1–10　霍尔式踏板位置传感器

a）原理图　b）元件

（3）线控加速踏板的输出信号

线控加速踏板的输出电压随着踏板踩下而增大，且电压值与踏板行程为线性关系。在输出方式上，线控加速踏板采用双路信号输出，两路信号的输出电压的关系通常为：第 1 路信号电压是第 2 路信号电压的两倍左右，踏板行程与输出信号特性曲线如图 1–11 所示。

线控加速踏板输出电压的参考数值为：踏板未踩下时，两路输出电压分别为总输出电压的 16% 和 8%；踏板全部踩下时，两路输出电压分别为总输出电压的 79% 和 39%。

线控加速系统工作时，电机控制器同时读取并检测两路信号，两路信号均正常时，车辆加速依据第 1 路信号执行；两路信号中某一路出现问题或者两路信号不同步时，车载诊断系统会报警，车辆自动开启“跛行”模式，在一定限制车速下行驶。

（4）线控加速踏板的工作电路

线控加速踏板的标准工作电压为 5 V。线控加速踏板与电机控制器通过线束连接，电机控制器分别为线控加速踏板内部独立的两组感应部件供电和提供接地（搭铁），两组供电和接地端不共用。系统工作时，双路信号各自独立地传输至电机控制器，线控加速踏板的工作电路如图 1–12 所示。

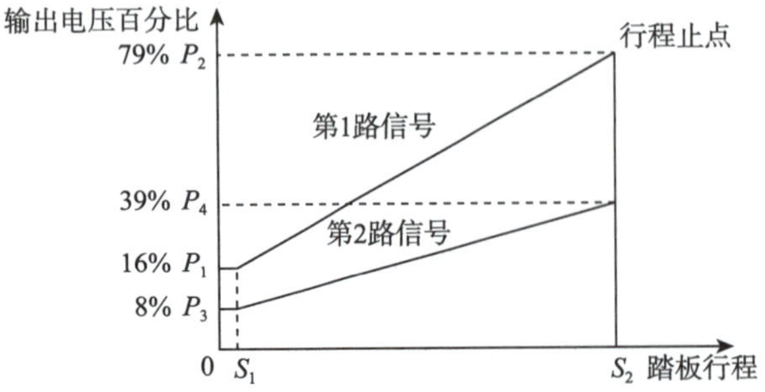

图 1–11　踏板行程与输出信号特性曲线

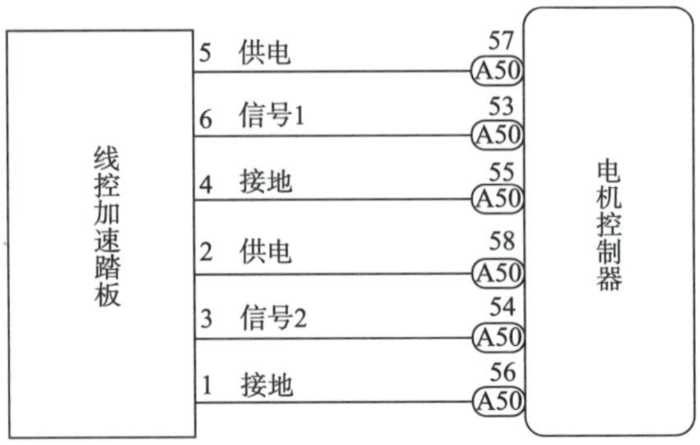

图 1–12　线控加速踏板的工作电路

（5）线控加速系统的检修

1）故障验证

参照车辆使用手册操纵车辆，验证线控加速系统的故障是否真实存在。为保证安全，在验证故障时场地应宽阔，车辆前方和后方不得站人。主要验证内容包括：车辆启动后“READY”指示灯是否指示正常、线控加速踏板踩下后车辆的反应。

2）故障问诊

① 观察仪表故障指示灯、提示信息等是否存在异常。

② 反复踩下线控加速踏板，查看踏板是否有异响、卡滞。

③ 与用户沟通了解车辆线控加速系统故障发生时的路况、故障是否偶发及发生故障前一段时间内车辆是否有异常等。如果故障发生时车辆经过颠簸路面或者故障偶发，则可以怀疑导线、插接器等可能出现了虚接。

④ 检查辅助蓄电池电压是否满足维修手册规定值要求，检查辅助蓄电池正负极端子是否存在虚接、氧化、腐蚀等情况。

⑤ 用诊断仪读取线控加速系统故障码、数据流来检查线控加速系统是否存在故障。

3）故障分析

① 测试电路中与线控加速系统公用供电、接地的其他系统或部件的工作状况，来分析线控加速系统可能的故障点。

② 故障码分析。根据检测到的线控加速踏板的相关故障码，分析可能的故障原因和故障点。

③ 数据流分析。缓慢踩下线控加速踏板，观察输出信号数值是否相应增加，两路信号数值是否大致为两倍关系。将读取的数据流目标值与实际值进行对比，并结合维修手册进行分析，判断加速踏板位置传感器、相关电路的工作状态是否正常。加速踏板位置传感器输出信号数值的读取如图 1-13 所示。

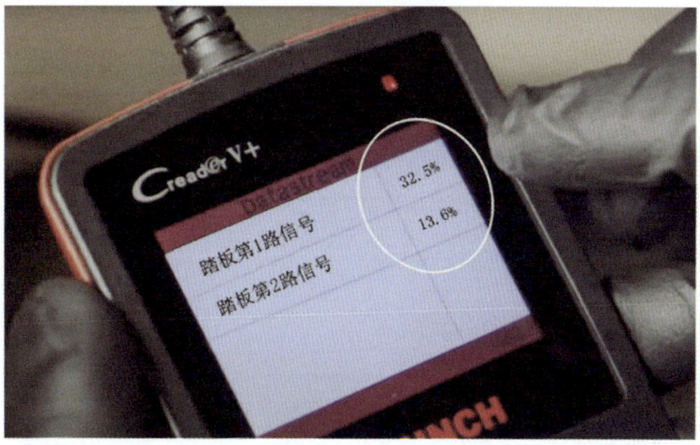

图 1-13　加速踏板位置传感器输出信号数值的读取

④ 读取传感器数据流，进行输出曲线检查。在专用仪器上调取加速踏板位置传感器输出信号曲线，如图 1–14 所示。反复多次用不同速度踩下线控加速踏板，观察输出曲线是否线性变化，是否存在信号中断或数值异常跳动。如果数据流检查正常，表明故障原因是电机控制器没有正确处理加速踏板位置传感器的信号，因此，判定电机控制器存在故障，需根据维修手册对电机控制器继续检修。

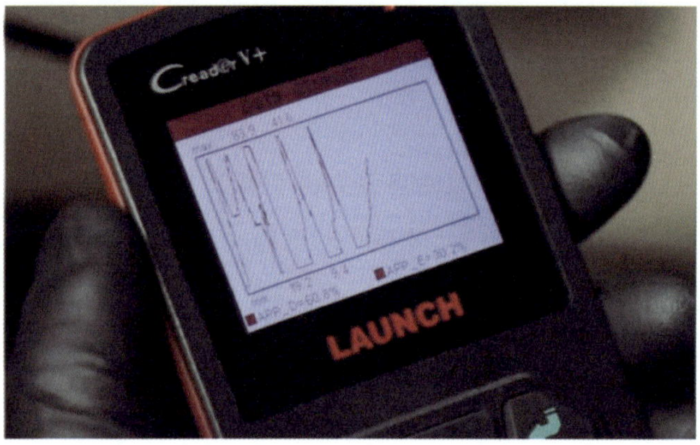

图 1–14　加速踏板位置传感器输出信号曲线的调取

4）故障检修流程

① 故障检修技巧

a. 利用手电筒或其他照明设备，目视检查线控加速踏板壳体和踏板部件是否存在机械损坏，目视检查线控加速踏板插接件和线束是否存在污损及裂纹。

b. 如果数据流检查正常，表明故障原因是电机控制器没有正确处理踏板位置传感器的信号，因此，判定电机控制器存在故障，需根据维修手册对电机控制器进行检修。

c. 线控加速踏板线束检查。如果传感器数据流不正常，使用万用表对线控加速踏板与电机控制器之间的连接线束进行断路和短路检查。若发现线路故障，则进行线束或插接件更换与维修。

d. 线控加速踏板供电与接地线路检查。给车辆上电，用万用表检查为传感器供电的两条线路，查看电压是否正常（参考值为 4.5~5 V，具体数值以维修手册为准）。如果电压低于规定值，需对电机控制器供电以及整车供电进行检查。用万用表检查为加速踏板位置传感器提供接地的线路是否正常，如图 1–15 所示。如果发现未正常接地，需对电机控制器接地进行检查。

e. 如果经过数据流读取和线路检查仍未发现故障，且检测表明线控加速踏板工作条件满足要求，则可以判定为线控加速踏板内部故障，需对部件进行更换。

② 故障检修流程

线控加速系统故障检修流程如图 1–16 所示。

2. 技能操作

（1）操作准备

准备技能操作所需的物料，见表 1–3。

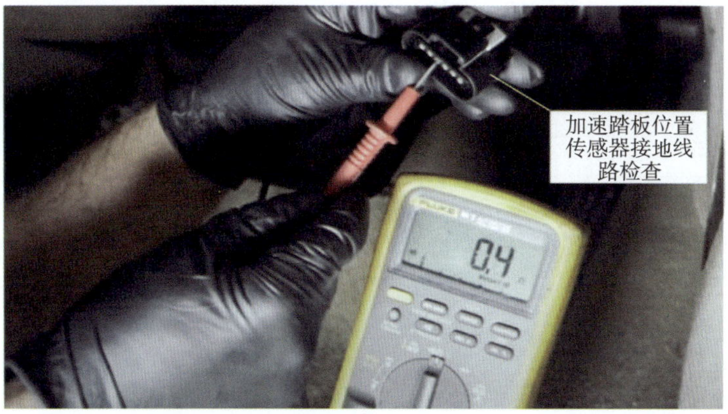

图 1-15　加速踏板位置传感器接地线路检查

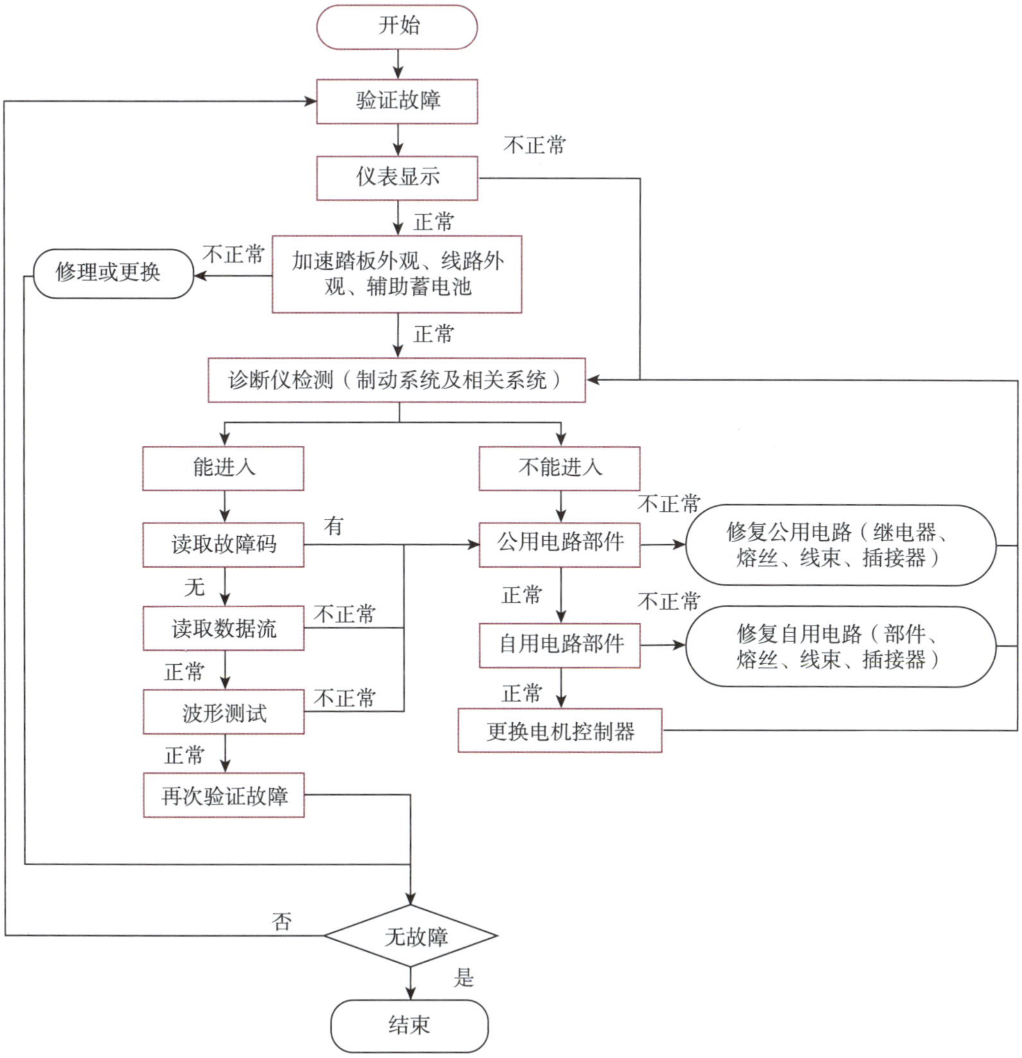

图 1-16　线控加速系统故障检修流程

表 1-3　物料准备

类别	所需物料
教学整车 / 实训平台	配备线控加速系统的整车或线控底盘实训台架
仪器、设备、工具	维修手册、电路图、翼子板防护布、车内防护用品、耐磨手套、绝缘扭力扳手、绝缘工具套装、诊断仪、万用表、示波器、手电筒等

（2）故障验证

验证线控加速系统故障，将验证结果记录在表 1-4 中。

表 1-4　线控加速系统故障验证记录

序号	验证内容	验证结果
1	车辆启动后“READY”指示灯是否指示正常	是□　否□
2	线控加速踏板踩下后车辆是否有反应	是□　否□
3	线控加速踏板踩下是否有迟滞感	是□　否□

（3）故障问诊

1）车辆问诊

对车辆进行问诊，将问诊结果记录在表 1-5 中。

表 1-5　线控加速系统故障问诊记录

序号	问诊内容	问诊结果
1	仪表故障指示灯、提示信息等是否异常	是□　否□
2	反复踩下线控加速踏板，是否有异响、卡滞	是□　否□
3	故障发生时的路况及车辆使用状况是否与故障有关	是□　否□

2）辅助蓄电池检查

对辅助蓄电池进行检查，将检查结果记录在表 1-6 中。

表 1-6　辅助蓄电池检查记录

序号	检查内容	检查结果
1	辅助蓄电池电压是否正常	是□　否□
2	辅助蓄电池正极端子是否正常	是□　否□
3	辅助蓄电池负极端子是否正常	是□　否□

3）故障码和数据流读取

通过诊断仪检测线控加速系统的故障码和数据流，将检测结果记录在表 1–7 中。

表 1–7 线控加速系统的故障码和数据流

诊断仪是否能够正常进入系统		是□ 否□	
故障码			
序号	故障码	故障码说明	
1			
2			
3			
4			
5			
数据流			
序号	数据流名称	当前值	标准值
1	线控加速踏板位置：原位		
2	线控加速踏板位置：踩下约 1/3		
3	线控加速踏板位置：踩下约 2/3		
4	线控加速踏板位置：踩至极限位置		

4）输出曲线读取

通过诊断仪读取踏板位置传感器信号输出曲线，并将实施内容记录在表 1–8 中。

表 1–8 输出曲线检查记录

检测条件	输出曲线	是否有中断或异常跳动
用不同速度踩下线控加速踏板		是□ 否□

（4）故障排除

1）电路图拆画

查阅所维修车型的电路图、维修手册，拆画实训车辆线控加速系统电路图，画在图 1–17 的图框中。

图 1-17　线控加速系统电路图

2）公用电路部件测试

测试与线控加速系统公用的电路中其他系统或部件的工作状况，将测试结果记录在表 1-9 中。

表 1-9　公用电路中部件或系统测试结果记录

序号	部件或系统名称	测试结果是否正常	可排除的线控加速系统部件
例	线控换挡系统	是■　否□	IF30 熔丝、IG1 继电器供电正常
1		是□　否□	
2		是□　否□	
3		是□　否□	
4		是□　否□	
5		是□　否□	

3）故障点分析

分析可能的故障点和故障原因，将分析结果记录在表 1–10 中。

表 1–10　故障点分析记录

序号	可能的故障点	可能的故障原因
1		
2		
3		
4		

4）故障诊断

根据维修手册、电路图，选用合适的工量具查找故障点，将故障排除过程及结果记录在表 1–11 中。

表 1–11　线控加速系统故障排除记录

加速踏板位置传感器类型	电位计式□　霍尔式□　感应式□　其他类型：			
序号	工作内容	测量结果	是否正常	处理方法
例 1	IP42/5 和 IP01/17 线路电阻	<1 Ω	是■　否□	—
例 2	未踩下制动踏板时制动开关信号 1 波形	0 V	是□　否■	更换制动开关
1			是□　否□	
2			是□　否□	
3			是□　否□	
4			是□　否□	
5			是□　否□	
6			是□　否□	
7			是□　否□	
8			是□　否□	
9			是□　否□	
10			是□　否□	
11			是□　否□	
12			是□　否□	

5）结果验证

验证线控加速系统故障是否排除，将验证结果记录在表 1–12 中。

表 1–12　线控加速系统故障排除验证记录

序号	验证内容	验证结果
1	故障现象是否仍然存在	是□　否□
2	使用诊断仪清除故障码，故障码是否被清除	是□　否□
3	使用诊断仪读取数据流是否全部正常	是□　否□
4	使用诊断仪进行执行元件测试是否正常	是□　否□

检查评估

对本任务的学习情况进行检查，并将相关内容填写在表 1–13 中。

表 1–13　检查表

检查项目	检查结果	结果点评
线控加速踏板装调检查		
是否完成线控加速踏板外观检查	是□　否□	
是否完成线控加速踏板安装检查	是□　否□	
是否完成线控加速踏板机械操作检查	是□　否□	
是否完整填写检查记录表	是□　否□	
线控加速系统检修		
是否进行诊断前故障验证	是□　否□	
电路图拆画是否准确	是□　否□	
可能的故障点和故障原因分析是否合理	是□　否□	
故障排除方案或流程是否合理	是□　否□	
故障是否排除	是□　否□	
故障排除结果是否验证	是□　否□	
工作页记录是否完整	是□　否□	
整理与恢复		
工具、设备是否整理恢复	是□　否□	
实训工位是否打扫干净	是□　否□	
产生的垃圾是否分类处理	是□　否□	

任务小结

本任务小结如图 1-18 所示。

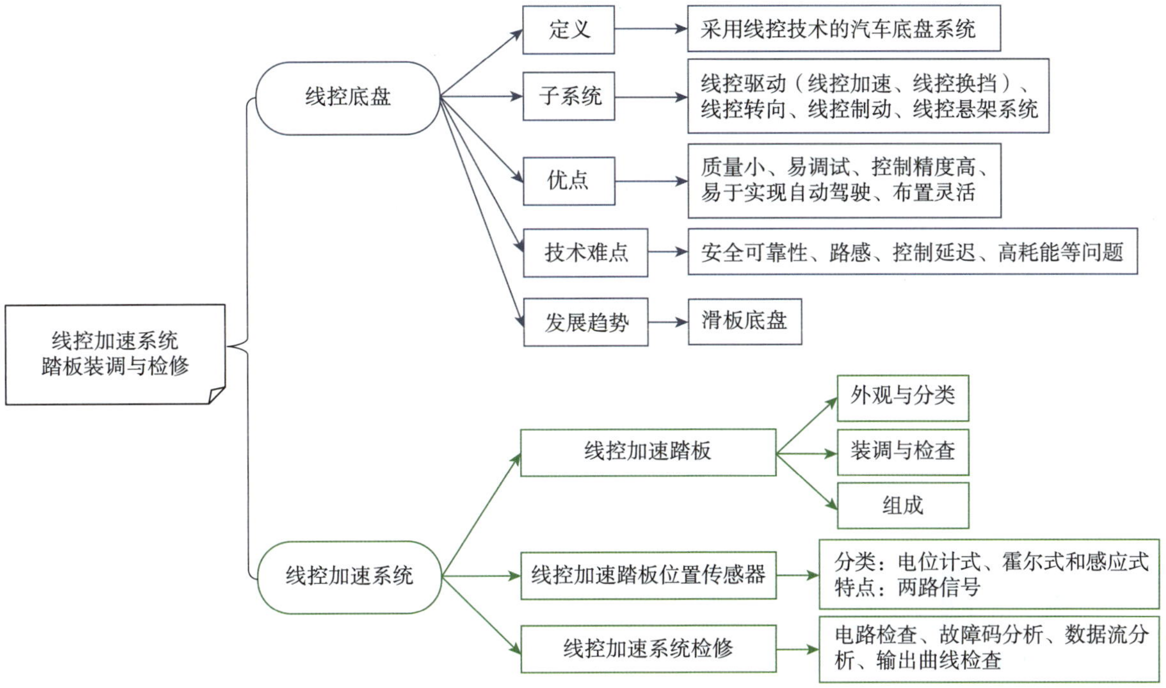

图 1-18　任务小结

任务二
线控加速系统驱动电机检修与标定

任务导入

场景：某国产智能网联汽车售后维修中心。

人物：客户李先生、维修技师张师傅、见习维修技师小李。

情节：客户李先生在驾驶汽车的过程中发现加速无力。张师傅安排小李协助完成驱动电机系统检修工作。如果你是小李，你会如何开始工作？

任务目标

- 能根据车辆维修手册，正确使用检测工具，规范完成驱动电机系统故障的检修。
- 能按照车辆维修手册，正确使用专业仪器，规范完成驱动电机系统的标定。

任务实施

一、驱动电机系统检修

1. 知识学习

（1）驱动电机系统

智能网联汽车采用传统燃油动力、混合动力、纯电动等作为动力方式。随着动力蓄电池性能的提升，近年来智能网联汽车中纯电动车型的数量比例正在逐年提高。智能网联汽车纯电动车型使用电能作为动力，用驱动电机将电能转化为机械能，带动车轮转动实现车辆行驶。在智能网联汽车的纯电动汽车中，线控加速系统的执行部件为驱动电机系统。驱动电机系统的特性决定了汽车最高车速、加速时间、最大爬坡度等动力性能指标。

驱动电机系统主要由驱动电机和电机控制器组成，在车辆上通常集成为一体，如图 2-1 所示。在线控加速系统工作过程中，线控加速踏板接收驾驶员加速意图并将其转化为电信号，电机控制器根据整车控制器（VCU）的转矩需求指令，以电机机械转矩输出值为控制目标，对电机系统实施电压或电流控制，以满足整车转矩需求。

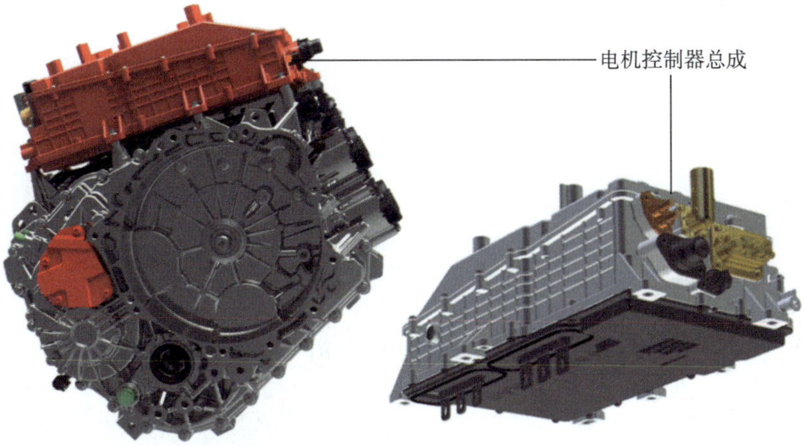

图 2-1　驱动电机系统

（2）驱动电机

驱动电机主要由定子水套、定子绕组、转子、转子位置传感器、驱动电机温度传感器、驱动电机冷却液温度传感器、冷却接口及交流电连接装置等组成，驱动电机的组成如图 2-2 所示。

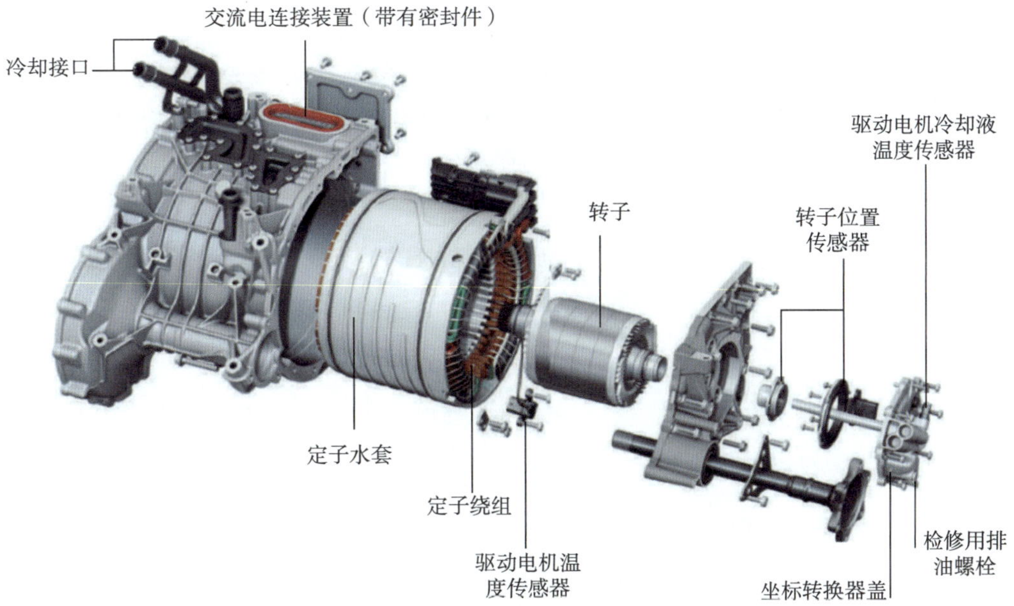

图 2-2　驱动电机的组成

（3）电机控制器

1）组成

电机控制器是控制动力电源与驱动电机之间能量传输的装置，由控制信号接口电路、驱动电机控制电路和驱动电路组成。电机控制器的部件包括绝缘栅双极型晶体管（insulated gate bipolar transistor，IGBT）、控制电路板、电容、电源分配单元（power distribution unit，PDU）等，如图 2-3 所示。其中，IGBT 控制电路板上有多个（一般为 6 个）电流传感器。由于电机控制器在工作状态下会产生大量的热量，在 IGBT 控制电路板上有冷却水套为部件散热，以保证电机控制器处于正常工作温度范围。

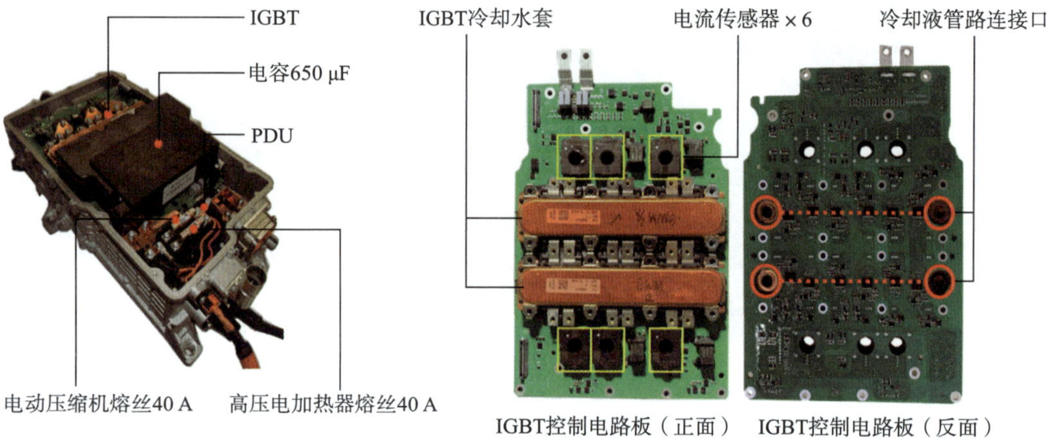

图 2-3　电机控制器的部件

2）主要功能

电机控制器的主要功能见表 2-1。

表 2-1　电机控制器的主要功能

序号	主要功能	描述
1	转矩控制	根据转矩需求指令，以电机机械转矩输出值为控制目标，对电机总成实施电压或电流控制，以满足整车转矩需求的控制功能
2	转矩能力估算	通过电压、电流、温度等信息，估算实时最大可输出转矩
3	降额输出	根据当前的温度、电压、转速等信息，对电机转矩、功率输出进行限制，以便保护电机总成
4	主动放电	将内部直流母线电容内存储的电量快速释放，以保证系统高压安全
5	容错控制	当电机或逆变器某些部件功能失效时，降低功率运行，以支持车辆跛行回家
6	诊断	具备传感器诊断、电机诊断、CAN 通信诊断、硬件安全关断等诊断功能

（4）驱动电机系统的工作原理

1）电机控制器的功能是根据挡位、加速、制动等指令，将动力电池包所存储的直流电转化为驱动电机所需的交流电，来控制电动车辆的启动运行、进退速度、爬坡力度等行驶状态；或帮助电动车辆制动，并将部分制动能量存储到动力蓄电池中。驱动电机系统的工作原理如图 2–4 所示。电机控制器共有两个插头，分别为低压插头和高压插头。

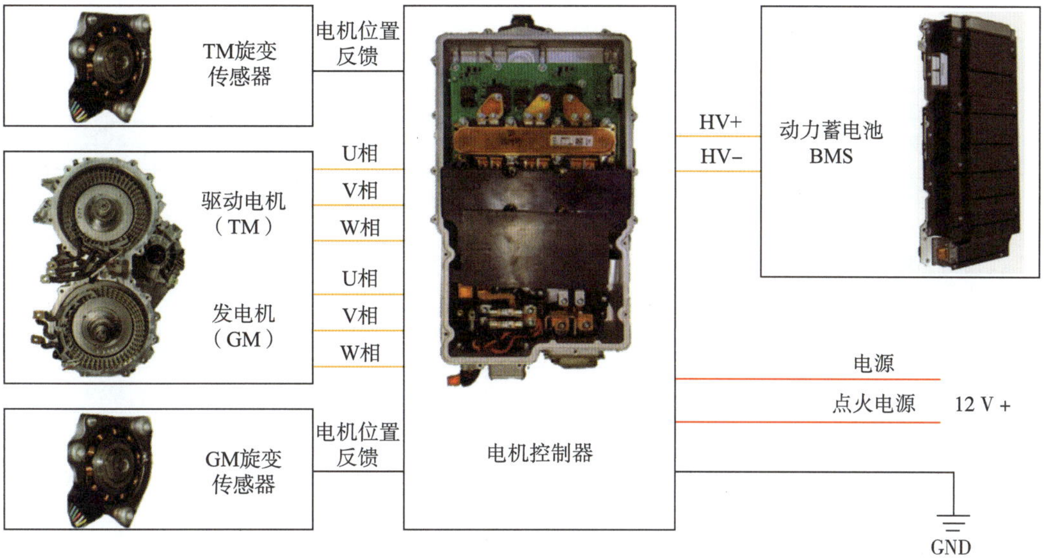

图 2–4　驱动电机系统的工作原理

2）电机控制器内部是通过 IGBT 先将直流电变为大小随时间变化的脉冲交流电，经隔直系统去掉直流分量，保留交变分量，再通过变换系统（升压或降压）变换、整形及稳压，就得到了符合需要的交流电，具体说是利用 6 个晶体管切换模块（每相 2 个）来实现这个转换的，每个模块各自切换正和负。电机控制器的内部原理如图 2–5 所示。

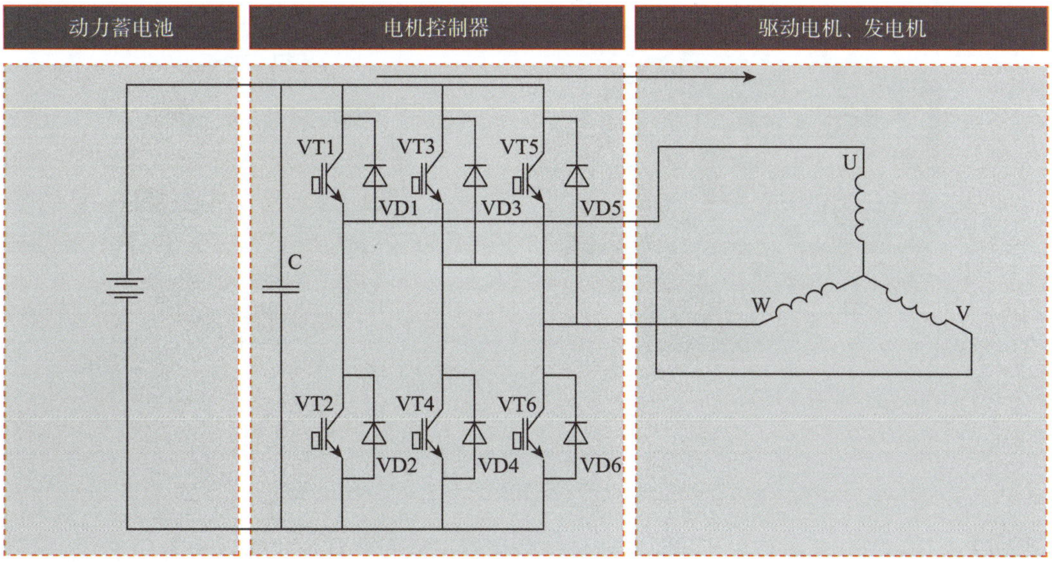

图 2–5　电机控制器的内部原理

3）电机控制器将动力电池包输出的直流电转化成驱动电机所需要的三相交流电，给驱动电机总成绕组通三相交流电后，绕组产生一个旋转的磁场。转子内部的永磁体在旋转磁场的作用下，产生一个与旋转磁场同步的旋转扭矩带动转子转动。产生的扭矩大小与电流值近似成正比，转动的速度与三相电流的频率有关。驱动电机的工作原理如图 2-6 所示。

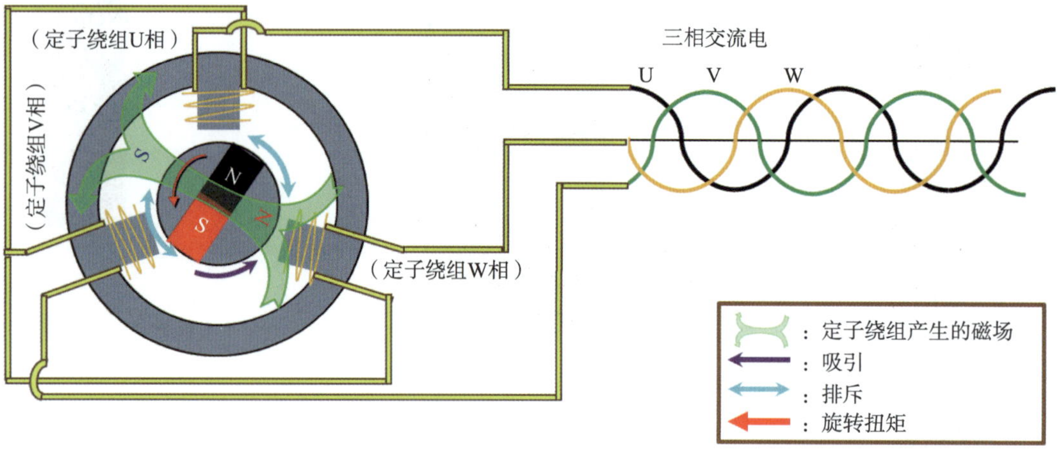

图 2-6　驱动电机的工作原理

4）如图 2-7a 所示，旋变传感器安装在高压驱动电机上，是一种磁阻式旋转变压传感器，用于检测高压电机转子的旋转位置、旋转方向和旋转速度，并将相应的信号传递给电机控制器模块。旋变传感器的结构简单、占用空间极小，且励磁绕组、正弦绕组和余弦绕组均固装在定子上。此外，旋变传感器还采取无刷式结构，大大提高了系统的可靠性，抗干扰能力好，更适合车辆对驱动电机的各种要求。旋变传感器的组成如图 2-7b 所示。

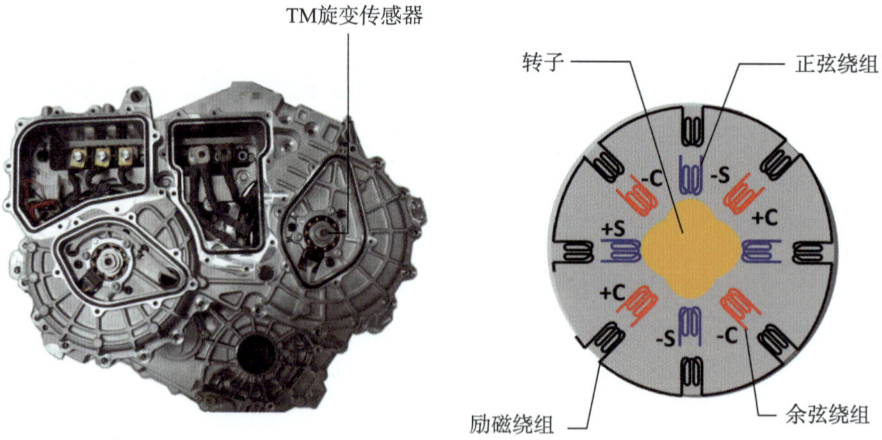

a）　　b）

图 2-7　旋变传感器的安装位置及组成
a）旋变传感器的安装位置　b）旋变传感器的组成

由于转子旋转离开正上方位置后与正弦绕组的位置逐渐离开，其正弦感应电压下降，而余弦绕组中产生的感应电压则逐步变大，但相位与正弦绕组的电压相位相反，与励磁绕组的相位相同。当转子顺转时，若旋变传感器的转子继续旋转到正对余弦绕组的磁极时，旋变转子顺转 45°，此时正弦绕组不产生感应电压信号，但余弦绕组将产生最大的电压信号。

当转子逆转时，由于旋变传感器的转子逆转离开正上方的正弦绕组磁极，反方向会逐步接近余弦绕组的磁极。此时正弦电压下降，而余弦电压也逐渐减小，相位与励磁绕组的相位相反，也与顺转时转子的余弦电压相反，故可以借此来检测转子旋转的方向。

通过比较旋变传感器转子的顺转与逆转、输出电压信号波形的幅值大小及相位即可检测出转子当前的位置和旋转方向。同时通过计算信号波形的变化周期，即可准确判断出旋变传感器转子的转速。旋变传感器的工作原理如图 2–8 所示。

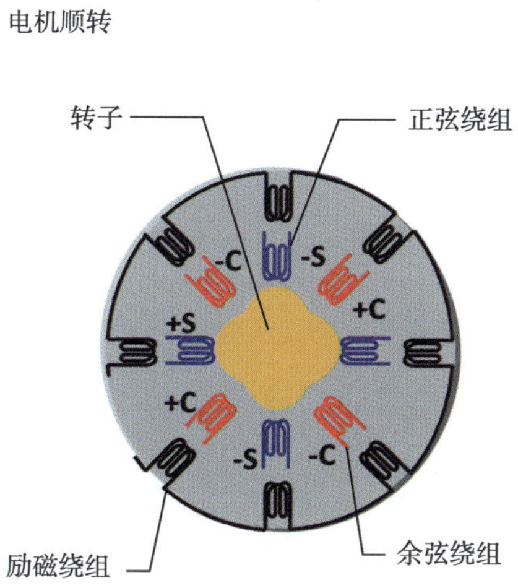

部件	端子含义	电压
旋变电压	励磁回路	AC V
	励磁控制	AC V
	余弦反馈	AC V
	余弦信号	AC V
	正弦反馈	AC V
	正弦信号	AC V

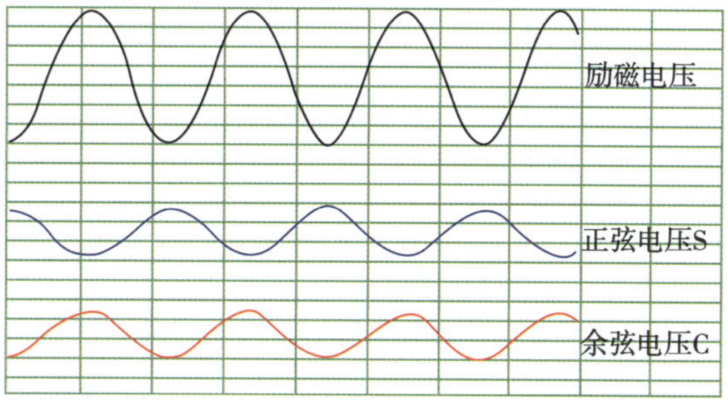

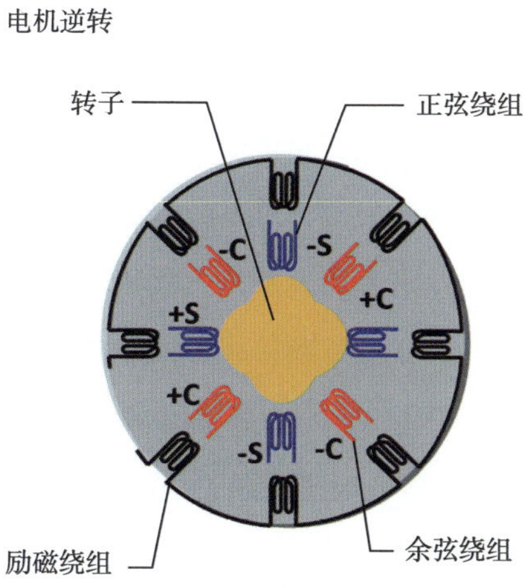

部件	端子含义	电压
旋变电压	励磁回路	AC V
	励磁控制	AC V
	余弦反馈	AC V
	余弦信号	AC V
	正弦反馈	AC V
	正弦信号	AC V

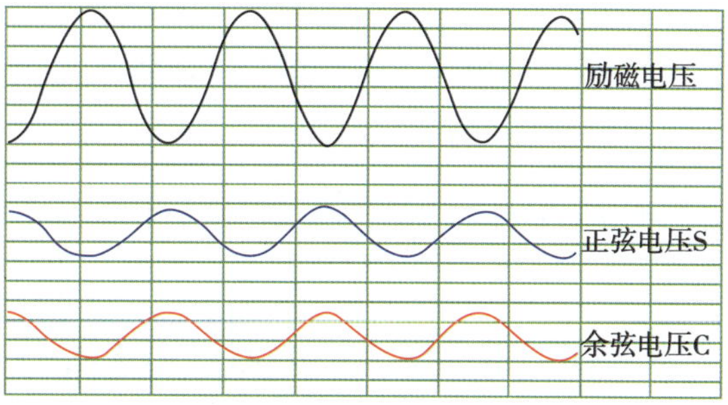

图 2–8 旋变传感器的工作原理

（5）电机控制器电路图分析

电机控制器低压插头电路主要包括电源、接地、CAN 总线和高压互锁信号四部分。以图 2–9 为例，电机控制器有两根工作电源线，其中 BAT 为常火线，IG1 为点火开关控制电源；一根接地线；两根 CAN 总线；整车控制器与电机控制器通过高压互锁和碰撞信号线连接，电动制冷压缩机与电机控制器高压互锁。

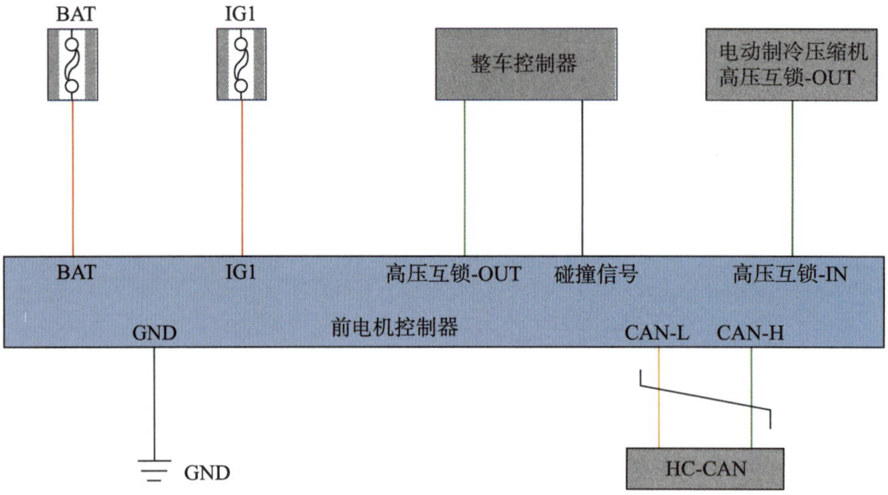

图 2-9　电机控制器低压插头电路图

（6）驱动电机系统的检修

1）故障验证

参照车辆使用手册操纵车辆，验证驱动电机系统故障是否真实存在。为保证安全，在验证故障时场地应宽阔，车辆前方和后方不得站人。主要验证内容包括：车辆启动后“READY”指示灯是否指示正常、车辆加减速功能和倒车功能是否正常等。

2）故障问诊

① 观察仪表故障灯、提示信息等是否存在异常。

② 对车辆起步、缓加速、急加速、减速等相关驾驶状态进行测试，验证驱动电机系统在各工况下的工作状态是否正常。

③ 与用户沟通，了解车辆驱动电机系统发生故障时的路况，是否偶发及发生故障前一段时间车辆是否有异常等。如果故障发生时经过颠簸路面或者故障偶发，则可以怀疑导线、插接器等可能出现了虚接。

④ 检查动力蓄电池电压是否满足维修手册规定值，检查动力蓄电池连接插头是否存在虚接、氧化、腐蚀等情况。

⑤ 用诊断仪读取驱动电机系统故障码、数据流来检查驱动电机系统是否存在故障。

3）故障分析

① 测试电路中与驱动电机相关电路如供电、接地、网络或其他系统及部件的工作状况来分析驱动电机系统可能的故障点。

② 故障码分析。根据驱动电机系统检测到的故障码分析可能的故障原因和故障点。驱动电机系统常见故障类型与故障点见表 2-2。

表 2-2　智能网联汽车驱动电机系统常见故障类型与故障点

故障类型	故障点
旋变传感器故障	1. 传感器信号线对电源短路 2. 传感器信号线对地短路 3. 传感器零位标定故障 4. 传感器本身故障
驱动电机系统温度异常	1. 逆变器过温故障 2. 驱动电机温度异常故障
CAN 总线故障	1. 相关模块供电、接地故障 2. CAN 总线网络存在故障 3. 相关模块自身故障
电机控制器故障	1. IGBT 过温故障 2. 电源芯片故障

（7）故障检修流程

驱动电机系统故障检修流程如图 2-10 所示。

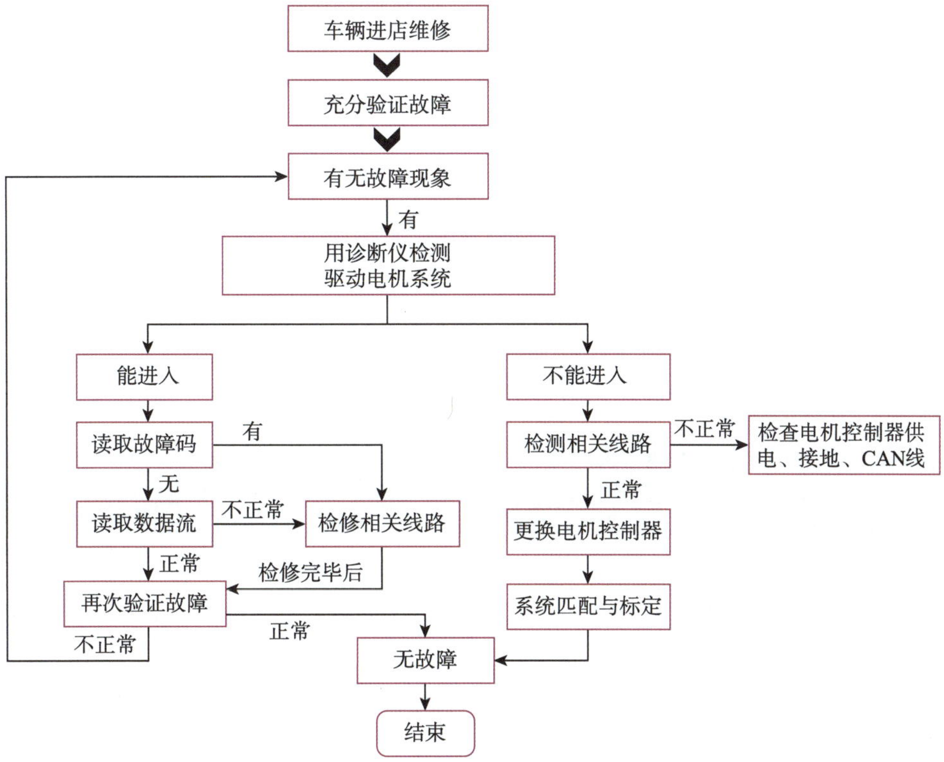

图 2-10　驱动电机系统故障检修流程

2. 技能操作

（1）操作准备

准备技能操作所需的物料，见表 2–3。

表 2–3　物料准备

类别	所需物料
教学整车 / 实训平台	纯电动或混动智能网联汽车
仪器、设备、工具	诊断仪、万用表、探针、车辆防护四件套、高压安全防护用具等

（2）故障验证

对驱动电机系统及相关系统进行故障验证，将验证结果记录在表 2–4 中。

表 2–4　驱动电机系统故障验证记录

序号	验证内容	验证结果
1	车辆高压上电是否正常	是□　否□
2	仪表是否有高压故障提示	是□　否□
3	挡位显示是否正常	是□　否□
4	车辆其他功能是否正常	是□　否□

（3）故障问诊

1）对车辆故障进行问诊，将问诊结果记录在表 2–5 中。

表 2–5　驱动电机系统故障问诊记录

序号	问诊内容	问诊结果
1	仪表故障灯、提示信息等是否异常	是□　否□
2	通过多媒体查看动力蓄电池电压是否正常	是□　否□
3	汽车加减速过程中驱动电机是否有异响	是□　否□
4	故障发生时的路况及车辆使用状况是否与故障有关	是□　否□

2）通过诊断仪检测驱动电机系统的故障码和数据流，将检测结果记录在表 2–6 中。

表 2–6　驱动电机系统的故障码和数据流

诊断仪是否能够正常进入系统		是□　否□
故障码		
序号	故障码	故障码说明
1		
2		
3		
4		
5		

续表

数据流			
序号	数据流名称	当前值	标准值
1			
2			
3			
4			
5			
6			
7			
8			

（4）故障排除

1）电路图拆画

查阅所维修车型的电路图、维修手册，拆画实训车辆驱动电机系统电路图，画在图 2-11 的图框中。

图 2-11　驱动电机系统电路图

2）公用电路部件测试

测试与驱动电机系统公用的电路中其他系统及部件的工作状况，将测试结果记录在表 2–7 中。

表 2–7　公用电路中部件或系统测试结果记录

序号	部件或系统名称	测试结果是否正常	可排除的线控制动系统部件
例	自动空调系统	是■　否□	IF30 熔丝、IG1 继电器供电正常
1		是□　否□	
2		是□　否□	
3		是□　否□	
4		是□　否□	
5		是□　否□	

3）故障点分析

分析可能的故障点和故障原因，将分析结果记录在表 2–8 中。

表 2–8　故障点分析记录

序号	可能的故障点	可能的故障原因
1		
2		
3		
4		

4）故障诊断

根据维修手册、电路图，选用合适的工量具查找故障点，将故障排除过程及结果记录在表 2–9 中。

表 2–9　驱动电机系统故障排除记录

序号	工作内容	测量结果	是否正常	处理方法
例 1	IP42/5 和 IP01/17 线路电阻	<1 Ω	是■　否□	—
例 2	IP42/5 与辅助蓄电池负极电压	0 V	是□　否■	修理 IP42/5 和 IP01/17 线束或插接器
1			是□　否□	
2			是□　否□	
3			是□　否□	
4			是□　否□	
5			是□　否□	

续表

序号	工作内容	测量结果	是否正常	处理方法
6			是□　否□	
7			是□　否□	
8			是□　否□	
9			是□　否□	
10			是□　否□	
11			是□　否□	
12			是□　否□	

5）基本设定

参照维修手册对驱动电机系统进行匹配（基本设定），将匹配（基本设定）结果记录在表 2–10 中。

表 2–10　驱动电机系统匹配（基本设定）记录

序号	匹配（基本设定）内容	匹配（基本设定）结果是否正常
1	电机控制器编码	是□　否□
2	电机偏移角写入	是□　否□
3	电机偏移角标定	是□　否□

6）结果验证

验证驱动电机系统故障是否排除，将验证结果记录在表 2–11 中。

表 2–11　驱动电机系统故障排除验证记录

序号	验证内容	验证结果
1	故障现象是否仍然存在	是□　否□
2	使用诊断仪清除故障码，故障码是否被清除	是□　否□
3	使用诊断仪读取数据流是否全部正常	是□　否□

二、驱动电机系统标定

1. 知识学习

（1）电机偏移角写入

更换驱动电机或电机控制器后，必须进行电机偏移角写入。智能网联汽车电机偏移角在机体上的标识位置示例如图 2–12 所示。

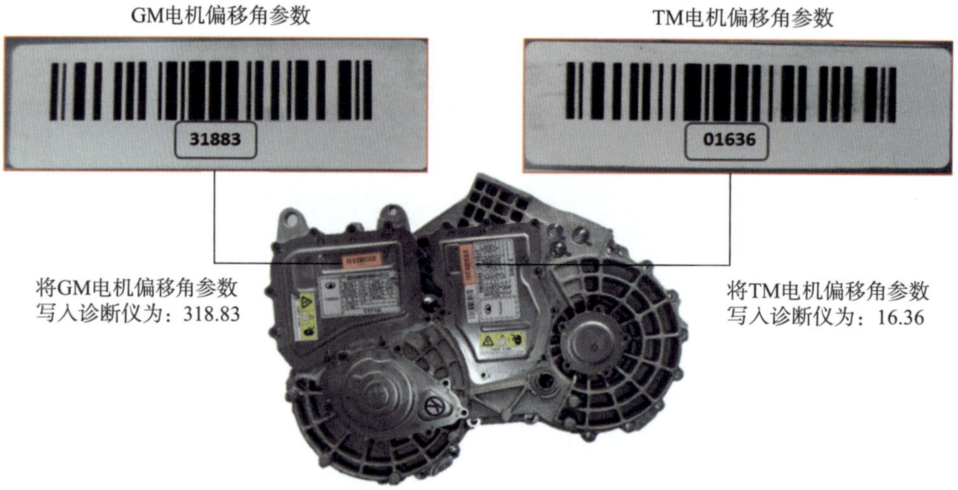

图 2-12　智能网联汽车电机偏移角在机体上的标识位置示例

电机偏移角写入的操作步骤如下，标定前须确认车辆各种油液及电池包正常。

1）连接诊断仪。

2）使点火开关由“OFF”位置变为“ON”位置。

3）整车上高压电，组合仪表显示“READY”。

4）进行电机偏移角写入选择，如图 2-13 所示。

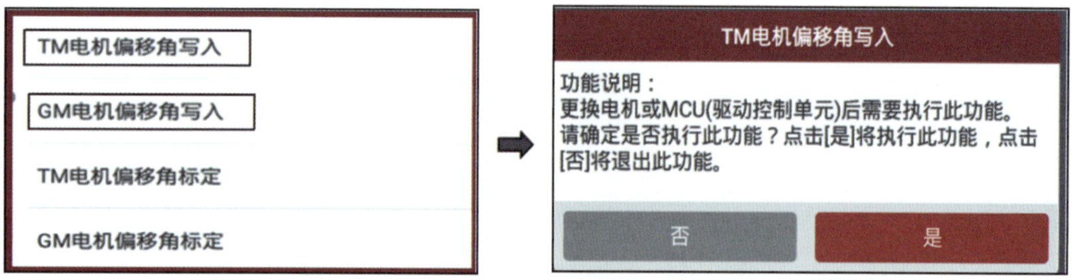

图 2-13　电机偏移角写入选择

5）输入正确角度值后单击“确定”按钮，在系统提示“写入完成。”后退出诊断仪，如图 2-14 所示。

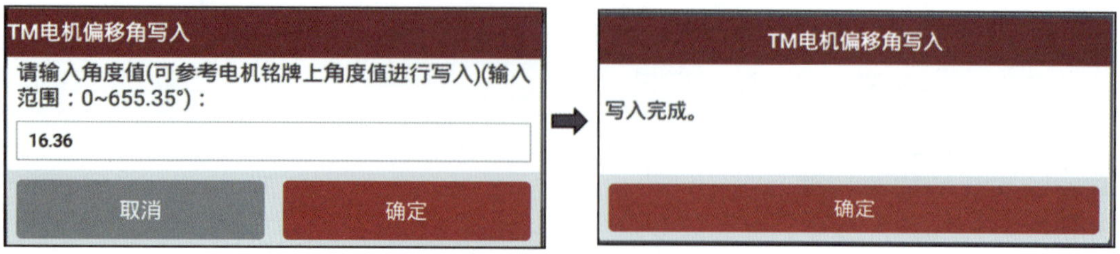

图 2-14　TM 电机偏移角写入

（2）电机偏移角标定

1）将车辆置于 N 挡，并固定于举升机上，少许离地。

2）连接诊断仪。

3）使点火开关由“OFF”位置变为“ON”位置。

4）整车上高压电，组合仪表显示“READY”。

5）进行电机偏移角标定选择，如图 2–15 所示。

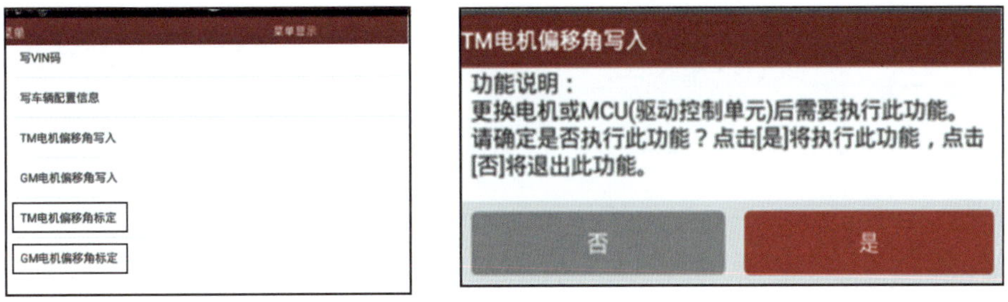

图 2–15　电机偏移角标定选择

6）选择“TM 电机偏移角标定”后，确认车辆各种油液及电池包正常，使车辆置于 N 挡，并固定于举升机上，少许离地，整车上高压电，组合仪表显示“READY”，满足以上条件后单击“是”按钮，系统提示“标定完成”后结束，如图 2–16 所示。

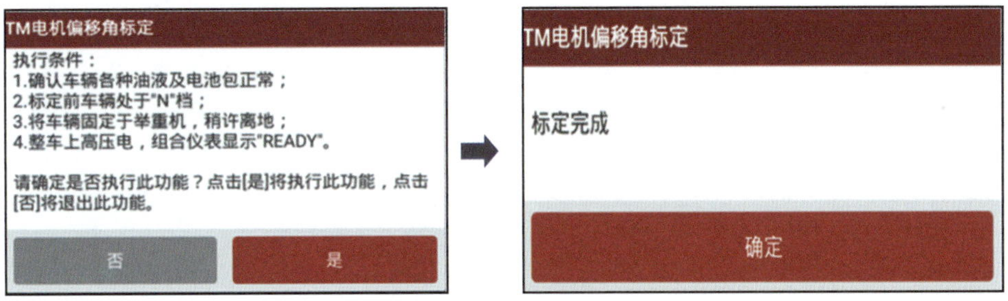

图 2–16　TM 电机偏移角标定完成

2. 技能操作

（1）操作准备

准备技能操作所需的物料，见表 2–12。

表 2–12　物料准备

类别	所需物料
教学整车 / 实训平台	纯电动或混动智能网联汽车
仪器、设备、工具	诊断仪、车辆防护四件套、车辆举升机等

（2）驱动电机标定

1）电机偏移角写入

用诊断仪进行电机偏移角写入，将操作过程记录在表 2–13 中。

表 2-13　电机偏移角写入记录

序号	操作内容	操作结果
例	是否连接诊断仪	是■　　否□
1		
2		
3		
4		
5		

2）电机偏移角标定

用诊断仪进行电机偏移角标定，将标定过程记录在表 2-14 中。

表 2-14　电机偏移角标定记录

序号	操作内容	操作结果
例	是否将车辆固定于举升机上，少许离地	是■　　否□
1		
2		
3		
4		
5		
6		
7		

检查评估

对本任务的学习情况进行检查，并将相关内容填写在表 2-15 中。

表 2-15　检查表

检查项目	检查结果	结果点评
驱动电机系统检修		
是否进行诊断前故障验证	是□　　否□	
电路图拆画是否准确	是□　　否□	
可能的故障点和故障原因分析是否合理	是□　　否□	

续表

检查项目	检查结果	结果点评
故障排除方案或流程是否合理	是□　否□	
电机偏移角写入		
是否正确连接诊断仪	是□　否□	
是否快速在机体上找到偏移角参数	是□　否□	
是否正确操作仪器进入工作界面	是□　否□	
系统是否提示“写入完成。”	是□　否□	
电机偏移角标定		
是否正确连接诊断仪	是□　否□	
是否正确操作仪器进入工作界面	是□　否□	
系统是否提示“标定完成”	是□　否□	
整理与恢复		
工具、设备是否整理恢复	是□　否□	
实训工位是否打扫干净	是□　否□	
产生的垃圾是否分类处理	是□　否□	

任务小结

本任务小结如图 2-17 所示。

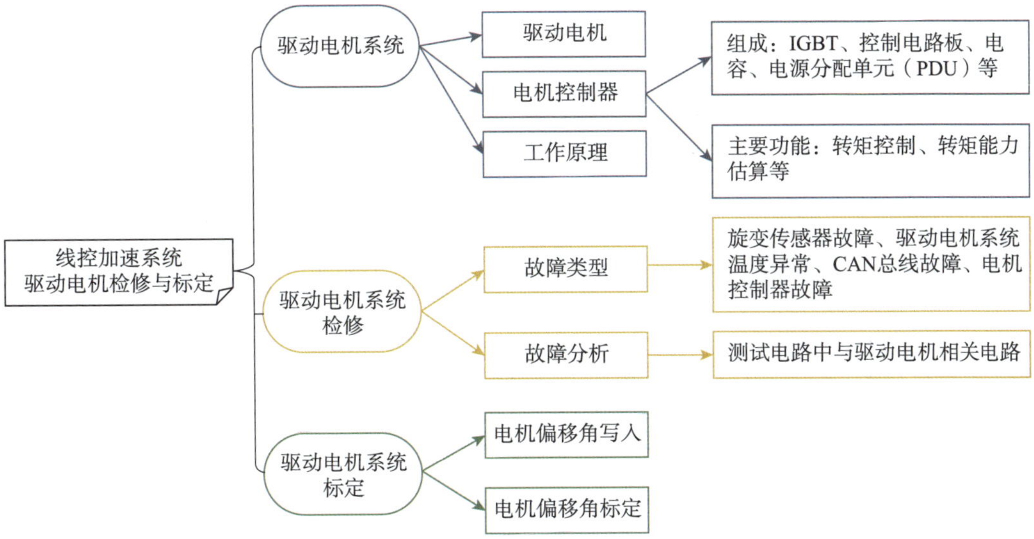

图 2-17　任务小结

任务三
线控换挡系统检修

任务导入

场景：某国产智能网联汽车售后维修中心。

人物：客户王先生、维修技师赵师傅、实习维修技师小杨。

情节：王先生的某国产2017款智能网联汽车已行驶了5.5万千米，在使用过程中出现了车辆挂挡无法起步的故障。经救援人员现场检查，发现该车打开车辆启动开关后“READY”指示灯正常点亮，可以选择挡位，但车辆始终无法起步。赵师傅在对故障车进行初步检查后对小杨说：“这辆车故障不是很复杂，就由你来修吧。”如果你是小杨，你将如何对这辆故障车进行检修？

任务目标

- 能依据车辆维修手册，合理使用检修设备，规范完成线控换挡系统的检查。
- 能依据车辆维修手册，按照标准检修流程，正确使用检修设备，完成线控换挡系统故障的检修。

任务实施

一、线控换挡系统检查

1. 知识学习

（1）线控换挡系统的定义与作用

线控换挡系统是在传统的换挡系统基础上，取消操纵机构与驱动装置的机械连接，改由电信号传递驾驶员换挡意图，并增加自动驾驶换挡功能的汽车换挡系统，如图3–1所示。

a）

b）

图 3-1　传统换挡系统与线控换挡系统

a）传统换挡系统软轴式换挡操纵部件　b）线控换挡系统挡杆式换挡操纵部件

线控换挡系统可以在换挡操纵装置与车辆驱动装置没有机械连接的条件下，通过传感器采集驾驶员换挡信息，利用电信号控制完成车辆的前进、倒车以及将其置于空挡和 P 挡。在自动驾驶模式下，整车控制器（VCU）可以直接输出车辆自动驾驶指令操控车辆换挡，完成各级别自动驾驶任务，实现如自动泊车（automatic parking，AP）等先进驾驶辅助系统（ADAS）的功能。

线控换挡系统可以方便实现驾驶员精确换挡以及车辆自动驾驶换挡功能。此外，与传统换挡系统相比，其还具有挡位信息易于仪表显示、换挡操纵轻便、装配简便的优点。

（2）线控换挡系统的组成

线控换挡系统主要由线控换挡操纵装置、挡位控制器、整车控制器（VCU）、换挡执行装置、线束和车载通信网络等组成，如图 3-2 所示。根据车辆 E/E 架构（电气 / 电子架构）设计的不同，部分车型在线控换挡系统中还包含 P 挡控制器、变速箱控制器（transmission control unit，TCU）、车身控制器（body control module，BCM）等多个控制单元。

（3）线控换挡操纵装置

1）类型

线控换挡操纵装置位于驾驶座舱中驾驶员座椅附近，用于驾驶员手动实施换挡操纵。线控换挡操纵装置具有标识清晰、方便操作的人机界面，还具备精确采集驾驶员换挡意图信息，以及经数据处理将相应电信号传输给挡位控制器的功能。

相对于传统换挡操纵装置，由于省去了机械连接和大部分内部机械装置，线控换挡操纵装置具有体积小巧、座舱布置形式灵活和操纵界面形式多样的特点。根据车辆人机工程设计和驾驶座舱风格，线控换挡操纵装置的操纵界面有挡杆式、旋钮式、按键式和怀挡式等类型，如图 3-3 所示。其中，怀挡式换挡操纵装置和组合开关集成，安装在转向盘后方右侧。根据设计的不同，P 挡操纵按键（或挡杆）一般位于换挡手柄或者操纵装置面板上。

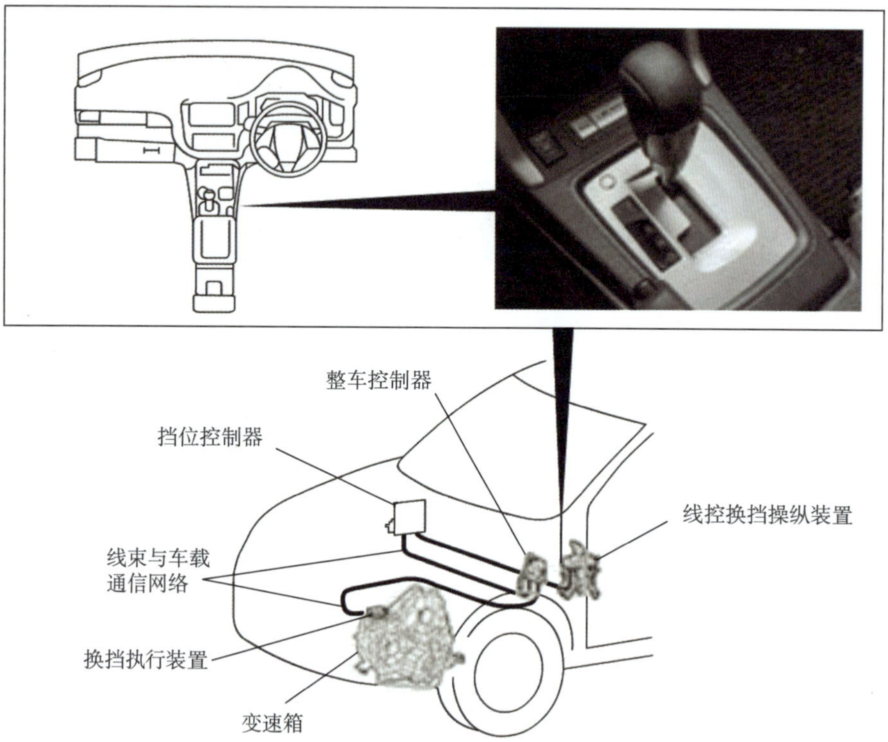

图 3-2　线控换挡系统的组成

图 3-3　不同形式的线控换挡操纵装置
a）挡杆式　b）旋钮式　c）按键式　d）怀挡式

2）组成

以挡杆式为例，线控换挡操纵装置主要由手柄、操纵杆、手柄按钮、挡位传感器及信号处理单元、电气接口、挡位锁止机构和面板组成，如图 3–4 所示。

图 3–4　线控换挡操纵装置的组成

（4）线控换挡系统的挡位与换挡条件

1）线控换挡系统的挡位

线控换挡系统的挡位通常由 N、D、R、P 四个挡位组成。P 挡为驻车挡，用于停车状态防止溜车；R 挡为倒车挡，简称倒挡，在车辆倒车时使用；N 挡为空挡，N 挡时动力装置与车轮之间的动力传动处于断开状态；D 挡为前进挡，用于车辆前向行驶。

2）线控换挡系统的换挡条件

为了避免驾驶员误操作危及行车安全，线控换挡系统通常以机电结合的方式设置换挡条件。换挡条件通常包含车速、制动踏板状态、启动开关状态等。典型的换挡条件见表 3–1。

表 3–1　典型的换挡条件

切入挡位	当前挡位			
	P	R	N	D
P	—	车速≤3 km/h	车速≤3 km/h	车速≤3 km/h
R	电源 OK 挡，制动	—	电源 OK 挡	电源 OK 挡，车速≤3 km/h
N	制动	电源 OK 挡	—	电源 ON/OK 挡
D	电源 OK 挡，制动	电源 OK 挡，车速≤3 km/h	电源 OK 挡	—

2. 技能操作

（1）操作准备

准备技能操作所需的物料，见表 3-2。

表 3-2　物料准备

类别	所需物料
教学整车 / 实训平台	线控底盘教学实训平台
仪器、设备、工具	维修手册、车内防护用品、耐磨手套、绝缘扭力扳手、绝缘工具套装、手电筒等

（2）线控换挡系统检查

对线控换挡系统进行检查，将检查结果记录在表 3-3 中。

表 3-3　线控换挡系统检查记录

序号	项目类别	工作内容	检查结果	说明
1	部件类型检查	线控换挡操纵装置类型	挡杆式□　旋钮式□ 按键式□　怀挡式□	其他类型：
2	外观检查	线控换挡操纵装置安装位置		
		外观是否完好	是□　否□	
		各挡位名称		
		挡位仪表指示灯颜色与图标		
		数字组合仪表是否清晰	是□　否□	
3	基本功能与机械操作检查	各挡位是否能正常使用	是□　否□	
		挂挡力度	正常□　不正常□	
4	电气接口检查	线控换挡操纵装置电气接口外观与针脚定义		

二、线控换挡系统检修

1. 知识学习

（1）线控换挡系统的工作原理

1）挡位传感器与挡位识别原理

线控换挡操纵装置的挡位信息采集一般采用霍尔式挡位传感器。霍尔式挡位传感器是一种磁性位置传感器，通过霍尔效应对物体的空间位置进行测量。当磁铁靠近霍尔元件时，电荷运动受磁场影响发生偏转，在元件上产生霍尔电压。随着磁铁位置的变化，磁场相对霍尔元件的位置相应变化，霍尔电压数值随之改变。因此，磁铁的位置可以通过霍尔电压变化值测得。霍尔效应原理如图 3-5 所示。

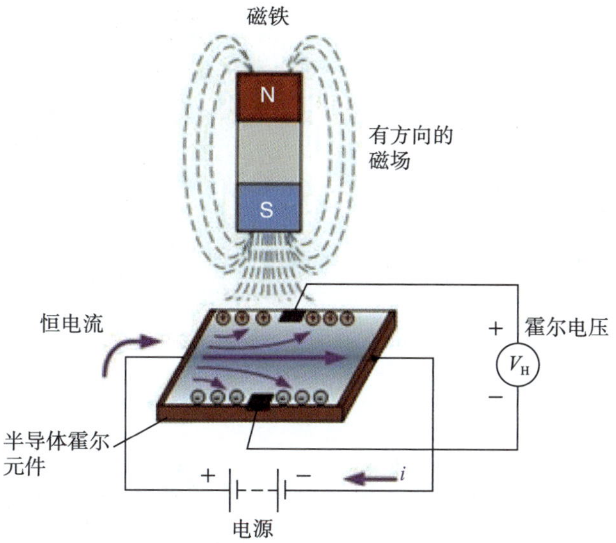

图 3-5　霍尔效应原理

霍尔式挡位传感器可以根据应用需求，输出线性模拟信号或者 PWM（脉冲宽度调制）信号，如图 3-6 所示。模拟信号是连续和线性的电压变化，PWM 信号的方式是传感器通过对一系列脉冲的宽度进行调制，用占空比的变化来表示输出信号的变化。

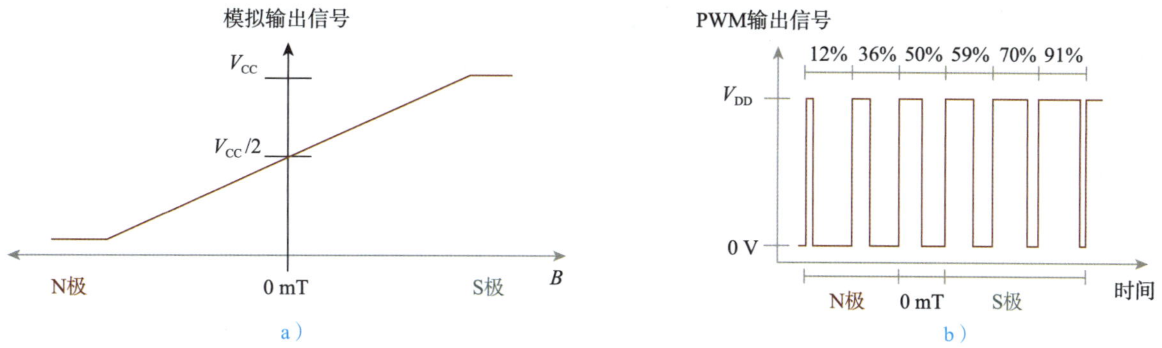

图 3-6　霍尔式挡位传感器输出信号类型

a）线性模拟信号　b）PWM 信号

线控换挡操纵装置中常见的挡位识别方式有两种：将霍尔式挡位传感器作为开关，间接获取挡位信息；利用 3D 霍尔式挡位传感器进行挡杆空间位置测量，直接获取挡位信息。

① 霍尔式挡位传感器挡位识别。线控换挡操纵装置内部的每一个挡位所对应的位置都安装有一个霍尔式挡位传感器，挡杆底端装有小磁铁，如图 3-7 所示。当感知到小磁铁接近的时候，传感器作为开关向外发送信号。挡位控制器对各个传感器在同一时间内发送的信号进行检测和对比，获取当前的挡位信息。

② 3D 霍尔式挡位传感器挡位识别。在线控换挡操纵装置的内部，在挡杆底端的下方安装着一个 3D 霍尔式挡位传感器，挡杆底端装有一个小磁铁，如图 3-8 所示。3D 霍尔式挡位传感器可以通过感知信息进行内部运算，直接获取空间内磁铁的位置，从而得到挡位信息。在一些车型中采用安全冗余设计，利用两个传感器同时工作，以达到提高安全性和系统自诊断的目的。

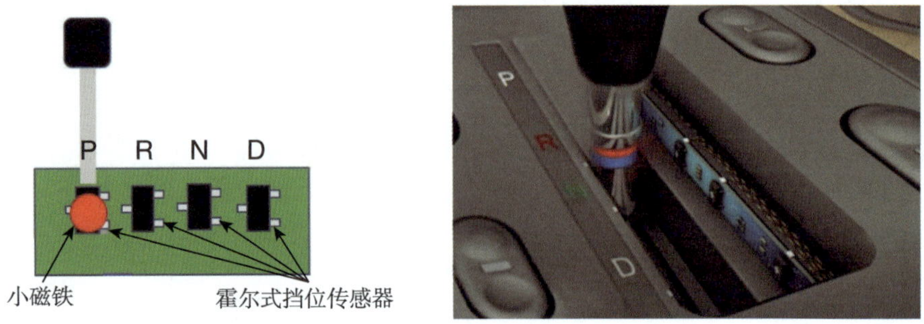

a）　　　　b）

图 3-7　霍尔式挡位传感器作为开关进行挡位识别

a）示意图　b）实物示意图

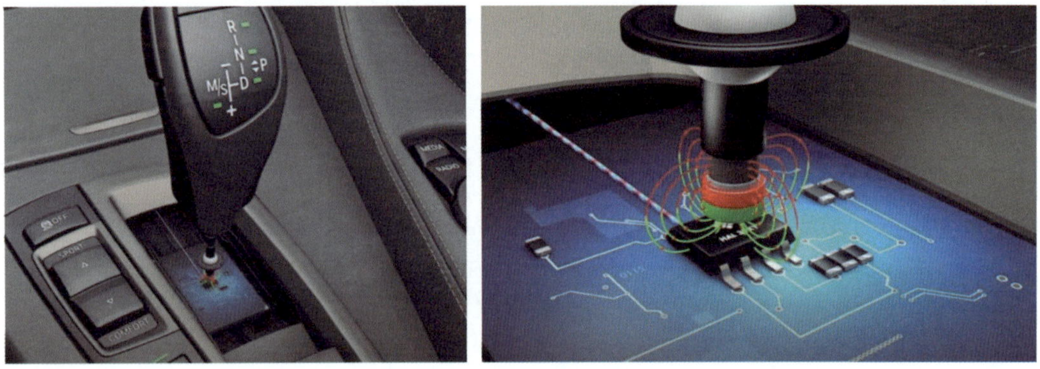

a）　　　　b）

图 3-8　3D 霍尔式挡位传感器挡位识别

a）传感器与磁铁安装位置　b）工作原理

2）换挡工作原理

① D/N/R 换挡工作原理。以某国产智能网联汽车为例，线控换挡系统 D/N/R 换挡控制的典型工作原理如图 3-9 所示。驾驶员通过操纵挡杆或旋钮等装置进行换挡操作，线控换挡操纵装置内部的挡位传感器将识别出的挡位信息通过挡位控制器（该车为一体式）进行处理和转化，以报文形式发送至高速底盘总线（P-CAN）。整车控制器（VCU）从总线接收信息，通过电机控制器完成对驱动电机动力输出方向和扭矩的控制。电机控制器控制驱动电机正转或反转完成车辆前进或倒车。N 挡（空挡）时，电机控制器对驱动电机的扭矩需求为零。R 挡（倒挡）时，在驱动电机反转的同时，挡位控制器同时将挡位信号提供给倒车雷达和倒车灯控制使用。此外，所有挡位信号由整车控制器发送，经网关传递至低速车身总线，仪表盘采集挡位信号并显示相应挡位信息。

根据设计不同，部分车型的挡位控制器与线控换挡操纵装置采用分体式设计，挡位控制器作为独立的控制单元安装在车上。此外，车辆挡位信息的传输方式和途径根据不同车型的技术先进程度和 E/E 架构（电气 / 电子架构）设计存在差别。例如，部分经济型乘用车的挡位信息以电压值的形式通过硬线传输给整车控制器（VCU），又如部分车型的挡位信号会直接传输给电机控制器等。检修时，需查阅相关车辆的维修手册、电路图，以确认该车的换挡控制形式。

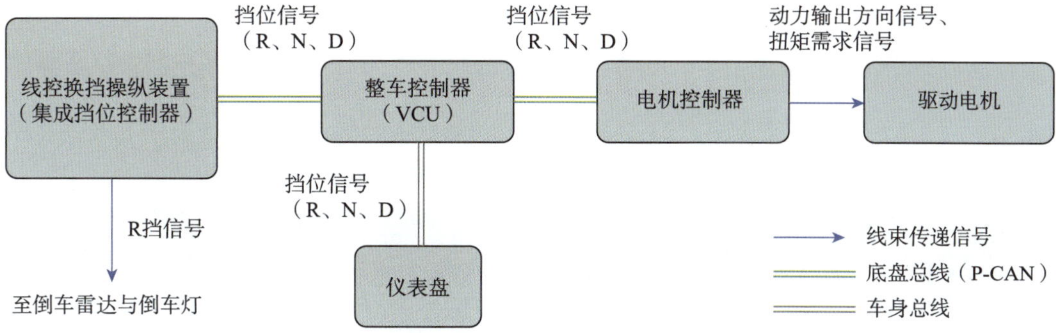

图 3-9　线控换挡系统 D/N/R 换挡控制的典型工作原理

② P 挡工作原理。线控换挡系统 P 挡的工作原理如图 3-10 所示。驾驶员操纵线控换挡操纵装置进入 P 挡。挡位控制器将驻车请求发送至整车控制器（VCU），整车控制器结合驱动电机转速和轮速信号对 P 挡切换条件进行检查。满足切换条件后，整车控制器向变速箱控制器（TCU）发送驻车指令，变速箱控制器通过驻车电机驱动执行器锁止减速器。

驾驶员操控线控换挡操纵装置解锁 P 挡时，挡位控制器将解除驻车请求信号发送给整车控制器，整车控制器结合驱动电机转速和轮速信号进行换挡检查，满足 P 挡解锁条件时，变速箱控制器发送解除控制指令给驻车电机，解除对减速器的锁止。解锁完成后，变速箱控制器将挡位位置信号反馈给整车控制器，完成 P 挡的解锁过程。

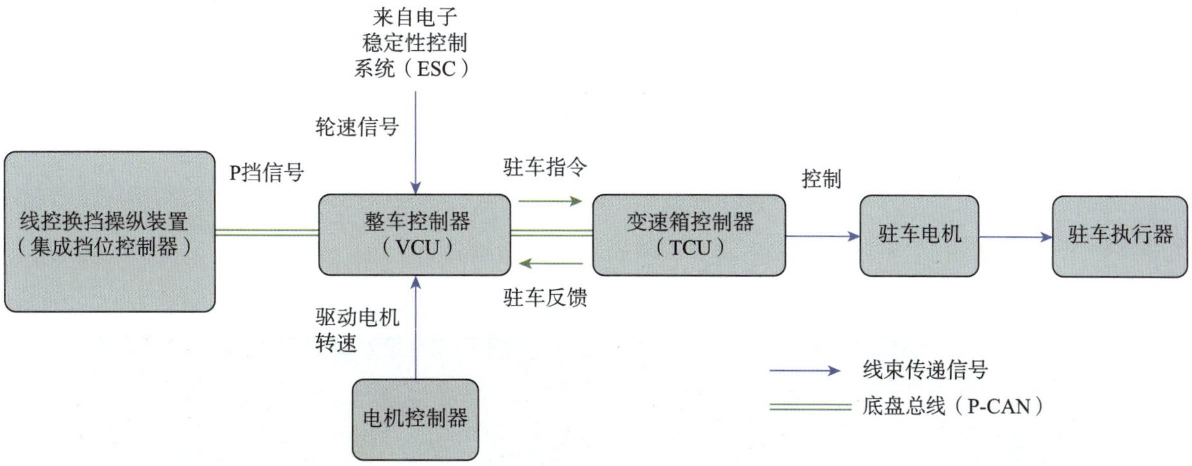

图 3-10　线控换挡系统 P 挡的工作原理

（2）线控换挡系统的检修

1）故障验证

参照车辆使用手册操纵车辆，验证线控换挡系统故障是否真实存在。为保证安全，在验证故障时场地应宽阔，车辆前方和后方不得站人。主要验证内容包括：车辆启动后“READY”指示灯是否正常、P 挡解锁 / 上锁是否正常、N 挡是否可以操纵、D 挡是否可以操纵、R 挡是否可以操纵、车辆是否能够行驶等。

2）故障问诊

观察仪表故障指示灯、提示信息、挡位指示状况等是否异常。线控换挡系统的常见故障指示灯见表 3–4。

表 3–4　线控换挡系统的常见故障指示灯

序号	故障指示灯符号	故障指示灯说明
1		变（减 / 差）速器故障指示灯，变（减 / 差）速器系统故障时该故障指示灯亮起，多为红色或黄色
2		驻车系统故障指示灯，P 挡（驻车挡）故障时该故障指示灯亮起，多为黄色
3		系统故障指示灯，整车控制系统出现故障时该故障指示灯亮起，红色
4	P	挡位显示，无故障时显示相应挡位（P、R、N、D），此时多为白色或绿色；故障时显示 P 并闪烁，此时该故障指示灯在正常色和红色间交替点亮
5	请检查换挡系统	仪表以文字形式提醒驾驶员换挡系统故障

检查换挡操纵装置部件外观是否损伤和机械功能是否异常，观察换挡操纵装置挡位指示灯是否指示正常，如图 3–11 所示。

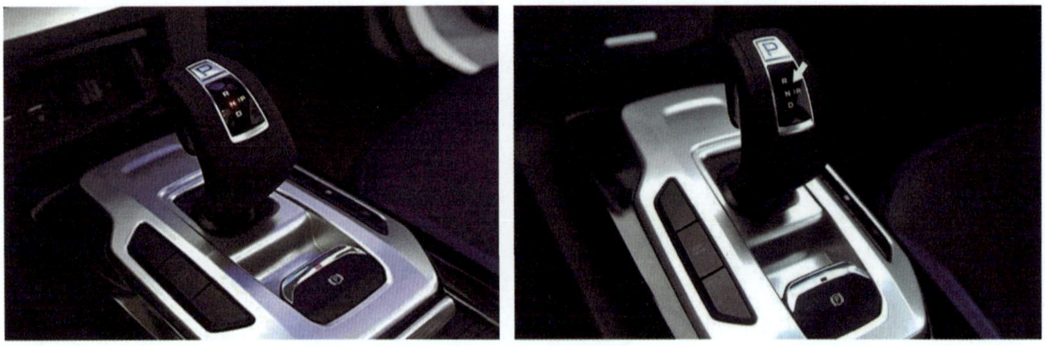

a）　　　　b）

图 3–11　换挡操纵装置挡位指示灯

a）正常状态　b）故障状态

与用户沟通，了解车辆线控换挡系统发生故障时的路况、故障是否偶发及发生故障前一段时间内车辆是否有异常等。若故障发生时经过颠簸路面或者偶发故障，则可怀疑换挡操纵装置、导线、插接器等可能出现了虚接。若故障发生前出现过底盘剐碰的情况，则可怀疑是传动部件出现了故障。

检查辅助蓄电池电压是否满足维修手册规定值要求；检查辅助蓄电池正负极端子是否存在虚接、氧化、腐蚀等情况；用诊断仪读取线控换挡系统故障码、数据流来检查线控换挡系统是否存在故障。

3）故障分析

测试电路中与线控换挡系统公用供电、接地、网络的其他系统或部件的工作状况，来分析线控换挡系统可能的故障点。如图 3–12 所示，线控换挡系统有故障或用诊断仪无法读取线控换挡系统控制器信息时，通常可测试与电子换挡器（线控换挡系统控制器）公用 IF30 熔丝的自动空调系统的工作状态，若自动空调系统工作正常，则可判断 IF30 熔丝、IG1 继电器供电正常。

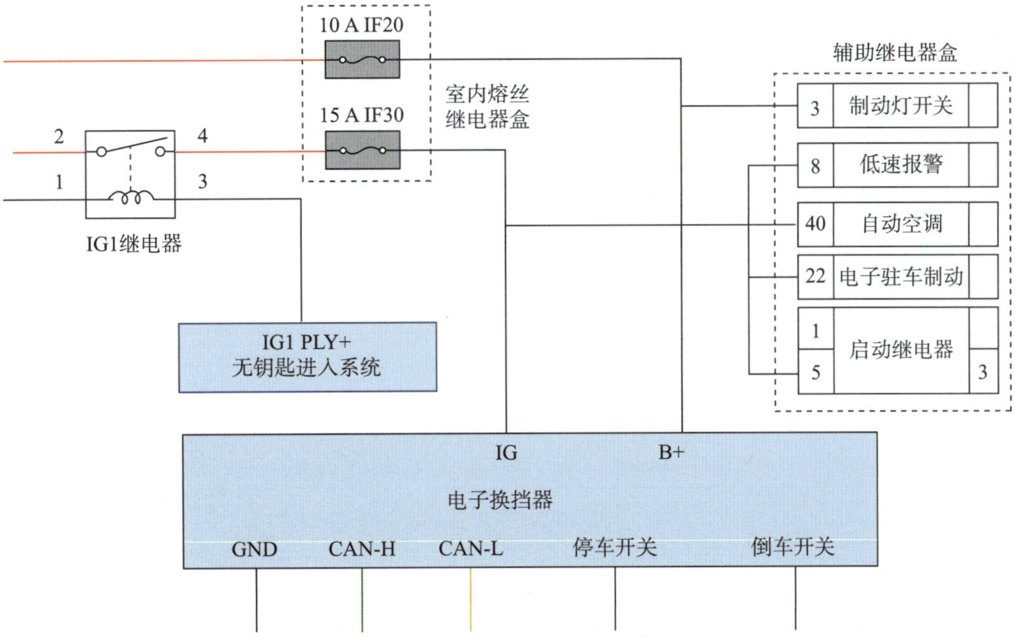

图 3–12　线控换挡系统电路示例

4）故障检修流程

线控换挡系统故障检修流程如图 3–13 所示。

2. 技能操作

（1）操作准备

准备技能操作所需的物料，见表 3–5。

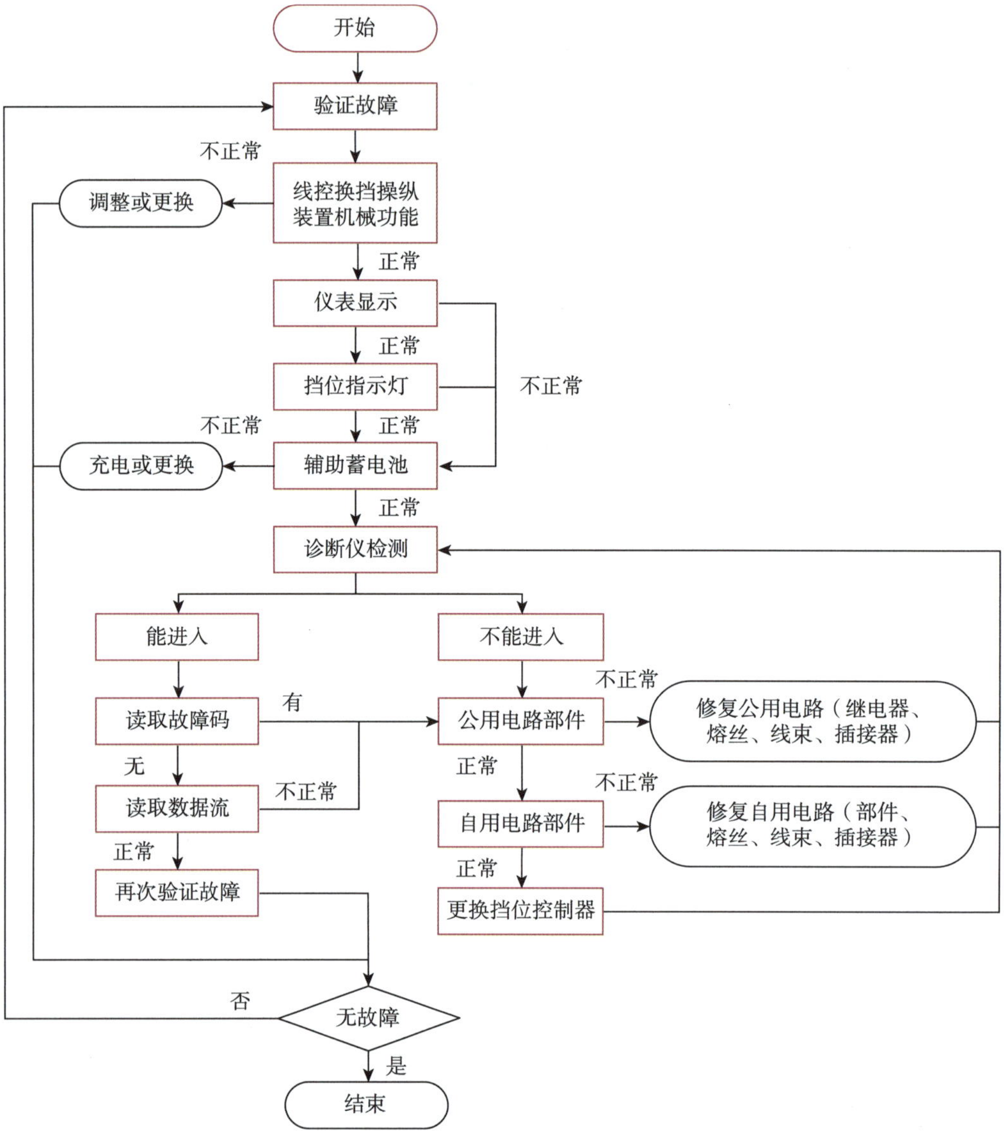

图 3-13　线控换挡系统故障检修流程

表 3-5　物料准备

类别	所需物料
教学整车 / 实训平台	纯电动汽车或线控底盘教学实训平台
仪器、设备、工具	维修手册、电路图、翼子板防护布、车内防护用品、耐磨手套、绝缘扭力扳手、绝缘工具套装、诊断仪、万用表、示波器、塑料撬板等

（2）故障验证

验证线控换挡系统故障，将验证结果记录在表 3-6 中。

表 3-6　线控换挡系统故障验证记录

序号	验证内容	验证结果
1	车辆启动后“READY”指示灯是否指示正常	是□　否□
2	P 挡解锁 / 上锁是否正常	是□　否□
3	N 挡是否可以操纵	是□　否□
4	D 挡是否可以操纵	是□　否□
5	R 挡是否可以操纵	是□　否□
6	车辆是否能够行驶（故障是否真实存在）	是□　否□

（3）故障问诊

1）车辆问诊

对车辆进行问诊，将问诊结果记录在表 3-7 中。

表 3-7　线控换挡系统故障问诊记录

序号	问诊内容	问诊结果
1	线控换挡操纵装置部件外观和机械状况是否异常	是□　否□
2	线控换挡操纵装置挡位指示灯是否指示正常	是□　否□
3	仪表故障指示灯、挡位指示、文字提示状况等是否异常	□ □ □ □ 文字□
4	故障发生时的路况及车辆使用状况是否与故障有关	是□　否□

2）辅助蓄电池检查

对辅助蓄电池进行检查，将检查结果记录在表 3-8 中。

表 3-8　辅助蓄电池检查记录

序号	检查内容	检查结果
1	辅助蓄电池电压是否正常	是□　否□
2	辅助蓄电池正极端子是否正常	是□　否□
3	辅助蓄电池负极端子是否正常	是□　否□

3）故障码和数据流读取

通过诊断仪检测线控换挡系统的故障码和数据流，将检测结果记录在表 3-9 中。

表 3-9　线控换挡系统的故障码和数据流

诊断仪是否能够正常进入系统		是□　　否□
故障码		
序号	故障码	故障码说明
1		
2		
3		
4		
5		
6		

数据流			
序号	数据流名称	当前值	标准值
1			
2			
3			
4			
5			
6			
7			
8			
9			
10			
11			

（4）故障排除

1）电路图拆画

查阅所维修车型的电路图、维修手册，拆画实训车辆线控换挡系统电路图，画在图 3-14 的图框中。

图 3-14　线控换挡系统电路图

2）公用电路部件测试

测试与线控换挡系统公用的电路中其他部件或系统的工作状况，将测试结果记录在表 3-10 中。

表 3-10　公用电路中部件或系统测试结果记录

序号	部件或系统名称	测试结果是否正常	可排除的线控换挡系统部件
例	自动空调系统	是■　否□	IF30 熔丝、IG1 继电器供电正常
1		是□　否□	
2		是□　否□	
3		是□　否□	
4		是□　否□	
5		是□　否□	

3）故障点分析

分析可能的故障点和故障原 因，将分析结果记录在表 3-11 中。

表 3-11　故障点分析记录

序号	可能的故障点	可能的故障原因
1		
2		
3		
4		

4）故障诊断

根据维修手册、电路图，选用合适的工量具查找故障点，将故障排除过程及结果记录在表 3-12 中。

表 3-12　线控换挡系统故障排除记录

序号	工作内容	测量结果	是否正常	处理方法
例 1	IP42/5 和 IP01/17 线路电阻	<1 Ω	是■　否□	—
例 2	IP42/5 与辅助蓄电池负极电压	0 V	是□　否■	修理 IP42/5 和 IP01/17 线束或插接器
1			是□　否□	
2			是□　否□	
3			是□　否□	
4			是□　否□	
5			是□　否□	
6			是□　否□	
7			是□　否□	
8			是□　否□	
9			是□　否□	
10			是□　否□	
11			是□　否□	
12			是□　否□	

5）结果验证

验证线控换挡系统故障是否排除，将验证结果记录在表 3-13 中。

表 3-13　线控换挡系统故障排除验证记录

序号	验证内容	验证结果
1	操控线控换挡操纵装置，故障现象是否仍然存在	是□　否□
2	使用诊断仪清除故障码，故障码是否被清除	是□　否□
3	使用诊断仪读取数据流是否全部正常	是□　否□

检查评估

对本任务的学习情况进行检查，并将相关内容填写在表 3-14 中。

表 3-14　检查表

检查项目	检查结果	结果点评
线控换挡系统检查		
是否完成线控换挡系统外观检查	是□　否□	
是否完成线控换挡系统基本功能检查	是□　否□	
是否完成线控换挡系统机械操作检查	是□　否□	
是否完成线控换挡系统电气接口检查	是□　否□	
是否完整填写检查记录表	是□　否□	
线控换挡系统检修		
是否进行诊断前故障验证	是□　否□	
电路图拆画是否准确	是□　否□	
可能的故障点和故障原因分析是否合理	是□　否□	
故障排除方案或流程是否合理	是□　否□	
故障是否排除	是□　否□	
故障排除结果是否验证	是□　否□	
工作页记录是否完整	是□　否□	
整理与恢复		
工具、设备是否整理恢复	是□　否□	
实训工位是否打扫干净	是□　否□	
产生的垃圾是否分类处理	是□　否□	

任务小结

本任务小结如图 3-15 所示。

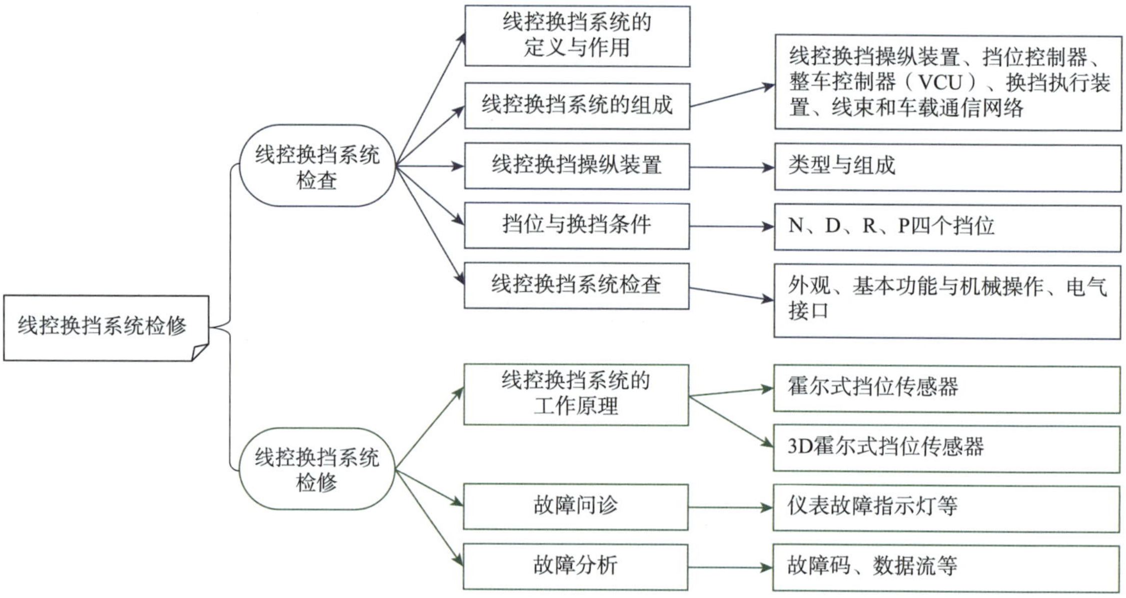

图 3-15　任务小结

任务四 线控驱动自动驾驶系统调试与检查

任务导入

场景：某国产智能网联汽车研发中心。

人物：工程师王工、见习工程师小宋。

情节：某国产智能网联汽车新产品正处于研发阶段，试验部门报告称车辆的线控驱动自动驾驶系统在用户踩下加速踏板的开度很大时才能够实现人工接管，车辆存在迟迟不能退出自动驾驶模式的问题。研发部门的小宋接到工作任务，协助王工对开发样车的线控驱动自动驾驶系统进行调试及各项功能全面检查。如果你是小宋，你将如何开始工作？

任务目标

▸ 能根据线控驱动自动驾驶系统装调与检查手册，正确使用专用设备，规范完成线控加速踏板的标定。

▸ 能根据线控驱动自动驾驶系统装调与检查手册，熟练运用自动驾驶安全设计与接管机制知识，正确使用专用设备，规范完成线控加速踏板人工接管门限值的标定。

▸ 能根据线控驱动自动驾驶系统操作手册与功能检查技术规范，熟练使能线控驱动自动驾驶系统，规范完成自动驾驶纵向加速与换挡控制功能的检查。

任务实施

一、线控驱动自动驾驶系统调试

1. 知识学习

（1）自动驾驶系统

线控技术（X-by-Wire）早期源于飞机驾驶电传操控。在采用线控技术的飞机上，飞行员的操作杆和机翼之间的机械连接被一套机械电子系统取代，飞行员的操纵命令以电信号的方式被采集，经过计算机处理后用来控制机翼附近的电动机或液压装置驱动机翼改变角度，完成飞行动作。随着汽车日趋智能化和电动化，线控技术开始广泛被运用于汽车底盘的设计中。底盘线控技术可以实现车辆在使用过程中驾驶员对车辆的人为线控操纵，并作为执行装置实现车辆先进驾驶辅助系统（ADAS）功能和高级别自动驾驶功能。

汽车自动驾驶系统的核心架构分为感知层、决策层与执行层三个层面，如图 4–1 所示，线控底盘作为执行层，属于架构的底层结构。自动驾驶系统决策层是一个集成信号处理算法与自动驾驶控制策略的计算平台，平台接收感知层内视觉传感器、激光雷达、毫米波雷达、超声波雷达等环境感知传感器的信息，根据驾驶员的意图或自动驾驶任务设定，结合车辆自身状态向执行层中的底盘线控系统发送指令。

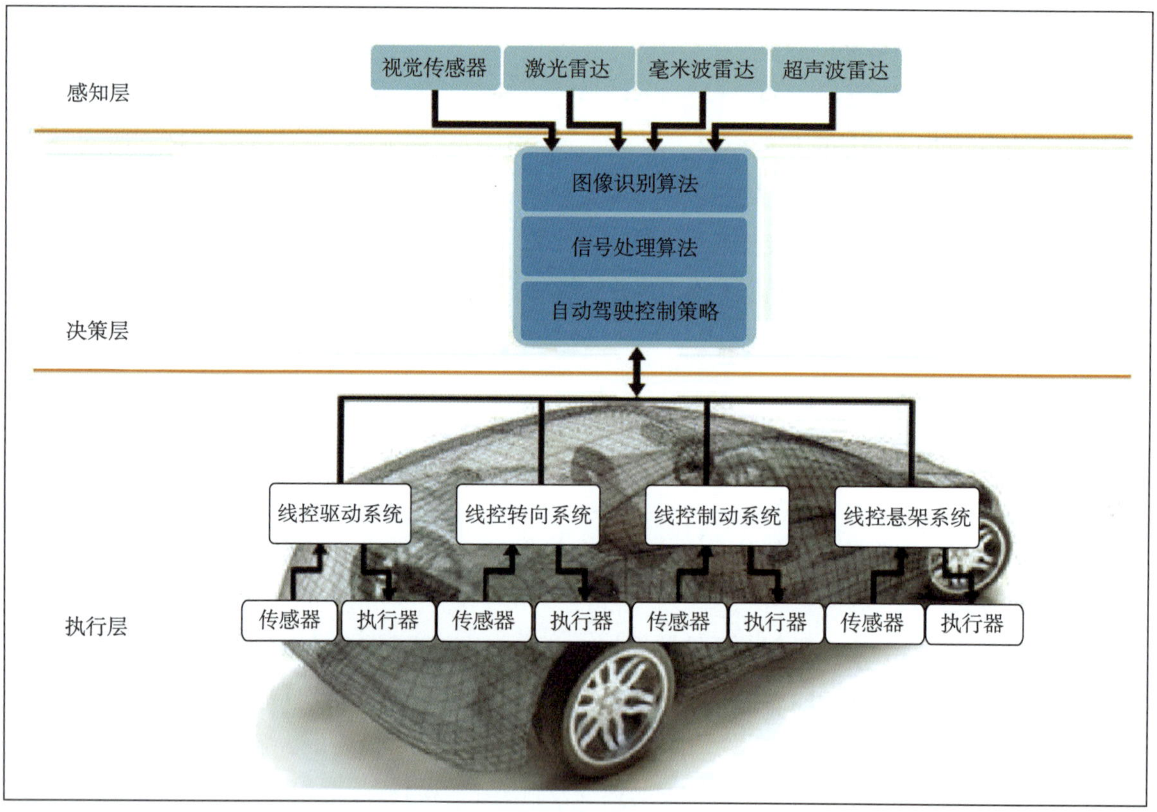

图 4–1　汽车自动驾驶系统的核心架构

（2）线控驱动自动驾驶系统

1）应用场景

线控驱动自动驾驶系统是在车辆先进驾驶辅助系统（ADAS）及高级别自动驾驶系统中用于执行车辆匀速、加速行驶的底盘系统。该系统典型的应用场景包括自适应巡航（ACC）、自主变道 / 超车自动驾驶等。

① 自适应巡航。自适应巡航也称为主动巡航，是在常规定速巡航功能基础上升级的一种先进驾驶辅助系统。常规定速巡航是车辆按照驾驶员的设定控制车辆行驶速度的系统；自适应巡航用于在快速道路或高速公路行车时将车间距控制在一个定值范围内，以减轻驾驶员的驾车疲劳。目前自适应巡航可以

实现在 100% 的速度范围内巡航，可以无缝实现车辆在高速、塞车、起步等各行驶状况下的车间距控制。

如图 4–2 所示，在自适应巡航系统工作过程中，车辆前部的车距测量雷达不断探测车辆与前车的距离；同时，控制系统采集轮速传感器测得的汽车车轮速度来计算车辆的行驶速度；线控驱动系统作为执行装置始终控制车辆以设定的速度行驶。当汽车靠近前方车辆且两车间距小于安全距离时，自适应巡航控制单元通过控制线控驱动系统降低动力系统输出，且制动系统配合工作使车辆减速，从而可以确保车辆始终与前方车辆保持一定的安全距离。

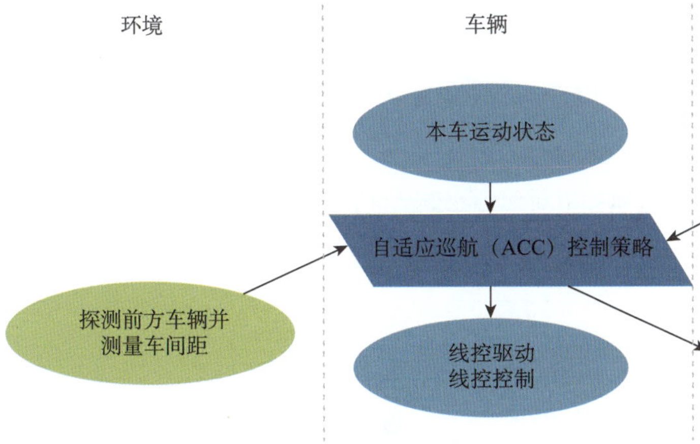

图 4–2 自适应巡航系统的工作原理

② 自主变道 / 超车自动驾驶。当车辆处于自动驾驶阶段时，根据已规划的路径，或者需要避让障碍物，系统控制车辆变道或者超车，如图 4–3 所示。在自动驾驶系统对车辆的操控过程中，线控驱动系统需要根据指令，在变道过程中时刻注意控制车速，使车辆不出现侧滑与失控；在提速超车过程中迅速准确地控制动力系统，以完成车辆提速动作。另外，在整个变道超车的过程中，车辆决策系统可能会因为探测到自车与后方来车存在碰撞风险而向线控驱动系统发出中止超车的指令，这就需要线控驱动系统随时、快速地做出响应，调整线控加速系统和线控换挡系统完成对驱动系统的控制。

图 4–3 自主变道 / 超车自动驾驶场景

2）组成与工作原理

线控驱动自动驾驶系统由线控加速踏板、线控换挡操纵装置、自动驾驶计算平台、整车控制器（VCU）、电机控制器（MCU）、驱动电机、车载网络、底盘供电系统、组合仪表组成。线控加速踏板、线控换挡操纵装置属于系统的人机界面。自动驾驶计算平台是自动驾驶系统的决策层部件，又被称为上位机。系统各部件之间由 CAN 总线连接进行通信。

线控驱动自动驾驶系统具有人工驾驶和自动驾驶两种模式。两种模式的工作原理在信号源、信息流等方面各不相同。

如图 4–4 所示，人工驾驶模式的工作原理如下：

① 车辆启动后，整车控制器采集加速信号与挡位信号，根据信号判断驾驶员的驾驶意图。通过 CAN 总线将扭矩命令发送给电机控制器（MCU）。

② 电机控制器接收指令信号，控制驱动电机实现车辆的前进、倒车以及控制行驶速度。

③ 整车控制器将车辆挡位信号和驱动电机转速信号发送至组合仪表，将车辆工作信息提供给驾驶员。

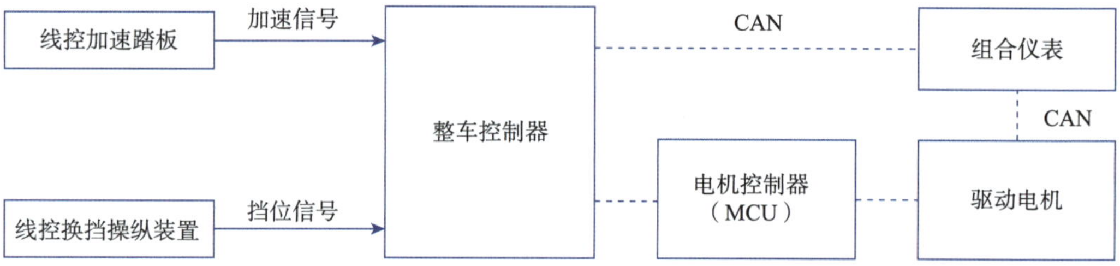

图 4–4　人工驾驶模式的工作原理

如图 4–5 所示，自动驾驶模式的工作原理如下：

① 车辆启动后，计算平台根据自动决策程序给整车控制器发送挡位与加速指令，整车控制器通过 CAN 总线将扭矩命令传递给电机控制器（MCU）。

② 电机控制器接收指令信号，控制驱动电机实现车辆自动驾驶前进、倒车，并自主控制行驶速度。

③ 组合仪表将车辆自动驾驶工况信息提供给驾驶员。

④ 当驾驶员踩下加速踏板时，加速踏板请求会覆盖总线控制指令请求。系统随之启动人工接管，退出自动驾驶。

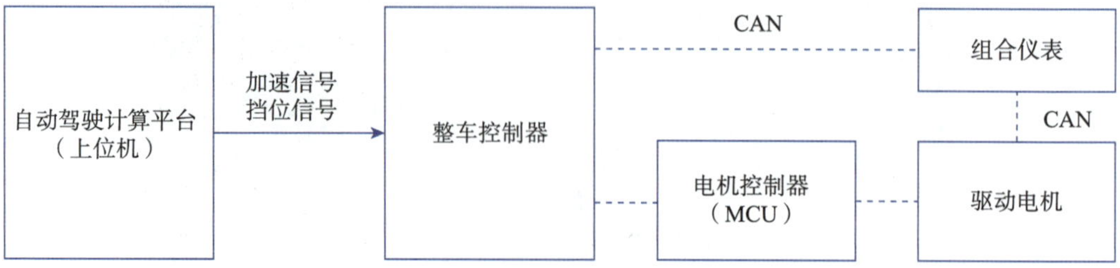

图 4–5　自动驾驶模式的工作原理

需注意不同智能网联车型采用不同的底盘控制器拓扑，具体车型的线控驱动系统控制器的数量与控制系统架构需参看车辆手册。

（3）线控加速踏板标定

1）线控加速踏板

在人工模式下，线控驱动自动驾驶系统加速信号通过线控加速踏板进行采集。

线控加速踏板外观与输出曲线如图 4-6 所示。线控加速踏板由踏板机构与踏板传感器两部分组成。加速踏板内部的传感器可将驾驶员脚踩踏板的位置转化为相应大小的电信号。加速踏板输出曲线在踏板空置状态时输出电压并不为零；另外，由于踏板内部的传感器采用了冗余设计，踏板传感器会同时输出两个与踏板位置对应的电压值，整车控制器会根据程序规则读出相应电压值与踏板位置相对应。图中，$P_{1.1}$ 表示加速踏板第 1 路电路输出的电压最低值，$P_{1.2}$ 表示该路电路输出的电压最高值，在加速踏板踩下后的整个行程内，第 1 路电路的电压随着踏板开度在 $P_{1.1}$ 和 $P_{1.2}$ 之间线性变化；$P_{2.1}$ 与 $P_{2.2}$ 表示第 2 路电路输出的电压最低值与电压最高值，其余同理。

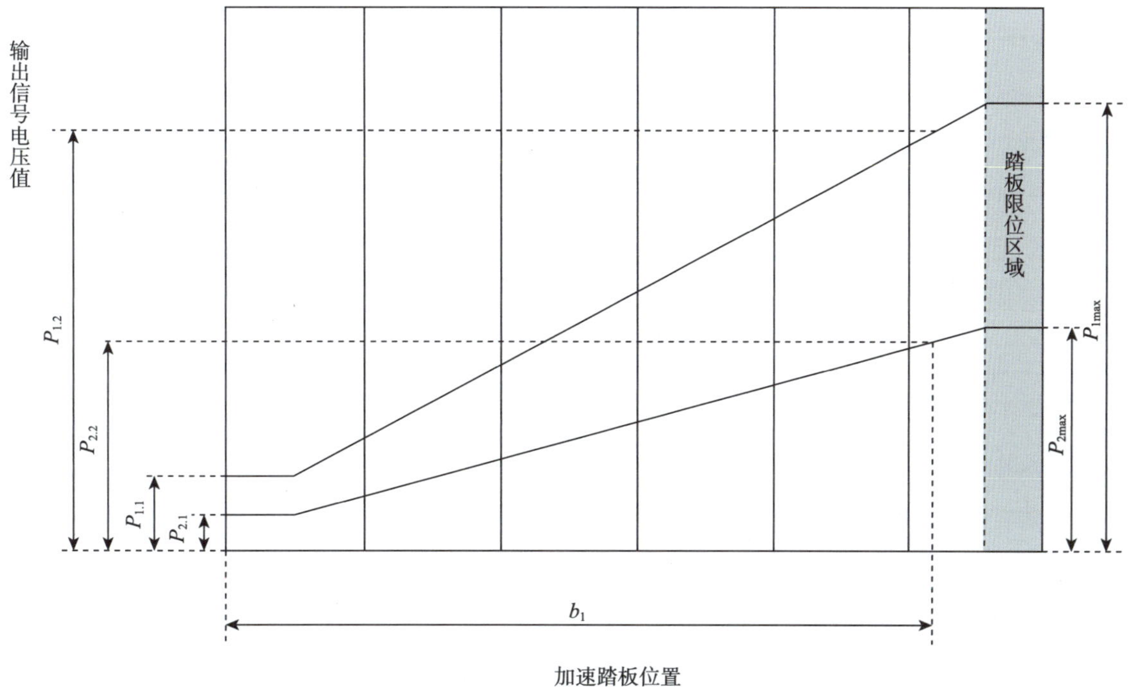

图 4-6　线控加速踏板外观与输出曲线

2）标定目的

线控驱动自动驾驶系统在装调阶段需对加速踏板进行标定，以满足人工驾驶模式下的需求，具体目的主要有以下几个方面：

① 不同型号与批次的加速踏板的输出特性曲线存在差异，整车控制器程序中“0 开度”需要和踏板新部件空置状态下的电压对应；“100% 开度”需要和踏板新部件满行程状态下的电压对应。

② 个性化装调，根据一定的驾驶习惯对线控驱动自动驾驶系统进行特殊设定，使系统在特定的踏板范围内起作用。

3）标定方法及步骤

线控加速踏板在人工驾驶模式下标定时，采用带有 CAN 总线功能的标定主机与线控标定软件作为工具。

线控加速踏板标定界面如图 4–7 所示，红色方框内为相关信息和按键。标定方法与步骤如下：

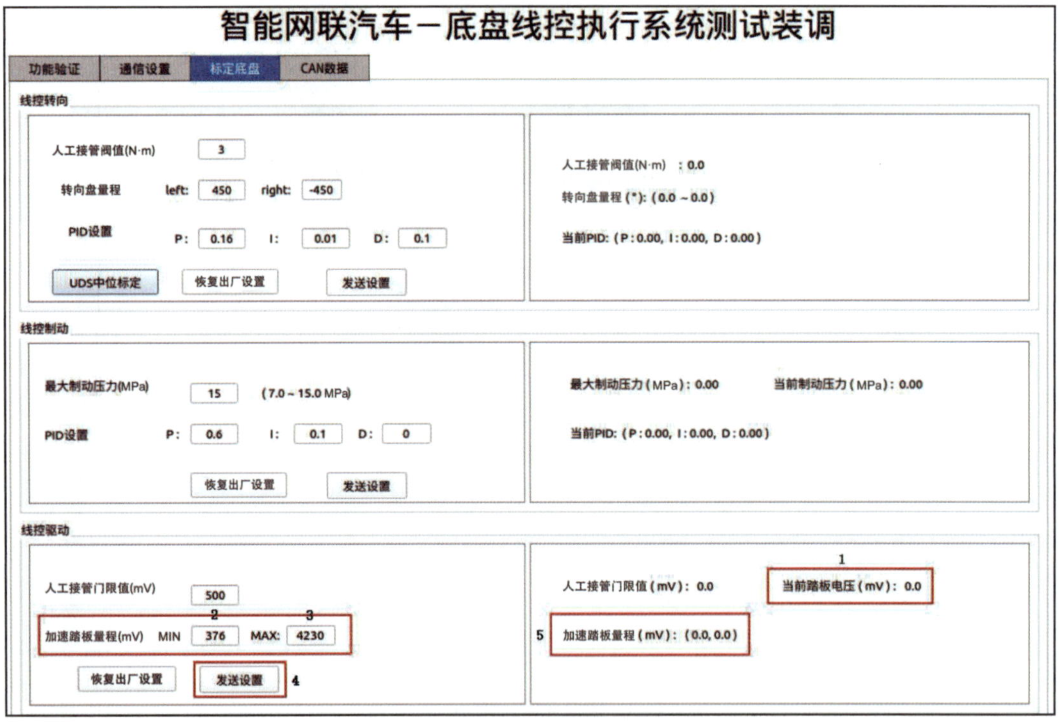

图 4–7　线控加速踏板标定界面

① 规范连接标定主机与车辆，启动线控标定软件。

② 选择进入线控底盘标定界面。

③ 使踏板空置，即不踩踏板，记录当前线控加速踏板输出电压数值，将该数值手动填写进标定界面“加速踏板量程”项中的“MIN（最小值）”项内。

④ 将踏板踩到底，记录当前线控加速踏板输出电压数值，将该数值手动填写到标定界面“加速踏板量程”项中的“MAX（最大值）”项内。

⑤ 单击“发送设置”按钮完成标定。

⑥ 验证标定结果。在软件底盘线控系统“功能验证”界面查看踏板空置时，系统显示加速踏板开度百分比是否为 0；查看踏板全踩下时，系统显示加速踏板开度百分比是否为 100%。

（4）加速踏板人工接管门限值标定

1）自动驾驶安全设计与接管机制

加速踏板人工接管是自动驾驶系统重要的安全设计。车辆先进驾驶辅助系统（ADAS）以及其他高级别自动驾驶系统应用为智能网联汽车的主动安全、驾乘舒适感等方面带来了巨大的改善。但是作为融合有机电技术、人工智能、传感器技术等多种先进技术的复杂系统，难免存在很多潜在故障，为驾乘人员及交通其他参与对象带来危险。因此，智能网联汽车在车辆安全设计方面较传统汽车有了极大的提升。

智能网联汽车安全设计包括电车安全、功能安全、预期功能安全与信息安全四大类，如图 4–8 所示。

① 电车安全是指随着越来越多的智能网联汽车将电能或混合动力作为动力来源，针对如动力蓄电池安全问题等一系列潜在危险需要有专门的安全设计。

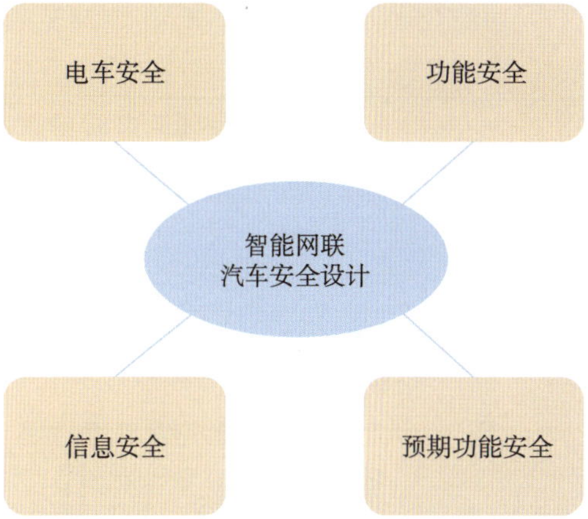

图 4–8　智能网联汽车安全设计基本分类

② 功能安全是汽车工业借鉴了国际电工委员会（IEC）标准所提出的汽车功能安全的概念。功能安全是针对系统如何对错误做出反应，或者是否可以避免系统错误，以实现所需安全目标。IEC 标准中提出，如果一个系统不存在由于电子电力系统无效行为而引发的不合理的风险，则说这个系统是功能安全的。汽车工业界在借鉴这个概念的同时扩大了功能安全的规定范畴，使其不再仅限于电子电力系统。例如，由于安全气囊的错误弹起可导致乘员受到伤害并引发车祸，对安全气囊开启的控制就属于功能安全的范畴。

③ 预期功能安全是针对性地处理系统正常工作状态下因性能有限所带来的安全问题，而非发生错误的状态。例如，在智能驾驶中会使用摄像头捕捉画面，而摄像头的分辨率即使再高也是有限的，那么判断其分辨率是否可以保证相应的物体识别精度以避免事故发生，就属于预期功能安全的范畴。在实践中往往都需要使用技术与设备针对安全目标进行定性与定量的评估，以确保设备可以满足安全需求。

④ 信息安全针对的是降低由汽车的电子电力系统随机硬件故障或软件设计缺陷导致灾害而带来的风险。随着汽车智能网联化技术的大规模应用，保护车辆和用户数据免受未经授权的访问并防止黑客操纵任何车辆功能，也是目前车辆的重要信息安全功能。

在以上四方面安全设计的基础上，各汽车公司都构建自有的安全设计框架与方法。表 4–1 所列为某无人驾驶汽车开发公司发布的汽车安全设计方法，在表中的操作安全分支里，接管机制是最重要的方法之一。

表 4-1　某无人驾驶汽车开发公司发布的汽车安全设计方法

安全分支	描述	方法
操作安全	用户明确使用边界，与自动驾驶系统和谐配合	人机交互：区分用户使用的探索期与成熟期，分阶段建立使用习惯；充分使用多因素多感官提示，更自然地进行人机交互，保证用户不错过任何重要信息 接管机制：尽量减少人机切换，并在必要情况下自动进行安全操作
环境安全	使自动驾驶汽车和谐融入目前的车辆行驶环境，易于驾驶员预判环境	环境建模：通过多种感知与识别技术融合建立对环境完整准确认知 环境机器交互：通过全摄像与麦克风阵列进行手机环境信息交互，通过各种互动设备强化与环境的交互 驾驶策略系统：实现全面性与可解释性，即任意环境状态下全覆盖并可查询、每条驾驶策略都有来源（遵循交通法规与安全需求）
行为安全	培养具有全面能力的稳定与安全的自动驾驶车辆	场景库：通过专业采集车队、用户辅助、数据生态三方面构建完备的数据采集体系 策略库：通过大数据训练与人工审核辅助，构建适合中国国情的驾驶策略，提升驾驶安全 危险发现与监控：对环境、车辆及软硬件状态、驾驶员状态实时监控并诊断 危险应对：将标准防碰撞措施与车体状态调整相结合
功能安全	严谨的安全开发流程与足够的系统冗余	安全流程：与汽车装配厂严密合作，从各层面使用全面的业界标准安全分析方法设计安全需求，并在各层次、各场景进行测试 功能安全设计：通过全面诊断与足够冗余保证故障状态下车辆可操控 预期功能安全：自设计初就把安全 / 防止失效作为目标并充分评估所有关键功能
质量安全	完整严格的质量保证	充分测试：从模块到整车，结合仿真、实际道路与各种环境，保证交付前 120 万千米的测试 信息安全：基于多层纵深防御体系，从对外通信、网关接入、车内应用与云端保证信息安全
安全进化	通过不断自动学习，进化与更新系统，不断完善系统安全	快速发现安全问题：回传实时数据脱敏与挖掘 OTA 远程无线升级（over the air）：固件与数据远程无线升级，实现安全更新
机制安全	事故处理、相关法律、保险与援助等机制	规范：自动驾驶路测法规等 保障：与保险公司达成意向 自动驾驶黑匣子 远程客服控制系统

2）加速踏板人工接管门限值标定方法

加速踏板人工接管门限值标定属于汽车自动驾驶系统安全设计中针对操作安全相关功能的标定

工作。

门限值是一种人为设定数值，当系统超过该限制时就会激发相应功能。在线控驱动自动驾驶模式下，如果驾驶员希望接管车辆控制权，使系统恢复到人工驾驶模式，需通过迅速踩下加速踏板来实现。加速踏板人工接管门限值是某个预先设定的踏板开度值，当驾驶员踩下加速踏板时，若加速踏板开度超过该值，系统就会切换驾驶模式。

加速踏板人工接管门限值的设定需考虑两方面因素：保证在紧急情况下驾驶员接管车辆时可以迅速执行操作以达到门限值，因此，门限值的设定不可太大；需防止驾驶员的脚部误碰到加速踏板，造成加速踏板面微小压动就会触发系统驾驶模式切换，因此，门限值的设定不可太小。加速踏板人工接管门限值一般设置为加速踏板行程（全开度）的 5%。

加速踏板人工接管门限值设定一般使用标定主机与标定软件完成，设定界面如图 4–9 所示，红色方框内为相关信息与按键。设定的方法与步骤如下：

①规范连接标定主机与车辆，启动线控标定软件。

②进入线控底盘标定界面。

③根据已标定的加速踏板量程计算人工接管门限值（电压值）。

④单击“发送设置”按钮完成设置，查看系统返回的门限值是否正常。

⑤验证设置结果，在自动驾驶模式下轻踩加速踏板，验证模式切换是否成功。

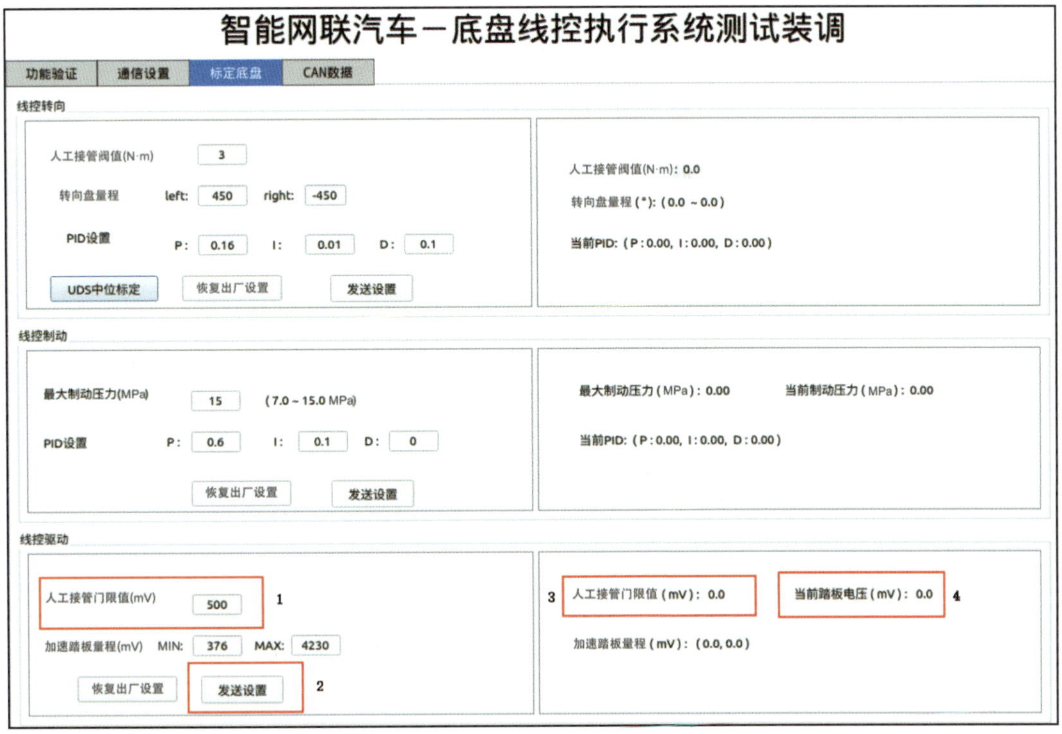

图 4–9　加速踏板人工接管门限值设定界面

2. 技能操作

（1）操作准备

准备技能操作所需的物料，见表 4-2。

表 4-2 物料准备

类别	所需物料
教学整车 / 实训平台	线控底盘实训台架（外观见图 4-10）
仪器、设备、工具	标定主机、标定软件、台架手册、纸、笔、计算器等

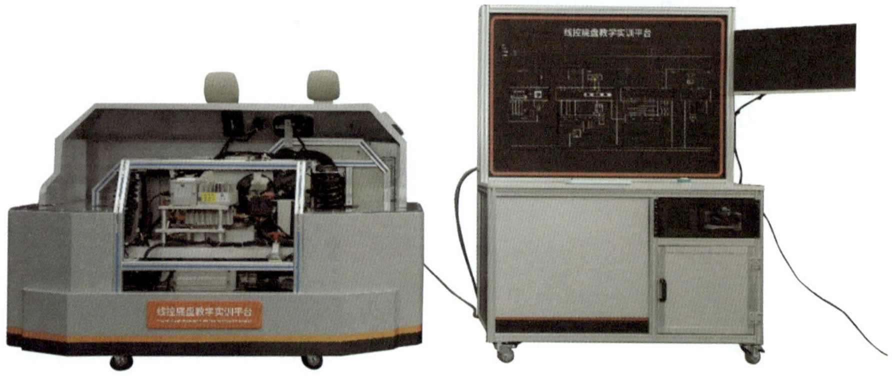

图 4-10 线控底盘实训台架外观

（2）线控加速踏板标定

对线控驱动系统的加速踏板进行标定，将标定结果记录在表 4-3 中。

表 4-3 线控加速踏板标定记录

序号	步骤	项目	内容
1	踏板类型	地板式 □　　悬挂式 □	
2	踏板电压值	加速踏板空置	输出的电压值：
		加速踏板全部踩下	输出的电压值：
3	标定操作	是否将数值填入“MIN”项	是□　　否□
		是否将数值填入“MAX”项	是□　　否□
4	结果验证	加速踏板空置	系统显示开度百分比： 标定成功□　　标定不成功□
		加速踏板全部踩下	系统显示开度百分比： 标定成功□　　标定不成功□

（3）加速踏板人工接管门限值标定

对加速踏板人工接管门限值进行标定，将标定结果记录在表 4-4 中。

表 4-4　加速踏板人工接管门限值标定记录

序号	步骤	项目	内容
1	门限值计算	加速踏板满量程电压值	
		门限值百分比	
		计算结果（人工接管门限值数值）	
2	门限值写入	是否将数值填入系统	是□　否□
3	门限值发送	是否发送设置	是□　否□
4	结果验证	踩下加速踏板，自动驾驶模式是否迅速退出	是□　否□
		操作中加速踏板行程是否与设定的门限值大致相同	是□　否□

二、线控驱动自动驾驶系统检查

1. 知识学习

（1）线控驱动自动驾驶系统功能

在 ADAS 或自动驾驶系统中，线控驱动系统用于完成车辆的匀速、加速行驶，主要具有驱动控制、驱动反馈、人工接管、越界处理四类功能，见表 4-5。

表 4-5　线控驱动系统自动驾驶功能表

序号	功能	信号
1	驱动控制	使能
		目标加速踏板位置
		车辆目标纵向加速度
		车辆目标驱动扭矩
2	驱动反馈	驾驶模式
		加速踏板位置信号
		纵向加速度
		车速
		轮速
		发动机 / 电机转速
		故障信息
3	人工接管	加速踏板指令覆盖
4	越界处理	越界拒绝执行，并退出自动驾驶模式

在自动驾驶状态下，使能（enabled）即开启系统，整车控制器发出目标加速踏板位置、目标加速度和目标驱动扭矩信号，车辆驱动装置迅速达到预期数值；线控驱动系统的驱动反馈功能将系统状态信息通过诊断系统进行采集监控；各类速度传感器不间断测量车辆和系统的速度信号，供驱动系统控制器与目标值进行对比，完成闭环控制。

当驾驶员希望操纵车辆时，可以通过人工接管功能，踩下加速踏板，使线控驱动系统退出自动驾驶模式。

越界处理是当踏板位置超过指定的限制时，系统忽略目标踏板位置的数值，并退出自动驾驶模式。若不能退出自动驾驶模式，则发送越界警告。

（2）系统检查方法与步骤

在线控驱动自动驾驶系统功能验证界面进行操作，如图 4–11 所示，对线控驱动自动驾驶系统各项功能进行如下检查：

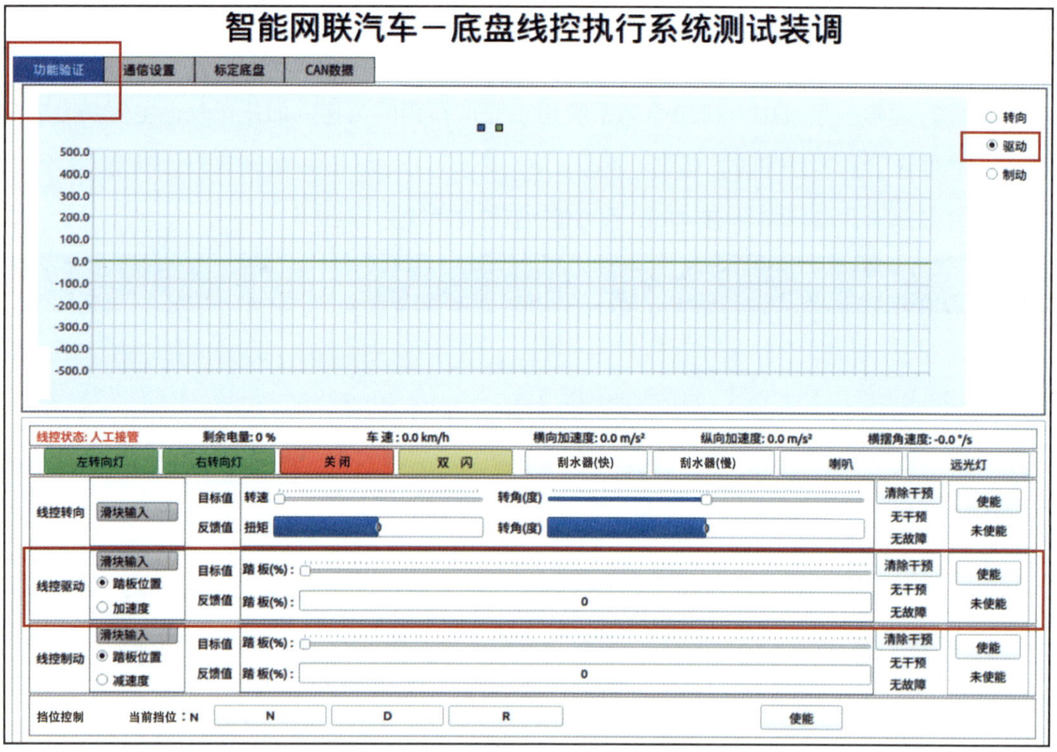

图 4–11　线控驱动自动驾驶系统功能验证界面

1）控制使能检查

在人工驾驶模式下开启系统，使能自动驾驶系统，也就是开启自动驾驶模式。检查对象为切换界面是否正常、自动驾驶模式是否正常开启。

2）加速与换挡指令检查

在自动驾驶模式下进行如下操作：

① 前进挡下，通过上位机发送加速指令 0 到 100%，观察仪表及系统反馈的车速信号，查看车速是否增加，系统显示挡位是否为前进挡。

② 倒挡下，通过上位机发送加速指令 0 到 100%，观察仪表及系统反馈的车速信号，查看车速是否增加，系统显示挡位是否为倒挡。

3）加速踏板控制检查

在人工驾驶模式下踩下加速踏板，查看系统反馈加速踏板位置信号是否与操作一致。

4）故障自诊断与安全退出功能检查

在自动驾驶系统运行中设置故障，检查系统是否发送故障信息，是否发送退出自动驾驶模式的信号。

5）人工接管功能检查

在自动驾驶模式下踩下加速踏板，检查系统是否迅速退出自动驾驶模式实现人工接管，同时检查系统的响应速度。

2. 技能操作

（1）操作准备

准备技能操作所需的物料，见表 4-6。

表 4-6　物料准备

类别	所需物料
教学整车 / 实训平台	线控底盘实训台架
仪器、设备、工具	标定主机、标定软件、台架手册等

（2）线控驱动自动驾驶系统检查

对线控驱动自动驾驶系统进行检查，并将检查结果记录在表 4-7 中。

表 4-7　线控驱动自动驾驶系统检查记录

序号	功能	项目	内容
1	控制使能检查	是否能正常进入自动驾驶界面	是□　否□
		模式切换按键是否正常	是□　否□
		自动驾驶模式是否能正常开启	是□　否□
2	加速指令检查	前进挡时仪表显示车速变化是否正常	是□　否□
		前进挡时系统界面显示车速变化是否正常	是□　否□
		倒挡时仪表显示车速变化是否正常	是□　否□
		倒挡时系统界面显示车速变化是否正常	是□　否□

续表

序号	功能	项目	内容
3	换挡指令检查	前进挡时仪表显示挡位是否正常	是□　否□
		前进挡时系统界面显示挡位是否正常	是□　否□
		倒挡时仪表显示挡位是否正常	是□　否□
		倒挡时系统界面显示挡位是否正常	是□　否□
4	加速踏板控制检查	系统显示加速踏板开度是否与实际踩下的踏板开度一致	是□　否□
5	故障自诊断与安全退出功能检查	系统是否完成故障自诊断	是□　否□
		系统是否可在故障下完成自动驾驶安全退出	是□　否□
6	人工接管功能检查	系统可否完成人工接管	是□　否□
		人工接管系统响应速度是否迅速	是□　否□

检查评估

对本任务的学习情况进行检查，并将相关内容填写在表 4-8 中。

表 4-8　检查表

检查项目	检查结果	结果点评
线控驱动自动驾驶系统调试		
是否正确连接标定调试设备	是□　否□	
线控加速踏板是否可以在量程内正常工作	是□　否□	
线控驱动自动驾驶系统人工接管是否可以正常工作	是□　否□	
线控驱动自动驾驶系统检查		
线控驱动自动驾驶系统各项功能是否被完整检查	是□　否□	
是否完整填写检查表格	是□　否□	
整理与恢复		
工具、设备是否整理恢复	是□　否□	
实训工位是否打扫干净	是□　否□	
产生的垃圾是否分类处理	是□　否□	

任务小结

本任务小结如图 4-12 所示。

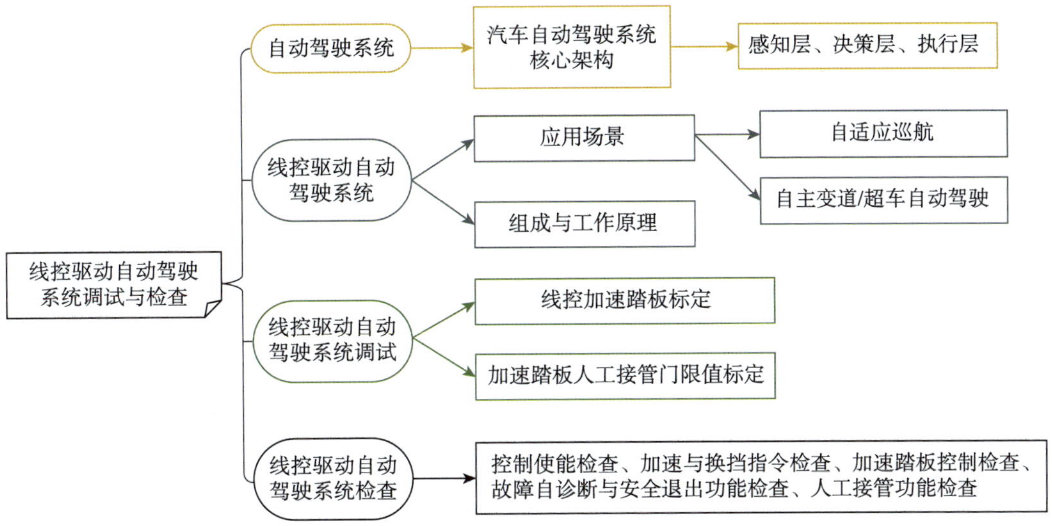

图 4-12　任务小结

情境二
线控转向系统装调与检修

情境介绍

智能网联汽车普遍配装车道保持辅助（LKA）和智能泊车等先进驾驶辅助系统（ADAS），该类对于车辆横向运动进行控制的智能驾驶系统通过线控转向系统执行控制动作，为驾乘人员带来安全和舒适的感受。目前普遍应用线控转向系统的技术由传统汽车的电动转向技术进化而来，体现了线控底盘系统中机械 / 电控双系统安全冗余设计的典型特点。

本情境包含线控电动转向系统检查、线控电动转向系统检修与更换、线控转向自动驾驶系统调试与检查三个任务，具体内容包括随速转向助力功能检查、多模式转向助力功能检查、转向器的安装与调试、最大转动角度范围设置等。

情境目标

▸ 能根据车辆维修手册与装调技术要求，正确使用工具，规范完成线控电动转向系统部件的检查。

▸ 能根据车辆手册，按照标准工作流程，规范完成线控电动转向系统人工驾驶模式下的基本与高级助力功能。

▸ 能根据车辆维修手册，正确使用故障诊断及维修工具，规范完成线控电动转向系统的故障诊断与检修。

▸ 能根据自动驾驶汽车手册与功能检查技术规范，熟练使能线控转向自动驾驶系统，规范完成自动驾驶横向控制功能的检查。

任务五
线控电动转向系统检查

任务导入

场景：某国产智能网联汽车售后维修中心。

人物：客户王先生、见习维修技师小李。

情节：客户王先生的国产智能网联汽车在行驶过程中转向沉重。小李现在需要对车辆转向系统进行检查。由于这辆车的转向器是电机驱动的，而小李只学习过液压助力转向系统，因此一时不知从何入手。如果你是小李，你应该从哪里开始进行转向系统的检查？

任务目标

▸能根据车辆维修手册的操作规范，规范完成线控电动转向系统部件的检查。

▸能根据车辆维修手册和使用手册，规范完成线控电动转向系统基本转向助力、随速转向助力等功能的检查。

任务实施

一、线控电动转向系统部件检查

1. 知识学习

（1）转向系统的定义与分类

汽车转向系统是用于驾驶员在汽车行驶过程中根据车辆行驶路线和道路改变汽车行驶方向的汽车底盘系统。在智能网联汽车中，转向系统同时还是车辆先进驾驶辅助系统（ADAS）和自动驾驶的转向执行系统，自动驾驶超车转向场景如图 5–1 所示。

图 5-1　自动驾驶超车转向场景

根据驾驶员转向操纵的方式不同，汽车转向系统分为机械转向系统、助力转向系统和线控转向系统三大类，如图 5-2 所示。

机械转向系统又称为人力转向系统，是完全依靠驾驶员手部力量操纵的转向系统。

助力转向系统（power steering system，PSS）是借助各种动力为驾驶员转向操纵提供助力的转向系统。根据动力和控制方式，助力转向系统分为液压助力转向系统、电液助力转向系统（包括电控液压助力转向系统和电动液压助力转向系统）、电动助力转向系统等类别。其中，电动助力转向（electrical power steering，EPS）是一种借助电机动力，通过电子控制操纵的转向系统。该系统采用转向电机直接驱动转向齿轮，具有结构简单紧凑、转向助力功能丰富、性能优良的特点，目前被广泛应用于中高级车型。

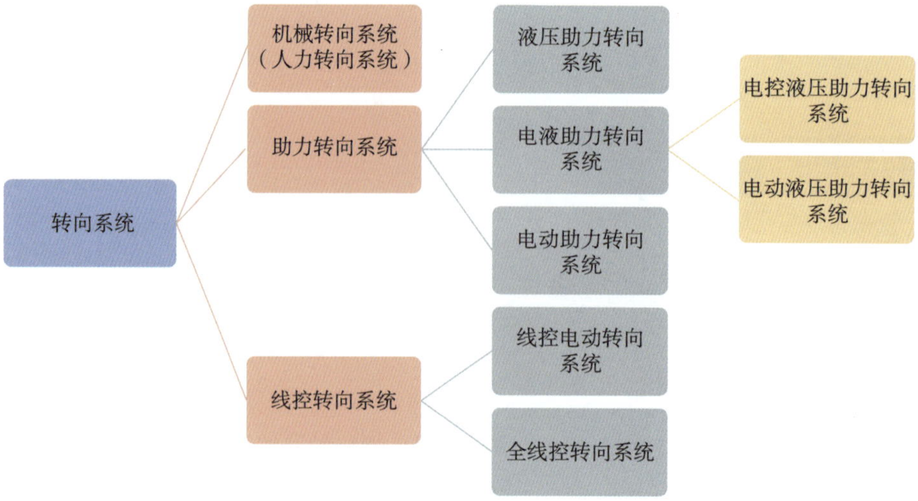

图 5-2　汽车转向系统的分类

线控转向系统具有人工转向与自动转向两种模式。在人工转向模式下，系统由驾驶员操控，根据驾驶员意愿执行车辆转向操作；在自动转向模式下，系统可根据整车控制器（VCU）指令实现车辆自动转向。根据转向盘与转向器之间是否有机械连接，线控转向系统又可分为线控电动转向系统与全线控转向系统两种类型。

（2）线控转向系统

1）线控电动转向系统

线控电动转向系统是在传统汽车电动助力转向系统的基础上增加了由整车控制器（VCU）对转向系统的控制以完成车辆自主转向的新一代汽车转向系统。线控电动转向系统在原电动助力转向系统的机械连接基础上实现系统线控，使系统同时具备机械连接和电控两套系统，遵循了安全可靠性设计原则，因此是目前智能网联汽车主要转向技术方案。

在名称方面，因为主要执行部件相似，行业内目前对线控电动转向系统与电动助力转向系统在中文名称及英文简写“EPS”上存在混用的现象，在从事线控转向系统相关工作时应注意区分。

2）全线控转向系统

全线控转向系统采用线控冗余设计的技术方案，完全取消了转向盘与转向器之间的机械连接，改用电缆传输转向信号。原先通过机械连接从转向轮传递到转向盘的驾驶员路感，改为由力反馈执行电机进行模拟。转向执行器完全根据电信号推动转向轮实现车辆转向行驶。为了具备转向系统所必需的高安全可靠性，目前技术水平下的全线控转向系统配备两至三套安全冗余装置，如图 5-3 所示。冗余设计也带来了系统复杂和成本高昂等问题，因此，全线控转向系统目前仅在少量的量产车中配装，如英菲尼迪 Q50。

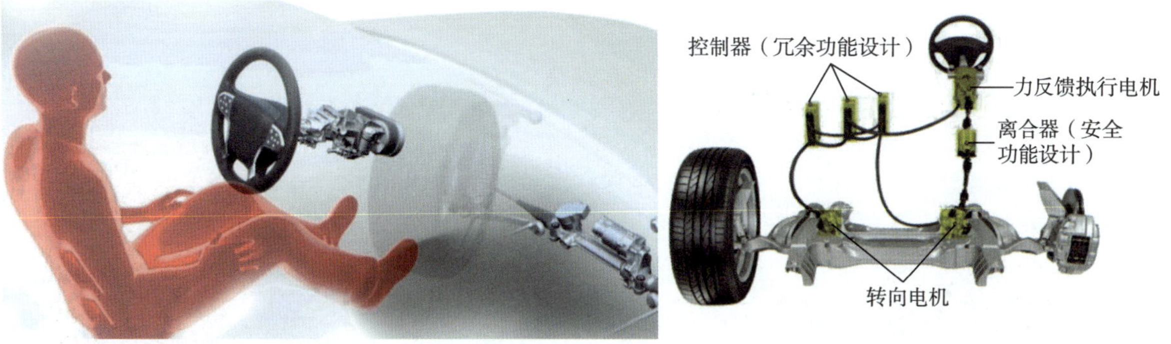

a）　　b）

图 5-3　全线控转向系统

a）系统示意　b）系统构造

（3）线控电动转向系统的组成与类别

1）结构与组成

线控电动转向系统主要由转向盘、转向管柱、转向电机、转向中间轴、万向节、齿轮齿条式转向器、电控单元（ECU）、转向盘转角传感器（装在管柱内部，图中无法标出）、转矩传感器组成，如图 5-4 所示。

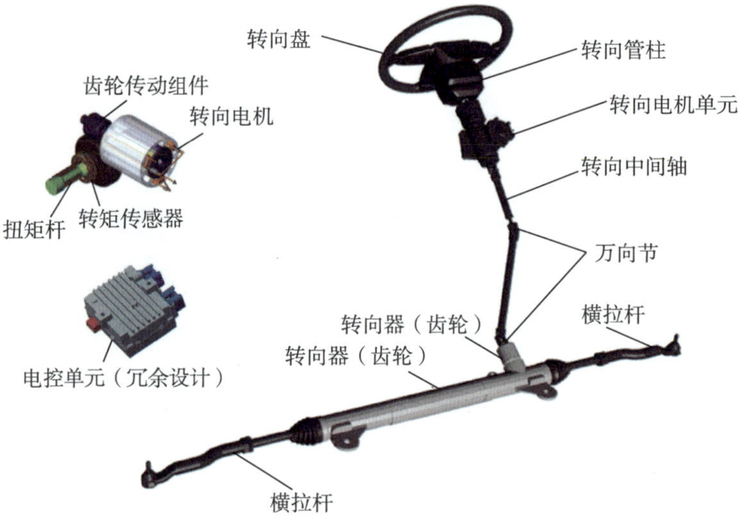

图 5-4　线控电动转向系统的组成

在机械结构方面，齿轮齿条式转向器因其结构简单、便于安装布置的优点而被主流的智能网联汽车线控电动转向系统广泛采用；在电控方面，线控电动转向系统的电控单元具有专门的自动驾驶控制接口，且为了满足先进驾驶辅助系统（ADAS）和自动驾驶系统对于转向系统安全性、可靠性、发生故障时的安全措施等各方面的严格要求，在电动助力转向系统的原有结构上，线控电动转向系统的机械传动、供电电源、控制电路、控制系统软件和通信等子系统多采取双系统冗余设计和特殊安全设计，例如，在电控单元架构中会存在两套完全独立的控制电路，当一套电路发生故障时，另一套替补电路可立即启动。

电控单元与转向电机采用一体化设计，集成为转向控制单元，如图 5-5 所示。这种设计可以减少部件占用空间，并通过取消连接线束的方式减少电气故障风险。

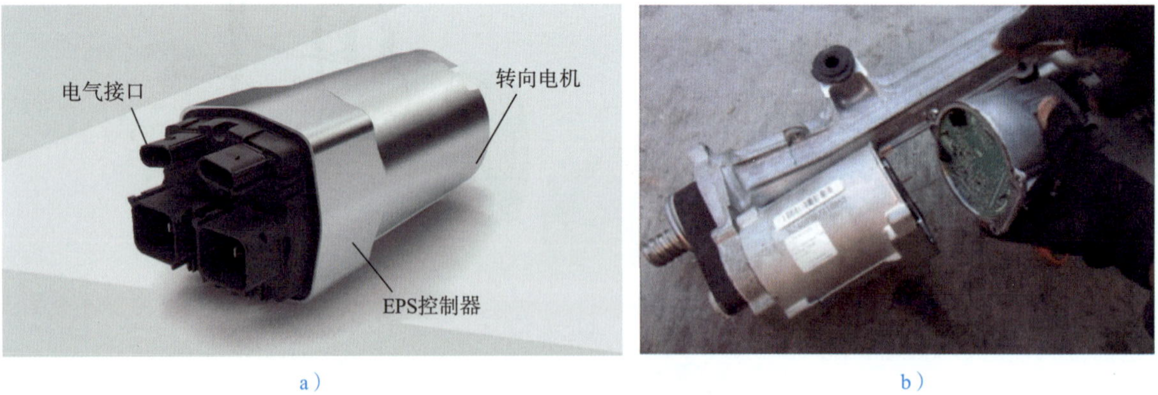

图 5-5　转向控制单元

a）外形图　b）拆解图

2）系统类型

根据所能提供的转向力大小，线控电动转向系统有转向管柱式、小转向齿轮式、双小转向齿轮式、转向齿条式四种类型。不同类型的系统在外形和结构上主要体现为转向电机的外形尺寸大小、转向电机位置和减速机构类型的区别。从小型经济型轿车到大型豪华轿车，不同车型配装的线控电动转向系统如图 5-6 所示。

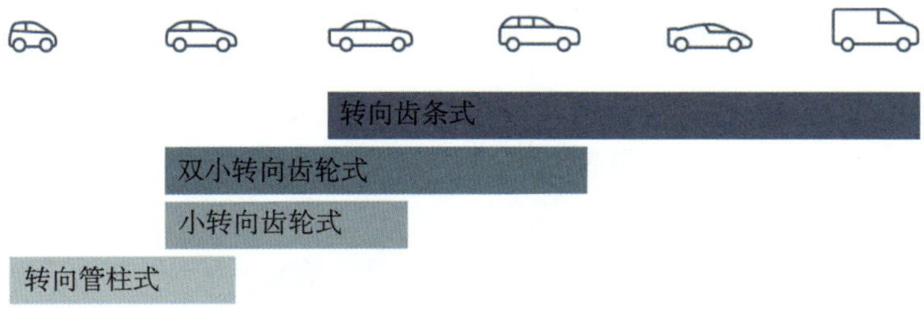

图 5-6　不同车型配装的线控电动转向系统

① 转向管柱式线控电动转向系统。转向管柱式线控电动转向（column-EPS，C-EPS）系统的转向电机和机械传动机构布置在靠近转向盘的转向管柱上，如图 5-7 所示，该系统多安装于小型轿车。

② 小转向齿轮式线控电动转向系统。小转向齿轮式线控电动转向（pinion-EPS，P-EPS）系统的转向电机位于转向器输入轴附近，如图 5-8 所示，该系统多用于中型轿车。

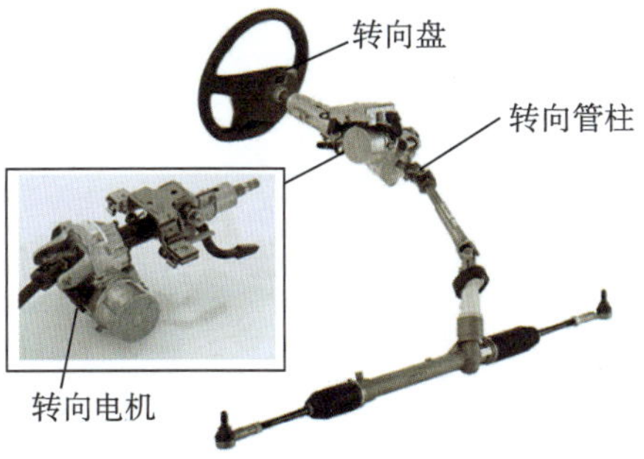

图 5-7　转向管柱式线控电动转向系统

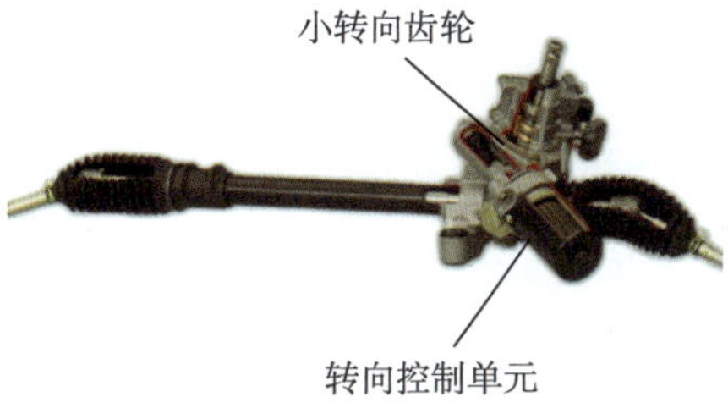

图 5-8　小转向齿轮式线控电动转向系统

③ 双小转向齿轮式线控电动转向系统。双小转向齿轮式线控电动转向（dual-pinion EPS，DP-EPS）系统的转向电机位于齿条上，转向电机通过独立于转向器小齿轮的第二小齿轮驱动齿条移动，如图 5-9 所示，该系统多用于中型轿车与 SUV。

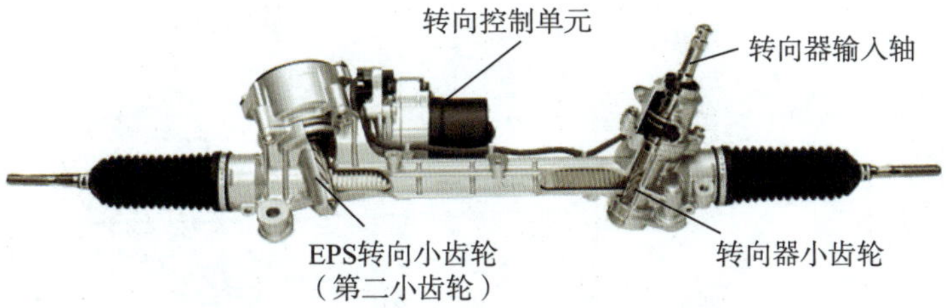

图 5-9　双小转向齿轮式线控电动转向系统

④ 转向齿条式线控电动转向系统。转向齿条式线控电动转向（rack-EPS，R-EPS）系统的转向电机位于齿条上，转向电机输出轴与齿条平行，通常使用传动带与滚珠丝杠驱动齿条，如图 5-10 所示。该系统可以提供很大的转向力，多用于转向性能要求高的运动型轿车和转向负载重的厢式货车。

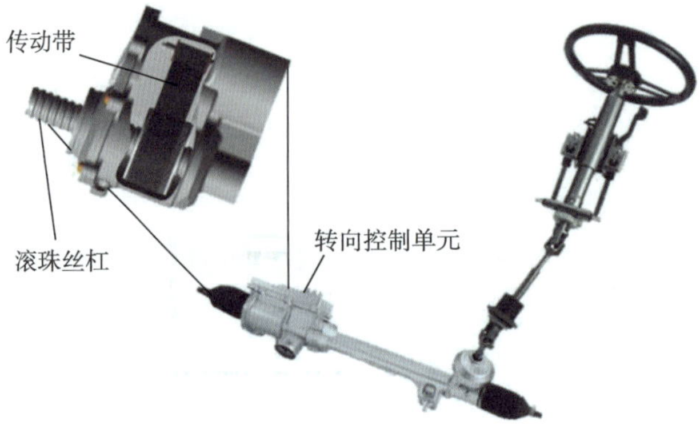

图 5-10　转向齿条式线控电动转向系统

（4）系统部件检查内容与方法

线控电动转向系统部件检查主要是对转向传动机构、转向电机及转向控制器进行检查。检查内容及方法如下。

1）转向传动机构检查

① 外观检查。将被检车辆用举升机升起，使用手电筒目视检查转向节臂、横拉杆、转向球节、转向器，查看横拉杆有无变形、裂纹，转向器、转向节臂有无裂损。使用手电筒目视并用手按压内、外转向球节防尘罩，检查是否有老化裂纹和破损。

② 紧固检查。将被检车辆用举升机升起，规范使用扭力扳手，根据维修手册，按照顺序依次检查万向节、横拉杆、转向球节的连接螺栓和螺母紧固情况。对检查结果进行规范记录。如发现紧固力矩不符合要求的紧固件，用扭力扳手校紧。

③ 间隙检查。对内、外转向球节处进行间隙检查，如图 5-11 所示。用举升机将车辆升起，使前悬架完全处于松弛状态。用手分别上下推拉车轮轮胎和横拉杆，目视检查球节处间隙，重点查看垂直间隙变化。用手感觉球节处是否存在较大晃动。如果通过目视和手部触感进行检查后发现间隙过大，需按照维修手册规定，使用百分表伸缩触头测量球节处的相对移动间隙，并对检查结果进行规范记录。

图 5-11　转向传动机构间隙检查点

2）转向电机及转向控制器检查

启动车辆，原地转动转向盘，查看转向电机工作是否正常，检查转向电机运行有无异响。用手电筒目视检查转向电机机体和转向控制器壳体是否完好，外壳表面要求无积尘或杂物，必要时使用风枪或毛刷进行清洁，使表面保持清洁、干燥。用扭力扳手检查转向电机机体及转向控制器安装紧固力矩是否符合要求。检查与转向系统连接的电气线束是否完好。查看转向电机的三相接线柱、转向控制器的三相接线柱固定螺栓的紧固力矩是否符合要求。转向控制器线束要求紧固无脱落，插接件清洁完好、锁紧可靠。

2. 技能操作

（1）操作准备

准备技能操作所需的物料，见表 5-1。

表 5-1　物料准备

类别	所需物料
教学整车 / 实训平台	配备线控电动转向系统的整车或台架
仪器、设备、工具	举升机、扭力扳手、车内防护用品、风枪、毛刷、手电筒、抹布、绝缘工具套装、百分表等

（2）线控电动转向系统部件检查

参考车辆维修手册，对线控电动转向系统部件进行检查，并将相关内容记录在表 5-2 中。

表 5-2　线控电动转向系统部件检查记录

项目	内容		备注
线控电动转向系统类型	转向管柱式□　小转向齿轮式□ 双小转向齿轮式□　转向齿条式□		
检查项目	外观良好	紧固良好	备注
万向节	是□　否□	是□　否□	
转向器	是□　否□	是□　否□	
横拉杆	是□　否□	是□　否□	
内球节	是□　否□	是□　否□	
外球节	是□　否□	是□　否□	
转向节臂	是□　否□	是□　否□	
转向电机及插接件	是□　否□	是□　否□	
转向控制器及插接件	是□　否□	是□　否□	
电气线束	是□　否□	—	
转向电机接线柱	—	是□　否□	
转向控制器接线柱	—	是□　否□	
转向电机	□运行正常，无异响　□异常		
间隙检查	□正常　□异常		

二、线控电动转向系统功能检查

1. 知识学习

（1）线控电动转向系统的功能

线控电动转向系统在人工驾驶模式下具备基本转向、辅助驾驶员操作的转向助力两类功能。

1）转向盘最大自由转动量

转向盘最大自由转动量是指转向轮在直线行驶位置时转向盘的最大空转角度。在这个角度范围内转动转向盘，汽车并不会改变行驶方向。转向盘自由转动量可以帮助驾驶员在路面不平整的时候减少地面传来的震动感；在高速路行驶过程中，可以避免由于驾驶员对转向盘的误操作导致行驶路线偏移，造成行车危险。转向盘自由转动量也不可以过大，否则会造成转向操纵迟钝，影响行车安全与驾驶体验。

2）转向助力功能

智能网联汽车线控电动转向系统的转向助力功能主要包括基本转向助力、随速转向助力、多模式转向助力等功能。

① 基本转向助力功能。线控电动转向系统工作过程中根据驾驶员在转向盘施加的扭力大小提供相应的转向助力，例如，当驾驶员需要费力转向时，作用在转向盘上的转矩很大，系统感知到驾驶员输入力矩后，提供相应的转向助力，使驾驶员的转向轻松自如。

② 随速转向助力功能。随速转向助力功能是线控电动转向系统在随扭矩转向的基础上，随车速变化提供转向助力。车速越高，转向助力提供得越小。该功能用于车辆低速行驶时转向省力、高速行驶时转向系统稳定（感觉转向盘不“飘”）的需求。在随速转向助力功能中，驾驶员施加在转向盘上的转矩与转向助力电流（代表系统所提供的助力的大小）的特性曲线如图 5-12 所示。

在图 5-12 中，当驾驶员施加在转向盘上 6 N·m 的转矩，车辆以 40 km/h 的较低车速行驶时，转向助力电流约为 28 A；当车辆以 120 km/h 的高速行驶时，驾驶员施加同样大小的转向盘转矩，转向助力电流约为 10 A，系统提供的转向助力明显变小，体现了随速转向助力功能特性。

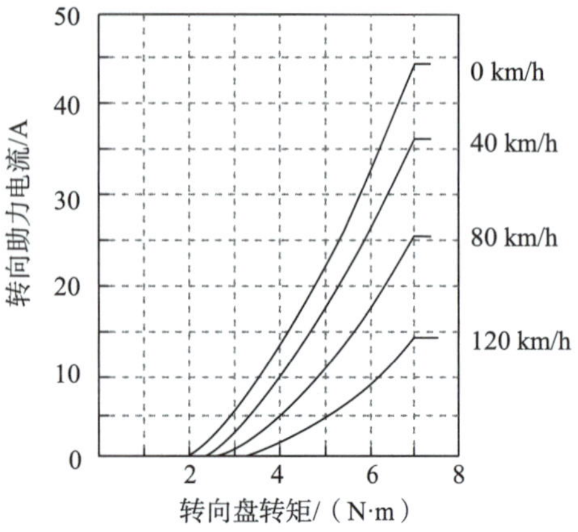

图 5-12　随速转向助力特性曲线

③ 多模式转向助力功能。线控电动转向系统可以通过软件对系统特性进行设定，具有多模式转向的系统预存有多套转向助力控制策略，用于满足驾驶员不同的驾驶偏好。多模式转向功能一般具有三个转向模式：舒适、运动和标准。舒适模式提供最大的转向助力；运动模式提供最小的转向助力，提供给驾驶员转向反馈手感，使驾驶更具有乐趣；标准模式下的系统提供的转向助力介于舒适模式和运动模式之间，兼顾轻松转向与路感体验。多模式转向设定操作通过中控屏进行，如图 5-13 所示。

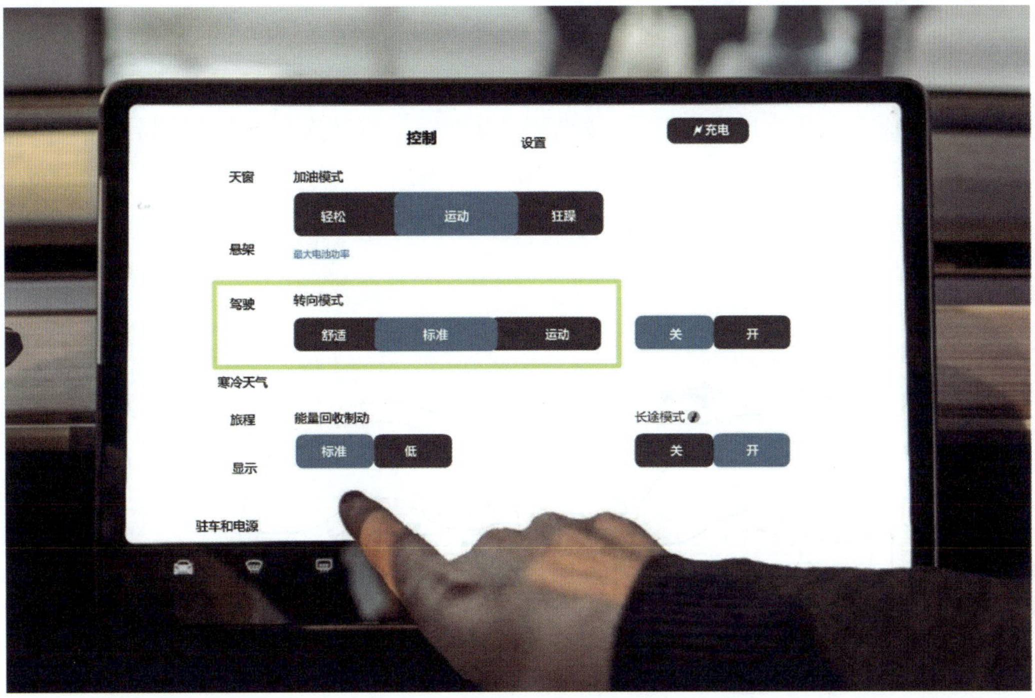

图 5-13 多模式转向设定界面

④ 跑偏补偿功能。当车辆以一定的速度直线行驶时，由于悬架左右不对称、轮胎磨损、道路倾斜、侧风等因素，车辆会持续以一定幅度向一侧跑偏，传统汽车的驾驶员需要时刻为转向盘施力，以保证车头正直。线控电动转向系统采用拉拽－漂移补偿技术，在汽车跑偏的情况下启动系统，提供一定的补偿力矩来协助驾驶员保持车辆直行。

⑤ 主动回正功能。在车辆由转向状态恢复为直线行驶的过程中，线控电动转向系统的主动回正功能可为驾驶员提供一个回正力矩，辅助驾驶员将转向盘转回到中间位置。

此外，线控电动转向系统还具备其他一些功能，如故障提示功能，在系统对自身进行故障检测后，如果发现故障，信息显示系统通过指示灯进行报警；齿条末端保护功能，当转向到行程末端时减小助力，降低齿条撞击到机械限位部件上的冲击力，改善冲击噪声，保护相关机械零部件；过温保护功能，当转向控制器或者转向电机温度过高时，系统启动相应的保护措施来保护硬件不受损坏。

（2）功能检查

线控电动转向助力功能的检查主要包括转向盘最大自由转动量检查、原地转向助力功能检查、随速转向助力功能检查和多模式转向助力功能检查四方面。

1）转向盘最大自由转动量检查

转向盘最大自由转动量检查可采用角度检查和行程检查两种方法。

① 角度检查方法。使用纸、笔和量角器作为工具，如图 5-14a 所示，首先将前车轮摆正；在前车轮不动的情况下，向左旋转转向盘至左极限位置（即转向轮即将转动时转向盘的位置）并刻画记录，然后向右旋转转向盘至右极限位置并刻画记录。利用量角器测量两个极限位置之间的角度，测得的角度即转

向盘最大自由转动量角度。智能网联汽车的转向盘最大自由转动量通常要求不得大于 15° ，具体数值需参考对应车型手册。

② 行程检查方法。使用直尺作为工具，如图 5-14b 所示，以转向盘轮缘与轮辐交界处一点为测量参考点，将转向盘从中位向单侧（通常为向右）旋转至极限位置（即转向轮即将转动时转向盘的位置），测量参考点的高度行程，用这个高度行程来表示被检车辆转向盘单侧的最大自由转动量。智能网联汽车的转向盘最大自由转动量通常要求不得大于 30 mm，具体数值需参考对应车型手册。

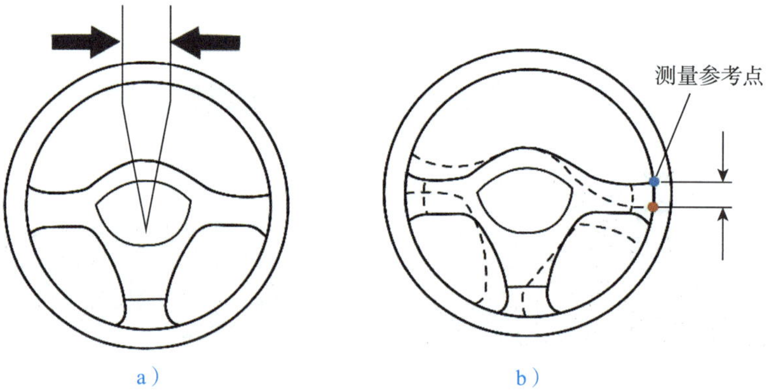

图 5-14　转向盘最大自由转动量检查方法

a）角度检查方法（方法一）　b）行程检查方法（方法二）

如经过检查发现被检车辆的转向盘最大自由转动量过大，需要对转向系统的转向器和转向拉杆等部件进行故障排查。

2）原地转向助力功能检查

为了缓解驾驶员疲劳，增强转向轻便性，线控电动转向系统具有电动转向助力功能。此功能在车辆使用过程中，特别是原地转向时，为转向系统提供助力扭矩，使驾驶员可以克服轮胎与地面的摩擦力，轻松完成转向操作。

检查方法：以弹簧秤为工具，确认被检车辆使用原装轮胎，轮胎应具有正确的轮胎胎压；将车辆置于清洁、干净的地面；将弹簧秤连接到图 5-15 所示的转向盘位置；启动车辆，拉动弹簧秤，当车轮开始转动时，读取弹簧秤数据；对测量结果进行规范记录。

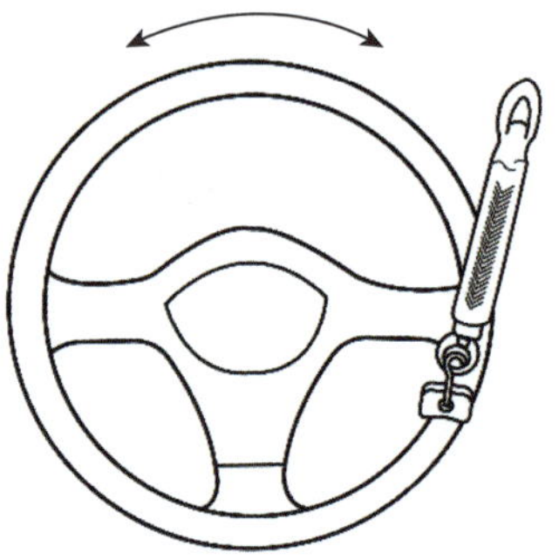

图 5-15　电动转向助力检查方法

电动转向助力的测量值正常范围参考数值为 16~24 N。具体技术要求需参考车辆维修手册。如果测得数值过大，需要对转向系统的转向助力系统进行故障排查。

3）随速转向助力功能与多模式转向助力功能检查

随速转向助力功能检查需根据车辆手册要求，正确选择功能模式，启动系统；使用专用仪器读取并记录转向系统的输出扭矩值等信息；将读取数据与车辆手册内的规范值进行对比；规范记录检查结果。

多模式转向助力功能检查需根据车辆手册要求，正确选择功能模式，启动系统，查看系统操作界面功能按键状态，通过仪表及中控屏查看系统是否正常工作。

2. 技能操作

（1）操作准备

准备技能操作所需的物料，见表 5-3。

表 5-3　物料准备

类别	所需物料
教学整车 / 实训平台	配备线控电动转向系统的整车或线控电动转向系统实训台架
仪器、设备、工具	车内防护用品、弹簧秤、纸、笔等

（2）转向盘最大自由转动量检查

参考车辆维修手册，对线控电动转向系统转向盘最大自由转动量进行检查，并将相关内容记录在表 5-4 中。

表 5-4　转向盘最大自由转动量检查记录

检查项目	检查结果	评价与问题描述
转向盘最大自由转动量	检查方法：角度检查 测量数值：________	手册规定数值： 系统是否正常：是□　　否□ 问题描述：
	检查方法：行程检查 测量数值：________	手册规定数值： 系统是否正常：是□　　否□ 问题描述：

（3）原地转向助力功能检查

参考车辆手册，对线控电动转向系统原地转向助力功能进行检查，并将相关内容记录在表 5-5 中。

表 5-5　原地转向助力功能检查记录

检查项目	检查结果	评价与问题描述
原地转向助力功能	测量数值：________N	手册规定数值：________N 系统是否正常：是□　　否□ 问题描述：

（4）随速转向助力功能检查

参考实训台架使用手册，对线控电动转向系统进行随速转向助力功能检查。选定转向助力模式，在预先设定的不同车速下，用不同力度转动转向盘，读取并记录转向盘转矩与线控电动转向系统提供的转向助力数值（电流值或扭矩值）。将相关内容记录在表 5-6 中，并进行图形绘制。

表 5–6 随速转向助力功能检查记录

项目	内容							备注
类型	转向管柱式□ 小转向齿轮式□ 双小转向齿轮式□ 转向齿条式□							
数据读取与特性图绘制	车速设定： 转向模式：							
	转向盘转矩 /（N · m）							
	转向助力电流 /A							
	转向助力扭矩 /（N · m）							
检查结果	系统是否正常：是□ 否□							

（5）多模式转向助力功能检查

参考车辆手册，对线控电动转向系统多模式转向助力功能进行检查，并将相关内容记录在表 5–7 中。

表 5–7 多模式转向助力功能检查记录

检查项目	检查结果	备注
操控界面是否可以正常进入	是 □ 否 □	
操控按键是否可以正常使用“标准”键	是 □ 否 □	
操控按键是否可以正常使用“舒适”键	是 □ 否 □	
操控按键是否可以正常使用“运动”键	是 □ 否 □	
仪表及中控屏是否正常显示当前转向模式	是 □ 否 □	

检查评估

对本任务的学习情况进行检查，并将相关内容填写在表 5–8 中。

表 5-8 检查表

检查项目	检查结果	结果点评
线控电动转向系统部件检查		
是否完成转向传动机构检查	是□ 否□	
是否完成转向电机及转向控制器检查	是□ 否□	
工作页记录是否完整	是□ 否□	
线控电动转向系统功能检查		
是否完成转向盘最大自由转动量检查	是□ 否□	
是否完成原地转向助力功能检查	是□ 否□	
是否完成随速转向助力功能检查	是□ 否□	
工作页记录是否完整	是□ 否□	
整理与恢复		
工具、设备是否整理恢复	是□ 否□	
实训工位是否打扫干净	是□ 否□	
产生的垃圾是否分类处理	是□ 否□	

任务小结

本任务小结如图 5-16 所示。

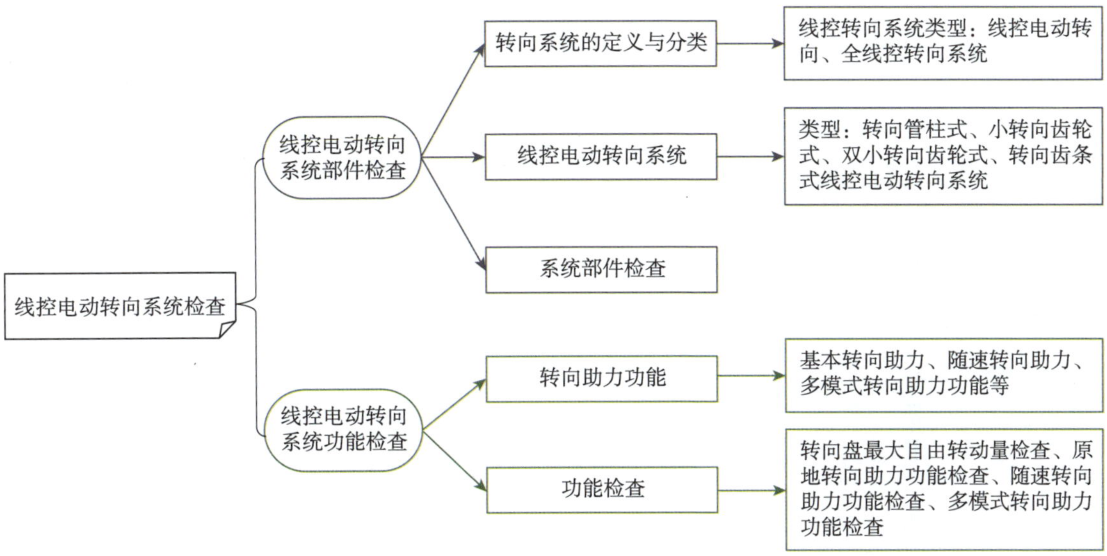

图 5-16 任务小结

任务六
线控电动转向系统检修与更换

任务导入

场景：某国产智能网联汽车售后维修中心。

人物：客户王先生、维修技师张师傅、见习维修技师小李。

情节：小李在完成对王先生的国产智能网联汽车线控电动转向系统的检查后，准备在张师傅的指导下对线控电动转向系统的故障进行诊断和维修。如果你是小李，应如何协助张师傅开始工作？

任务目标

- 能根据车辆维修手册，利用万用表和专用设备规范完成线控电动转向系统的故障诊断。
- 能根据车辆维修手册，利用维修工具规范完成线控电动转向系统转向器的更换。

任务实施

一、线控电动转向系统检修

1. 知识学习

（1）线控电动转向系统的工作原理

在人工驾驶中，线控电动转向系统实现车辆行驶方向改变并提供转向助力，使驾驶员的转向操控精准和轻松。

线控电动转向系统的工作原理如图 6-1 所示。

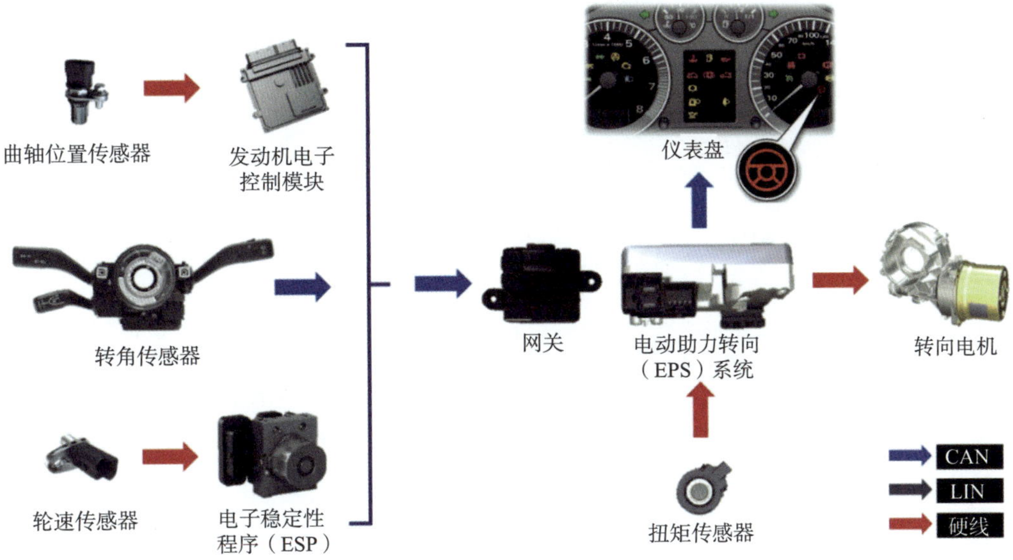

图 6-1　线控电动转向系统的工作原理

当整车处于停车下电状态时，线控电动转向系统不工作；当启动开关处于 ON 挡且继电器吸合后，线控电动转向系统开启。

驾驶员选择好转向模式后开始转向，作用在转向盘上的扭力通过转向管柱中的扭杆传递至转矩传感器并被测量和记录，转矩传感器向线控电动转向系统控制单元报告相应转矩数值；转向盘内部的转角传感器测量驾驶员转动转向盘的角度和转动速度，并发送至线控电动转向系统控制单元；驾驶员预先选定的转向模式信号也会发送至线控电动转向系统控制单元。线控电动转向系统控制单元接收转向盘转矩、车速、发动机或驱动电机的工作状态信息、转向盘转向角、转向盘转速等信息为输入，根据线控电动转向系统控制单元中已存储的随速转向助力特征曲线和各转向模式算法，控制无刷直流转向电机的扭矩、转速与方向。在转向电机运行过程中，转向电机中的位置传感器向线控电动转向系统控制单元反馈转向电机的转子位置、转速等信号，通过闭环控制技术实现系统对转向电机的精准控制。在转向电机运行过程中，驾驶员作用在转向盘上的扭矩与转向电机输出的转向力矩相加，共同推动转向器中的转向齿条，以带动转向车轮运动。线控电动转向系统控制单元在线控电动转向系统工作过程中向组合仪表或中控屏发送状态信息，向驾驶员显示系统正在工作。

线控电动转向系统控制单元在每次上电后都会进行系统自检。当线控电动转向系统运行中出现故障时，线控电动转向系统控制单元检测到系统故障后会向车辆诊断接口发送故障信息并接收来自诊断接口的故障查询。在系统供电出现故障的紧急状态下，整车控制器（VCU）启动紧急系统供电程序：必要时，低优先级别的若干用电设备将被断电，以保障线控电动转向系统正常供电。当线控电动转向系统中与助力相关的系统因为故障完全失效时，线控电动转向系统的全套机械系统仍可以工作，以确保车辆始终有转向能力。

线控电动转向系统工作过程中的信号流如图 6-2 所示。

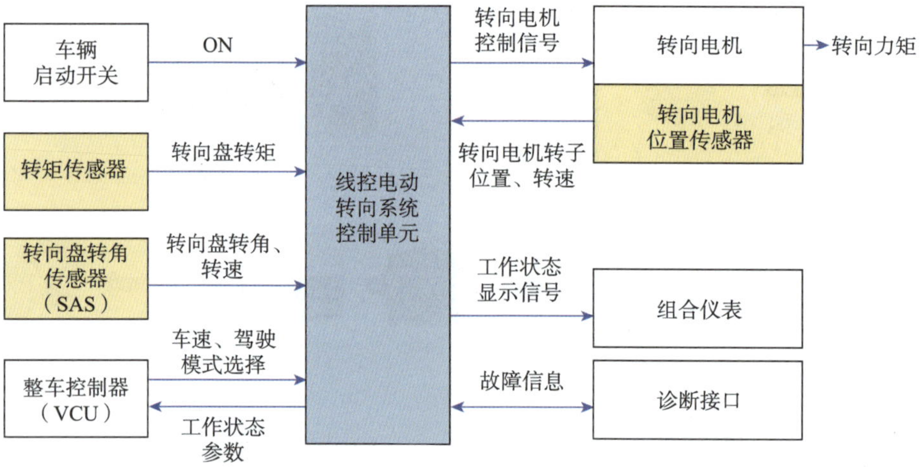

图 6-2 线控电动转向系统工作过程中的信号流

（2）转向盘转角传感器

1）功能与安装位置

转向盘转角传感器（steering angle sensor，SAS）是专门用于获取汽车转向盘转动角度信息的车用传感器，如图 6-3 所示。转角传感器可以连续测量转向盘的转角与转速。不同于一般的角度传感器只能测量 360°，转向盘转角传感器的测量范围可达 ±780°，可以满足转向盘左右打满全程的转动量测量。

转向盘转角传感器的测量值经过数据处理后通过 CAN 总线供线控电动转向系统控制单元使用。此外，转向盘信号也是车辆其他底盘电控系统如电子稳定性控制系统（electronic stability control system，ESC）的重要输入信号。

图 6-3 转向盘转角传感器

转向盘转角传感器一般与时钟弹簧集成，安装于转向盘后方，如图 6-4 所示。在某些车型中，转向盘转角传感器与转矩传感器集成，安装在转向管柱上或者转向器输入轴附近。

2）磁阻式转角传感器及其工作原理

磁阻式转角传感器通常采用磁阻技术，传感器内部包含一大两小三个齿轮，其中大齿轮与转向管柱固定，两个测量小齿轮之间齿数相差一个齿或几个齿并都内置有磁铁，如图 6–5 所示。当大齿轮随转向盘以及管柱转动时，两个测量小齿轮分别转动不同的角度，利用传感器内部电阻大小随外部磁场方向变化而改变的磁阻原理，两个小齿轮分别输出两路电信号，车辆控制器对信号进行对比后即可获得转向盘转角位置绝对值。

图 6–4　转向盘转角传感器安装位置（转向盘后方）

a）　　b）

图 6–5　磁阻式转角传感器

a）系统结构　b）内部构造

3）输出特性

转向盘转角传感器输出特性曲线如图 6–6 所示，输出数值即为转向盘转角值，顺时针转动转向盘时数值为负值，逆时针转动转向盘时数值为正值。转向盘转角传感器数据流如图 6–7 所示。在对转向盘转角传感器的数据流进行检查时，用手转动转向盘至特定角度位置，查看仪器显示的数据是否准确；连续变换转向盘转角位置，查看仪器显示的数据变化是否灵敏。

（3）转矩传感器

1）功能与安装位置

转矩传感器是用于测量驾驶员施加在转向盘上力矩的专用传感器，其外观如图 6–8 所示。转矩传感器获取的力矩数值信息被传输给线控电动转向系统电控单元（ECU），供 ECU 计算出转向电机所需要输出的转向扭矩。

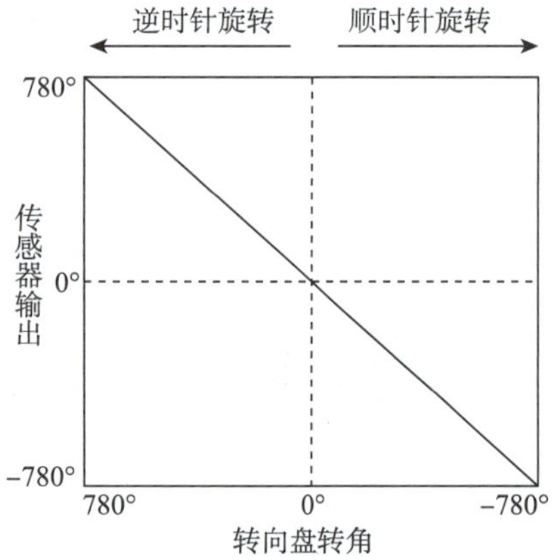

图 6–6　转向盘转角传感器输出特性曲线

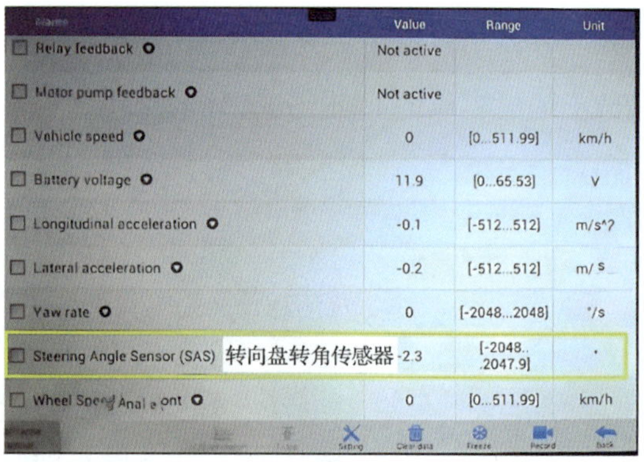

图 6–7　转向盘转角传感器数据流

转矩传感器一般安装在车辆转向器的输入轴附近，如图 6–9 所示。在某些车型中，转矩传感器安装在转向管柱上。

图 6–8　转矩传感器外观

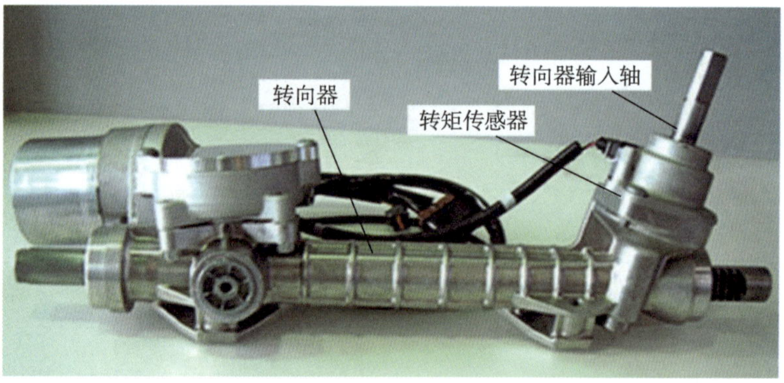

图 6–9　转矩传感器安装位置

2）结构组成与工作原理

常见的转矩传感器在转向盘输入端内置有一个扭杆，扭杆的另外一端安装一个磁阻传感器，用以检测固定在扭杆端的多极磁轮的磁场变化。磁阻式转矩传感器还包括感应芯片、线缠弹簧外体、多极磁轮以及电气接口，如图 6–10 所示。当驾驶员转动转向盘时，扭杆发生形变，导致磁轮磁场发生变化，带有磁阻元件的传感器会因为外界磁场方向的变化改变阻值，从而测得从转向盘输入的转矩。

为了保证在一定旋转角度下传感器的电气连接，转矩传感器用线缠弹簧进行供电和信号传输。

转矩传感器的电气原理图如图 6–11a 所示。传感器采用四线制接线，分别为电源正极（V_{CC}）、接地（GND）、信号输出 1、信号输出 2。转矩传感器通过线束与线控电动转向系统控制单元直接连接，如图 6–11b 所示。

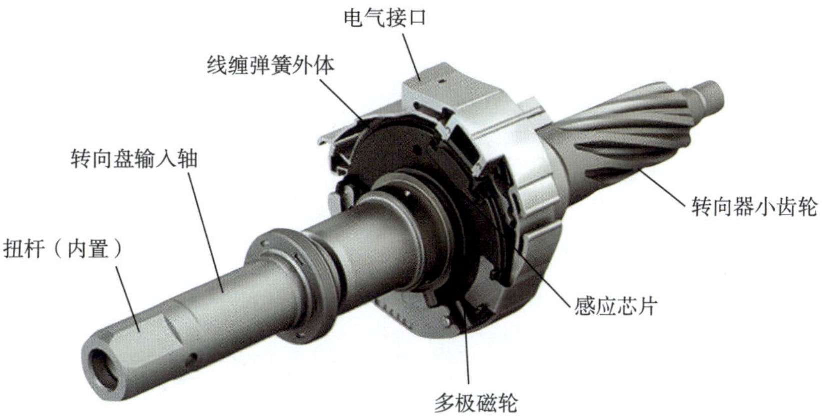

图 6-10　磁阻式转矩传感器的组成

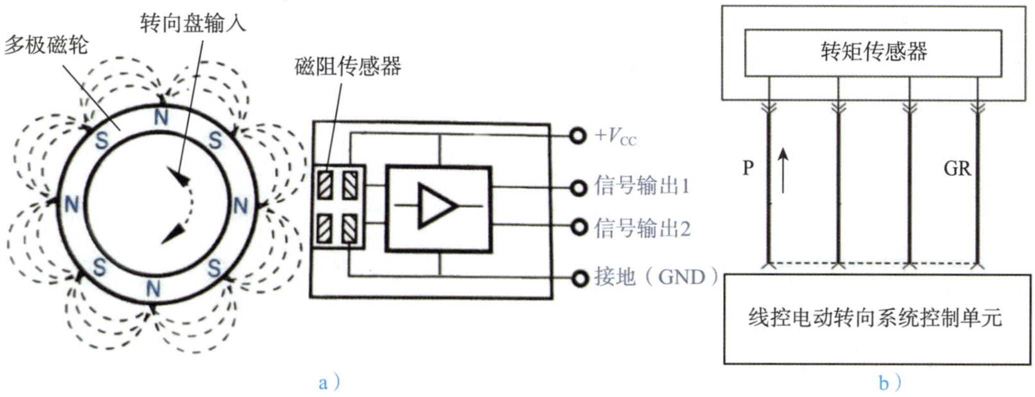

图 6-11　转矩传感器的电气原理图与接线图

a）电气原理图　b）接线图

磁阻传感器在整个测量范围之内输出正弦和余弦两个不同波形的信号。扭杆转动角度值代表施加在转向盘上的转矩大小，角度方向代表转向盘转动方向。线控电动转向系统控制单元根据这两个信号的三角函数关系计算扭矩。传感器的两个输出信号还可用于通过识别其中的偏差进行传感器故障诊断，并实现互相校正等自修复功能。

3）输出特性

转矩传感器输出特性曲线如图 6-12 所示，输出数值为施加在转向盘上的扭矩。在对转矩传感器进行检查时，在车辆上电、停车状态下，原地用手按照不同速度转动转向盘，查看仪器显示的扭矩数据是否与转动速度的变化相符、是否与转矩传感器输出特性一致；连续变换转动转向盘的速度，查看仪器显示的数据变化是否灵敏。

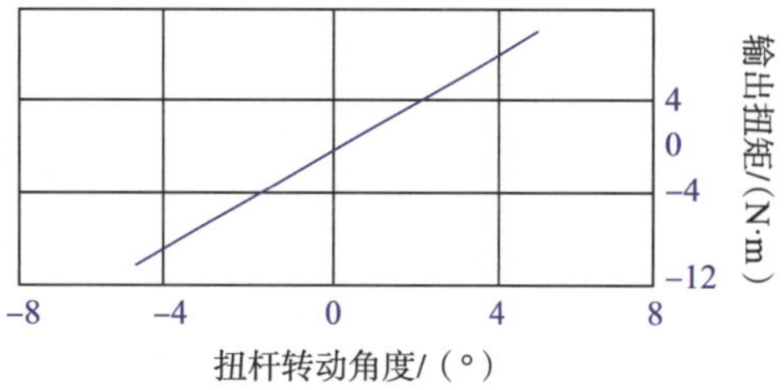

图 6-12　转矩传感器输出特性曲线

（4）线控电动转向系统电路

线控电动转向系统电路如图 6-13 所示。供电线路分别经过三路熔丝盒及室内熔丝继电器盒。转向控制器与转矩传感器用线束直接连接，并与整车控制器（VCU）、转向盘转角传感器（SAS）、诊断接口和组合仪表都通过 CAN 总线连接。转向控制器直接控制转向电机。

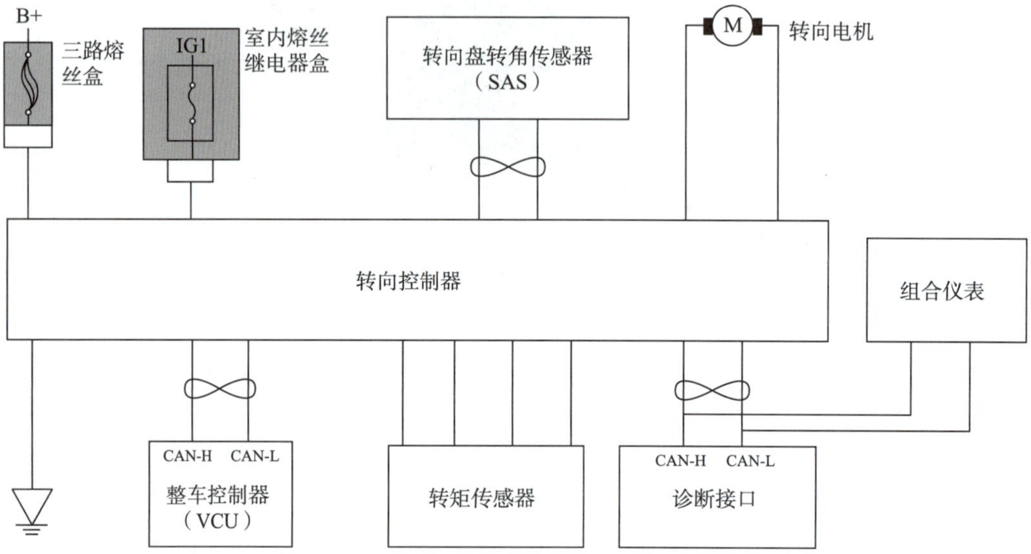

图 6-13 线控电动转向系统电路

（5）线控电动转向系统检修

1）故障验证

参照车辆使用手册操纵车辆，验证线控电动转向系统故障是否真实存在。为保证安全，在验证故障时场地应宽阔，车辆前方和后方不得站人。主要验证内容包括：车辆启动后线控电动转向系统故障指示灯是否点亮，车辆转向助力、车辆直线行驶和转向盘回位是否正常等。

2）故障问诊

① 观察仪表故障指示灯、提示信息等是否存在异常。

② 在实际道路试车，体验原地和车辆行驶状态下的转向助力功能是否正常。

③ 与用户沟通，了解线控电动转向系统故障发生时的路况、故障是否偶发及发生故障前一段时间内车辆是否有异常等。若故障发生时经过颠簸路面或故障偶发，则可以怀疑导线、插接器等可能出现了虚接。

④ 用诊断仪读取线控电动转向系统故障码和数据流，来检查系统是否存在故障。

3）故障分析

① 测试电路中与线控电动转向系统相关电路如供电、接地以及网络和其他系统或部件的工作状况，来分析可能的故障点。

② 故障码分析。根据线控电动转向系统检测到的故障码，分析可能的故障原因和故障点。线控电动转向系统的常见故障点及可能原因见表 6-1。

4）线控电动转向系统故障检修流程如图 6-14 所示。

表 6-1　线控电动转向系统的常见故障点及可能原因

故障点	可能原因
通信电压过高或过低	线控电动转向系统供电线路故障 车辆电池电压异常
助力电压过高或过低	线控电动转向系统供电线路故障 车辆电池电压异常
CAN 诊断电压过高或过低	线控电动转向系统供电线路故障 车辆电池电压异常
转矩传感器本身故障或标定类故障	转矩传感器故障 线束接触不良 转矩传感器采样回路异常

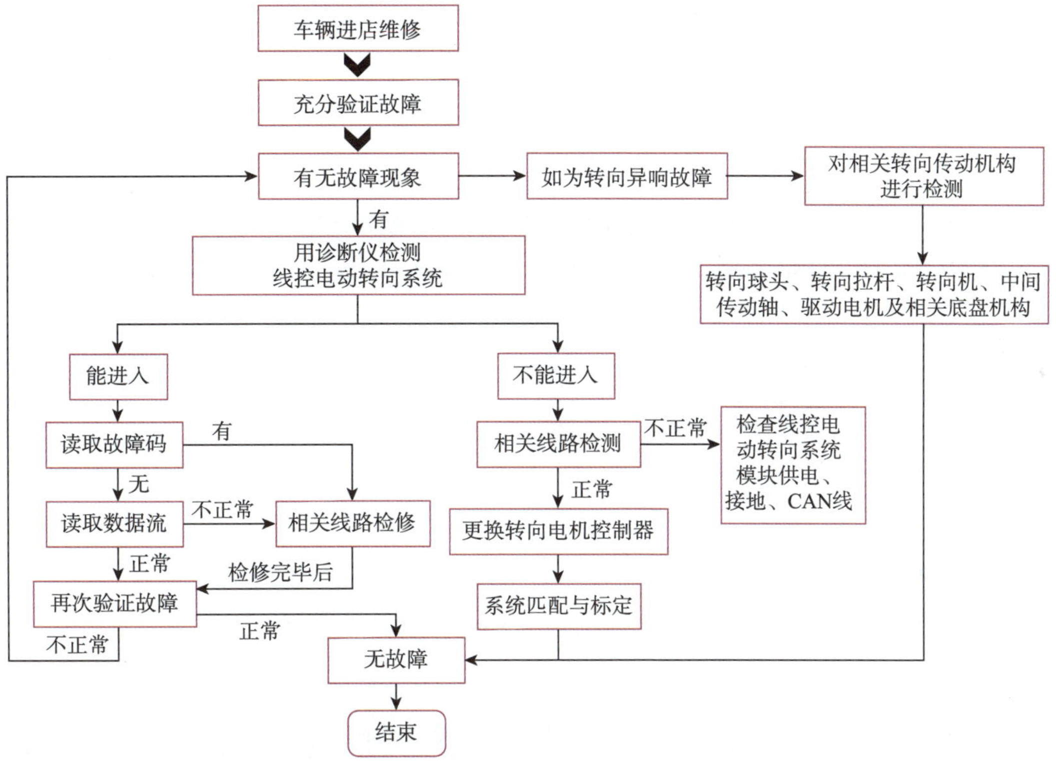

图 6-14　线控电动转向系统故障检修流程

2. 技能操作

（1）操作准备

准备技能操作所需的物料，见表 6-2。

表 6-2　物料准备

类别	所需物料
教学整车 / 实训平台	配装有线控电动转向系统的智能网联实训车
仪器、设备、工具	诊断仪、拆装工具一套、车辆防护四件套等

（2）故障验证

对线控电动转向系统进行故障验证，将验证结果记录在表 6–3 中。

表 6–3　线控电动转向系统故障验证记录

序号	验证内容	验证结果
1	车辆是否能够正常行驶	是□　否□
2	仪表电动助力转向故障指示灯是否常亮	是□　否□
3	车辆原地转向是否沉重	是□　否□
4	车辆行驶状态下转向是否沉重	是□　否□
5	车辆其他系统是否正常	是□　否□

（3）故障问诊

1）对车辆故障进行问诊，将问诊结果记录在表 6–4 中。

表 6–4　线控电动转向系统故障问诊记录

序号	问诊内容	问诊结果
1	仪表故障指示灯、提示信息等是否异常	是□　否□
2	车辆原地转向是否正常	是□　否□
3	车辆行驶状态下转向助力与回位功能是否正常	是□　否□
4	车辆发生故障时的路况及车辆使用状况是否与故障有关	是□　否□

2）通过诊断仪检测线控电动转向系统的故障码和数据流，将检测结果记录在表 6–5 中。

表 6–5　线控电动转向系统的故障码和数据流

诊断仪是否能够正常进入系统		是□　否□
故障码		
序号	故障码	故障码说明
1		
2		
3		
4		
5		

续表

数据流			
序号	数据流名称	当前值	标准值
1			
2			
3			
4			
5			
6			
7			
8			

（4）故障排除

1）电路图拆画

查阅所维修车型的电路图、维修手册，拆画实训车辆线控电动转向系统电路图，画在图 6-15 的图框中。

图 6-15　线控电动转向系统电路图

2）公用电路部件测试

测试与线控电动转向系统公用的电路中其他系统或部件的工作状况，将测试结果记录在表 6-6 中。

表 6-6　公用电路中部件或系统测试结果记录

序号	部件或系统名称	测试结果是否正常	可排除的系统部件
例	自动空调系统	是■　否□	IF30 熔丝、IG1 继电器供电正常
1		是□　否□	
2		是□　否□	
3		是□　否□	
4		是□　否□	
5		是□　否□	

3）故障点分析

分析可能的故障点和故障原因，将分析结果记录在表 6-7 中。

表 6-7　故障点分析记录

序号	可能的故障点	可能的故障原因
1		
2		
3		
4		

4）故障诊断

根据维修手册，选用合适的工量具查找故障点，将故障排除过程及结果记录在表 6-8 中。

表 6-8　线控电动转向系统故障排除记录

序号	工作内容	测量结果	是否正常	处理方法
例 1	IP42/5 和 IP01/17 线路电阻	<1 Ω	是■　否□	—
例 2	IP42/5 与辅助蓄电池负极电压	0 V	是□　否■	修理 IP42/5 和 IP01/17 线束或插接器
1			是□　否□	
2			是□　否□	
3			是□　否□	
4			是□　否□	

续表

序号	工作内容	测量结果	是否正常	处理方法
5			是□　否□	
6			是□　否□	
7			是□　否□	
8			是□　否□	
9			是□　否□	
10			是□　否□	
11			是□　否□	
12			是□　否□	

5）基本设定

参照维修手册对转向系统进行匹配（基本设定），将系统匹配（基本设定）结果记录在表 6-9 中。

表 6-9　系统匹配（基本设定）记录

序号	匹配（基本设定）内容	匹配（基本设定）结果是否正常
1	转向控制器编码	是□　否□
2	转矩传感器基本设置	是□　否□
3	转向盘转角传感器基本设置	是□　否□

6）结果验证

验证线控电动转向系统故障是否排除，将验证结果记录在表 6-10 中。

表 6-10　故障排除验证记录

序号	验证内容	验证结果
1	故障现象是否仍然存在	是□　否□
2	使用诊断仪清除故障码，故障码是否被清除	是□　否□
3	使用诊断仪读取数据流是否全部正常	是□　否□

（5）线路测量

根据诊断结果，对可能出现故障的相关线路进行测量，将测量结果记录在表 6-11 中。

表 6-11　线路测量结果记录

序号	测量内容	测量结果
1	线控电动转向系统控制单元供电是否正常	是□　否□
2	线控电动转向系统控制单元接地是否正常	是□　否□

续表

序号	测量内容	测量结果
3	CAN 总线电压是否正常	是□　否□
4	CAN 总线终端电阻总阻值是否正常	是□　否□
5	线控电动转向系统相关数据流是否正常	是□　否□

（6）故障维修方案

判断故障原因并提出故障维修方案，记录在表 6–12 中。

表 6–12　故障维修方案

序号	故障原因	故障维修方案
1		
2		
3		
4		

二、线控电动转向系统转向器更换

1. 知识学习

（1）转向器的组成与安装位置

汽车转向器的作用是将转向管柱传来的圆周运动变为直线运动或摆动，经转向传动机构推动转向轮摆动。智能网联汽车线控电动转向系统绝大多数采用齿轮齿条式转向器。

齿轮齿条式转向器如图 6–16 所示，转向器将从转向盘传来的圆周运动通过小齿轮旋转带动齿条转化为直线运动，推动转向器两侧的转向轮摆动，以实现车辆转向。齿轮齿条式转向器具有结构简单和安装空间紧凑的优点。

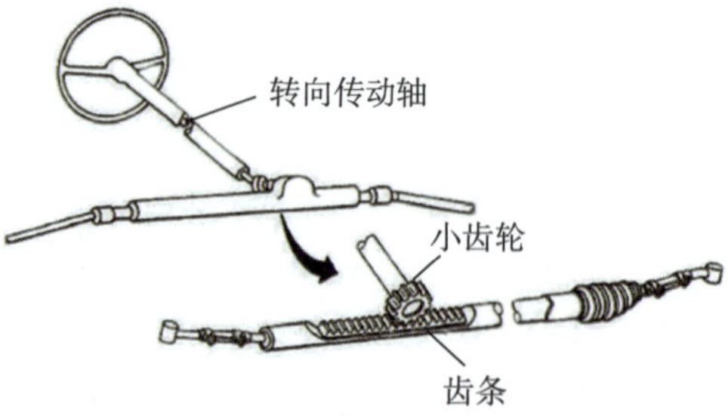

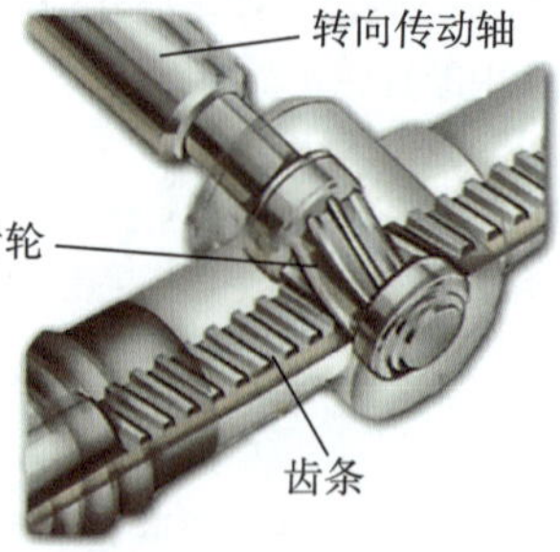

图 6–16　齿轮齿条式转向器

a）系统结构　b）内部构造

转向器位于车辆底部的前转向轮之间，如图 6–17 所示，常见安装点位于底盘前副车架，其固定方式如图 6–18 所示。通常在拆卸转向器时需先将副车架拆下。

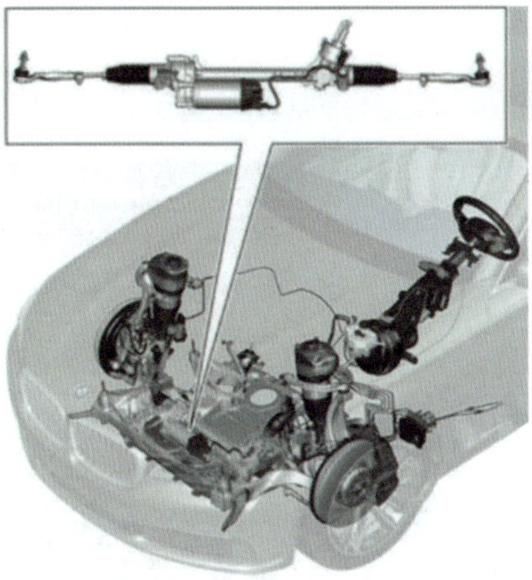

图 6-17　转向器安装位置

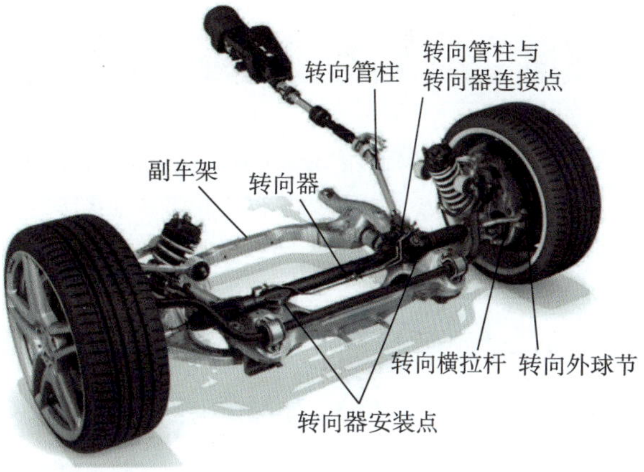

图 6-18　转向器在前副车架的固定方式

（2）转向横拉杆与外球节

转向器通过转向横拉杆、外球节与车轮相连，如图 6-19 所示。转向横拉杆的长度调节通过外球节调节接头与横拉杆之间的螺纹连接完成。当转向横拉杆的长度调整到合适位置时，拧紧锁紧螺母，固定转向横拉杆长度。

拆卸转向器时，通常需要从外球节处断开转向器与车轮的连接。安装转向器时，需要将转向横拉杆调整至维修前横拉杆的长度，之后再根据底盘调整程序完成最终长度调节。

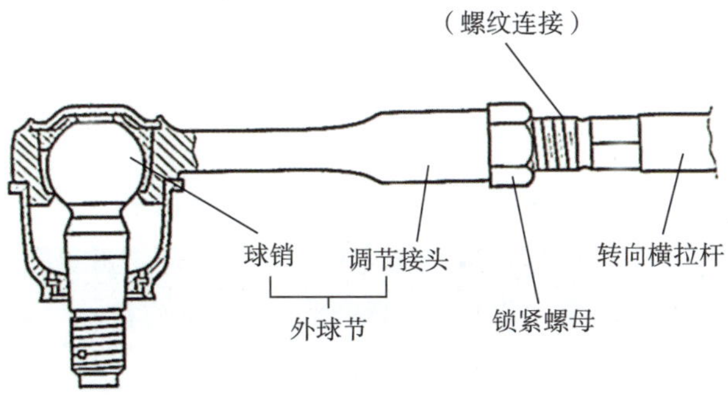

图 6-19　转向横拉杆与外球节

（3）转向器的更换与标定方法

1）转向器的拆卸

转向器的拆卸见表 6-13。

表 6-13　转向器的拆卸

步骤	工作内容	示意图
做好准备工作	进行高压安全防护后高压断电，将转向盘转至中位，使车轮朝向正前，举升车辆，拆卸前车轮	—
断开转向管柱	断开转向管柱与转向器的连接。固定转向盘，保证转向盘不再转动，否则将损坏安全气囊、时钟弹簧与转向角传感器总成	—

续表

步骤	工作内容	示意图
松开横拉杆锁紧螺母	在锁紧螺母所在的位置标记转向横拉杆与横拉杆接头的相对位置。双手配合，用扳手固定住横拉杆接头，同时用开口扳手旋松横拉杆锁紧螺母。应避免因为拆卸时横拉杆接头总成随锁紧螺母转动而造成的损坏	
断开与转向节臂的连接	利用如右图所示工具中的套筒和加长杆旋松并卸下螺母，利用球头拆卸专用工具断开横拉杆与转向节臂的外球节连接	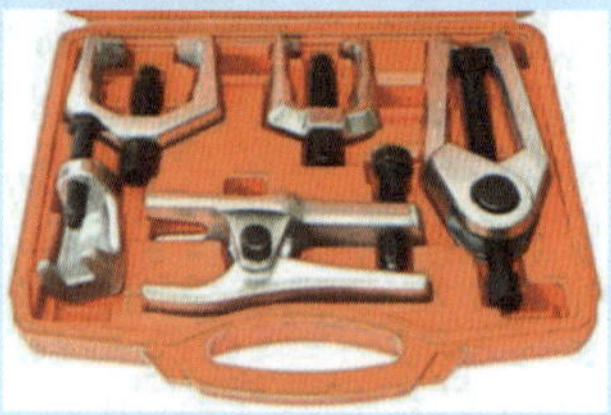
断开电气连接	断开线束连接	—
卸下转向器	拆卸前副车架总成。注意：拆卸前副车架前，要先拆除与前副车架相连的其他部件并进行妥善固定或放置 旋松并卸下转向器固定螺栓，取下转向器、转向横拉杆和外球节	—

2）转向器的安装与调试

转向器的安装与调试见表 6–14。

表 6–14　转向器的安装与调试

步骤	工作内容	示意图
检查新配件	对新配件的零件号和外观进行检查	—
安装外球节	将待安装转向器置于工作台上，用手通过螺纹旋入，给转向器安装外球节总成	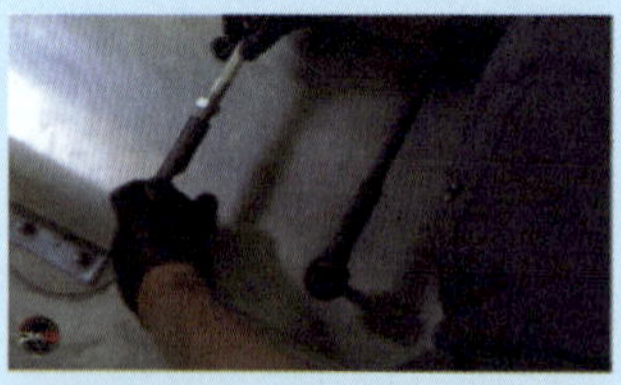
调中转向器输入轴	将转向器输入轴转至中位，用管子钳衬软布夹住转向器输入轴，将其转至左旋极限位置，然后右旋至另一个极限位置，并记录总圈数，如转动了 2.8 圈，从右旋极限位置向左转动，至总圈数的一半，即 1.4 圈，即为转向器输入轴的中位	

续表

步骤	工作内容	示意图
调整横拉杆长度	调整横拉杆长度，使安装后的外球节与转向输入轴保持原相对距离。 方法一为标记法：用拆卸时做好的标记来安装外球节。 方法二为测量法：利用卷尺量出原转向器总成左右外球节与转向器输入轴的距离；在新转向器总成上，通过调整外球节旋入的位置，保证外球节具有相同的位置距离	—
安装转向器	安装转向器，拧紧固定螺栓，在车辆底盘上安装副车架	—
连接转向节臂	连接转向横拉杆与转向节臂，安装并紧固外球节固定用螺母，紧固横拉杆螺母，通过目测前车轮制动盘保证前车轮处于正前方位置	
连接转向管柱	连接转向器与转向管柱，使用棘轮扳手紧固	—
紧固与检查连接点	按照车辆维修手册规定扭矩紧固螺栓。有扭矩要求的连接点包括：横拉杆锁紧螺母、外球节固定用螺母、转向器与转向管柱固定螺栓。用扭力扳手进行扭矩检查	—
系统上电与初始化	连接电气线束，系统上电，利用专用仪器进行线控电动转向系统故障码清理与初始化，进行车辆四轮定位检查	—

3）转向器的标定

在更换与维修转向器后，需进行标定。以对线控电动转向系统的跑偏补偿（pull-drift compensation，PDC）功能标定为例，转向器标定步骤分为标定值清零、标定、标定完成这三步。

① 在拆卸并更换转向系统的转向器或车辆四轮定位后，需要先将转向系统跑偏补偿功能相关的PDC值清零，再对电动转向器进行标定。

操作方法为进入诊断仪操作界面，单击“PDC转向力矩补偿值清零”选项完成清零操作，如图6–20所示。

② 进入诊断仪操作界面，进行PDC功能配置，如图6–21所示。

③ 标定完成后，诊断仪显示“配置完成”，转向器标定完成界面如图6–22所示。

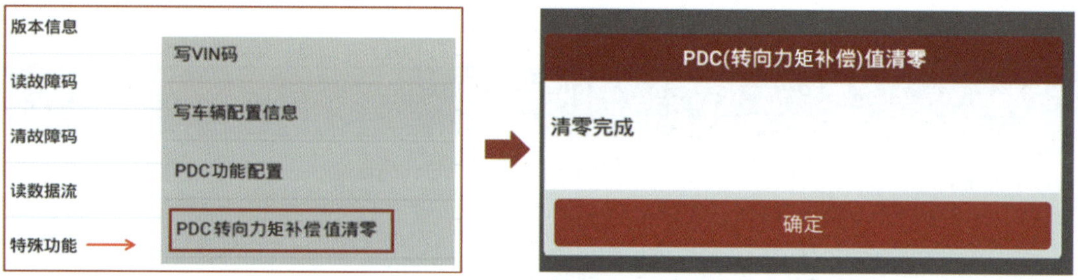

图 6-20　PDC 转向力矩补偿值清零

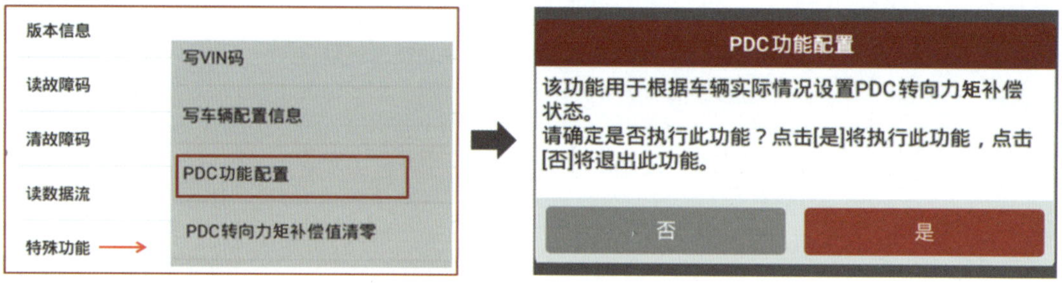

图 6-21　PDC 功能配置

图 6-22　转向器标定完成界面

2. 技能操作

（1）操作准备

准备技能操作所需的物料，见表 6-15。

表 6-15　物料准备

类别	所需物料
教学整车 / 实训平台	配装有线控电动转向系统的智能网联实训车或线控转向实训平台
仪器、设备、工具	耐磨手套、绝缘扭力扳手、车内防护用品、绝缘工具套装、诊断仪、记号笔、钢丝钳、套筒与加长杆、管子钳、卷尺、球头拆卸专用工具、高压安全防护用品等

（2）转向器的拆卸

参考车辆维修手册，拆卸转向器，并将实施内容记录在表 6-16 中。

表 6-16　转向器拆卸记录

工作步骤	项目	工作内容	工具	备注
1	做好准备工作			
2	断开转向管柱			
3	松开横拉杆锁紧螺母			
4	断开与转向节臂的连接			
5	断开电气连接			
6	卸下转向器			

（3）转向器的安装与调试

参考车辆维修手册，安装与调试转向器，并将实施内容记录在表 6-17 中。

表 6-17　转向器的安装与调试记录

工作步骤	项目	工作内容	工具	备注
1	检查新配件	零件号： 外观是否符合要求：是 □　否 □		
2	安装外球节			
3	调中转向器输入轴			
4	调整横拉杆长度			
5	安装转向器			
6	连接转向节臂			
7	连接转向管柱			
8	紧固与检查连接点			
9	系统上电与初始化			

（4）线控电动转向系统标定

用诊断仪对线控电动转向系统进行标定，将操作过程记录在表 6–18 中。

表 6–18　线控电动转向系统标定记录

序号	操作内容	操作结果
1	是否对蓄电池电压进行检测	是□　否□
2	转向器是否处于中心位置	是□　否□
3	转矩传感器标定是否显示标定成功	是□　否□

检查评估

对本任务的学习情况进行检查，并将相关内容填写在表 6–19 中。

表 6–19　检查表

检查项目	检查结果	结果点评
线控电动转向系统检修		
是否进行诊断前故障验证	是□　否□	
电路图拆画是否准确	是□　否□	
可能的故障点和故障原因分析是否合理	是□　否□	
故障排除方案或流程是否合理	是□　否□	
故障是否排除	是□　否□	
故障排除结果是否验证	是□　否□	
工作页记录是否完整	是□　否□	
线控电动转向系统转向器更换		
车辆故障是否排除	是□　否□	
各紧固螺栓安装力矩是否符合要求	是□　否□	
安装时横拉杆长度是否调整到位	是□　否□	
转向中位是否调整合适	是□　否□	
整理与恢复		
工具、设备是否整理恢复	是□　否□	
实训工位是否打扫干净	是□　否□	
产生的垃圾是否分类处理	是□　否□	

任务小结

本任务小结如图 6-23 所示。

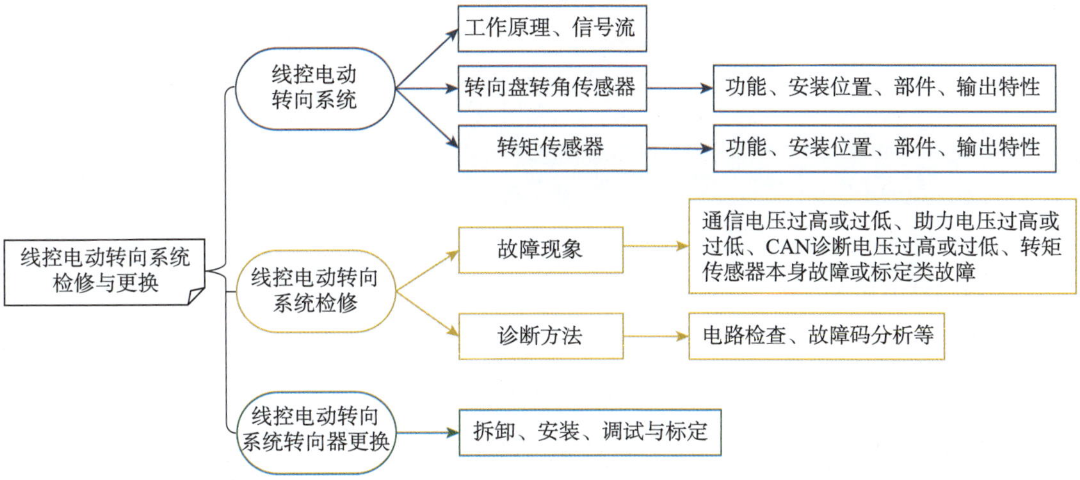

图 6-23　任务小结

任务七 线控转向自动驾驶系统调试与检查

任务导入

场景：某国产智能网联汽车研发中心。

人物：工程师王工、见习工程师小宋。

情节：某国产智能网联汽车新产品正处于研发阶段，试验部门报告称车辆的线控转向自动驾驶系统转向盘位于中位时，系统反馈的转向角度值不为零，车辆行驶跑偏。研发部门的小宋接到工作任务，协助王工对开发样车的线控转向自动驾驶系统进行调试及各项功能全面检查。如果你是小宋，你将如何开始工作？

任务目标

- 能根据线控转向自动驾驶系统装调与检查手册，正确使用专用设备，规范完成线控转向自动驾驶系统转向角度零点标定和最大转动角度范围设置。
- 能根据线控转向自动驾驶系统装调与检查手册，熟练运用自动驾驶安全设计与接管机制知识，正确使用专用设备，规范完成线控转向人工接管门限值的标定。
- 能根据线控转向自动驾驶系统操作手册与功能检查技术规范，熟练使能线控转向自动驾驶系统，规范完成自动驾驶横向控制功能的检查。

任务实施

一、线控转向自动驾驶系统调试

1. 知识学习

（1）自动驾驶行为层级

汽车自动驾驶技术为人类的交通出行方式带来了重要变革。自动驾驶汽车的开发目标是使车辆可以像熟练的驾驶员一样做出安全、合理的驾驶行为。因此，自动驾驶系统需要具备高智能的决策能力，可以根据驾驶员发出的指令，综合安全性和效率优先级等因素合理选择行车路线；良好的实时性，对突发交通状况能够快速做出反应；精准的汽车底盘操控能力，使车辆行驶动作平稳、连贯，满足乘员舒适性要求；此外，车辆还需要能够实现时刻进行自身的物理空间定位以及识别交通标志和交通信号灯等功能。典型汽车自动驾驶道路测试场景如图 7–1 所示，测试人员双手离开转向盘，由车辆自动驾驶系统操控，车辆自主在雨天且有非机动车的复杂路口的道路环境下行驶。

图 7–1　典型汽车自动驾驶道路测试场景

在归纳总结人类行为的基础上，自动驾驶技术将最基本的驾驶行为分为四个层级：全局规划、行为决策、运动规划、运动控制。

1）全局规划基于高精地图，规划出一条连接起点和终点的道路。

2）行为决策负责在车辆行驶过程中决定正常跟车或变道、遇到交通灯和行人时等待避让等。

3）运动规划是在车辆做完决策后，确定车辆所需要的路径轨迹以及路径上各段对应的车速。例如，在车辆决定规避前方障碍物时，运动规划有时要确定车辆是需要大幅度高速行驶转向还是小幅度常速行驶转向。

4）运动控制又称为路径跟随，是系统对底盘进行线控操纵，从而使车辆按照运动规划所输出的路径和车速完成运动。

（2）线控转向自动驾驶系统

1）系统功能

线控转向自动驾驶系统作为自动驾驶底层架构的重要部分，在车辆自动驾驶行为的运动规划和运动控制中发挥关键作用。线控转向自动驾驶系统在运动控制部分负责车辆对行驶方向的控制与执行，需要做到精准与快速地完成车辆方向调整。同时，转向系统各传感器需将转向盘角度等状态发送给整车控制器（VCU），供车辆进行下一步的运动规划。

线控转向自动驾驶系统可以通过模式切换转为人工转向模式，完成转向随速助力等各项功能。

2）应用场景

线控转向自动驾驶系统负责车辆自动行驶中所有的转向操作，典型的应用场景包括车辆先进驾驶辅助系统（ADAS）中的车道保持辅助（LKA）系统与智能泊车辅助系统。

① 车道保持辅助系统。车道保持辅助系统是用于车辆行驶过程中实时监测车辆和车道边线的相对位置，持续或在必要情况下控制车辆横向运动，使车辆保持在原车道内行驶的先进驾驶辅助系统（ADAS）。

车道保持辅助系统具有车道偏离抑制和车道居中控制两种类型，其工作过程分为视觉传感器信息采集、图像处理与特征提取、车道线识别、车辆横向控制四个阶段，其中，车辆横向控制由线控转向自动驾驶系统完成。根据国家标准，以车道偏离抑制型 LKA 系统为例，系统应确保车道偏离不超过车道线外侧 0.4 m。如图 7–2 所示，根据视觉传感器探测到的车辆与车道线相对位置，系统预判车辆会沿着红色轨迹冲出车道；自动驾驶运动规划功能迅速运算并输出车辆安全的路径轨迹（绿色显示）；系统控制器根据路径轨迹和时间要求，向转向系统发出自主转向指令，完成车辆沿规划路径的行驶。车道保持辅助系统特别要求线控转向系统在响应迅速和控制精确上有优良性能。

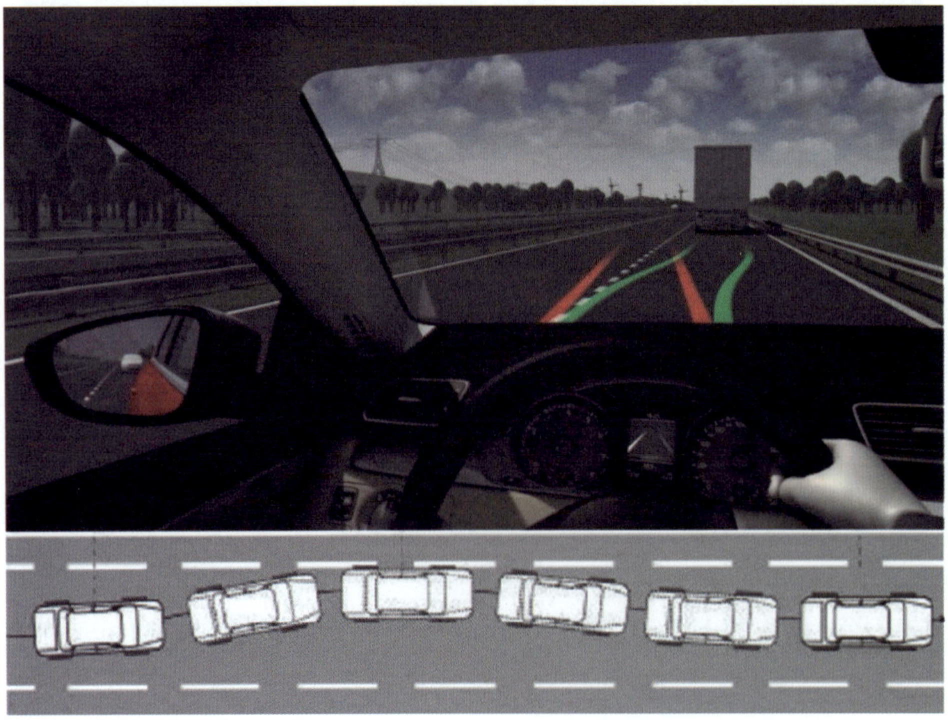

图 7–2　车道保持辅助（LKA）系统功能示意与车辆运动轨迹

② 智能泊车辅助系统。智能泊车辅助（intelligent parking assist，IPA）系统是在车辆泊车时，自动检测泊车空间并为驾驶员提供泊车指示和方向控制等辅助功能的先进驾驶辅助系统。智能泊车辅助系统的基本性能要求包括揉库次数与可控区域（停车位周围空间），即在有限的空间内通过合理路径规划以最小揉库次数完成泊车。此外，根据驾驶员需要，智能泊车辅助系统还应满足快速和车辆运行动作流畅的要求。

在智能泊车辅助系统运行过程中，线控转向自动驾驶系统按照泊车路径规划，由控制器对转向电机进行控制，转向电机进行大扭矩、方向连续切换的转向动力输出，驱动转向电机不断改变车辆方向。

3）工作原理

线控转向自动驾驶系统由转向盘、自动驾驶计算平台、整车控制器、线控转向控制单元、转向电机、转向盘转角传感器、转矩传感器等组成。系统具有人工驾驶和自动驾驶两种模式。

在人工驾驶模式下，如图 7–3 所示，驾驶员转动转向盘，转矩传感器检测到转向扭矩信号，由线控转向控制单元结合转向扭矩信号、当前车速等信息，实时计算转向电机需提供的助力力矩的大小和方向，然后驱动转向电机转动，助力驾驶员转向操纵。

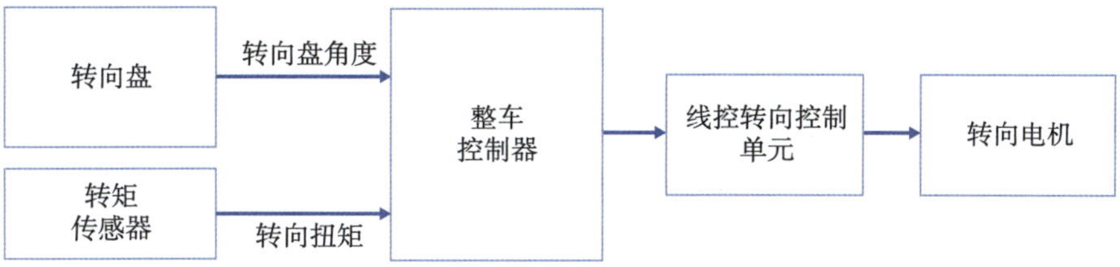

图 7–3　人工驾驶模式下的工作原理

在自动驾驶模式下，如图 7–4 所示，由自动驾驶计算平台（上位机）根据车辆运动规划的结果将目标角度、目标角速度等发送给线控转向控制单元；线控转向控制单元根据收到的指令采用控制策略输出控制信号，实现转向电机的控制，经过转向电机输出轴、转向齿轮、齿条等推动转向轮进行转向；控制系统读取转矩传感器的信号，对转向电机输出转矩进行闭环控制。

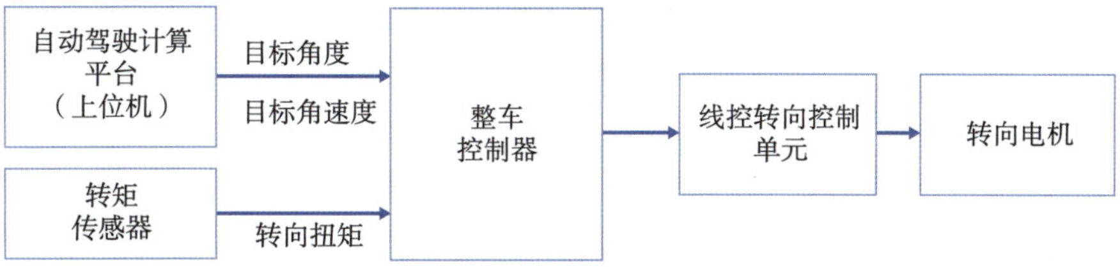

图 7–4　自动驾驶模式下的工作原理

需注意，不同智能网联车型采用不同的底盘控制器拓扑，具体车型的线控转向系统控制器的数量与控制系统架构需参考车辆手册。

4）转向角度零点标定

线控转向自动驾驶系统的调试工作有转向角度零点标定、最大转动角度范围设置、人工接管门限值设定三项工作。

转向角度零点标定的目的是将实车的转向中位记录进自动驾驶系统，以防止车辆行驶跑偏。转向角度零点标定工作的工具为标定主机和标定软件，操作界面如图 7–5 所示。标定步骤如下：

① 连接标定主机与车辆，启动标定软件进入转向角度零点标定操作界面。

② 通过转向盘将车轮摆正，使车辆朝向正前方，单击“UDS 中位标定”按钮。

③ 返回标定软件中“功能验证”界面，查看自动驾驶系统返回的转向盘角度值是否为 0。显示为 0 表示标定成功。

图 7–5　转向角度零点标定操作界面

5）最大转动角度范围设置

线控转向自动驾驶需要具备操纵车辆在非常有限的空间范围内完成运动的功能，例如，在智能泊车辅助场景下，车辆揉库需迅速地将转向盘转到极限位置。最大转动角度范围设置的目的是使系统能够在车辆设计的全部转动角度范围内工作，满足以上应用场景的需求。

最大转动角度范围设置工具为标定主机和标定软件，操作界面如图 7–6 所示。设置步骤分为转动转向盘到极限位置、读取系统反馈的转向盘量程值、在标定界面填写转向盘量程值三步。具体工作流程如下：

① 连接标定主机与车辆，启动标定软件进入转向角度零点标定界面。

② 转动转向盘到左极限位置（即向左打满转向盘），记录系统反馈的转向盘量程值。

③ 将反馈值填入标定界面中“转向盘量程 left”项。

④ 将转向盘转至右极限位置，记录反馈值并填入“转向盘量程 right”项。

⑤ 单击“发送设置”按钮。

⑥ 在标定界面查看设置参数是否完成更改，如果已完成更改，设置完毕。

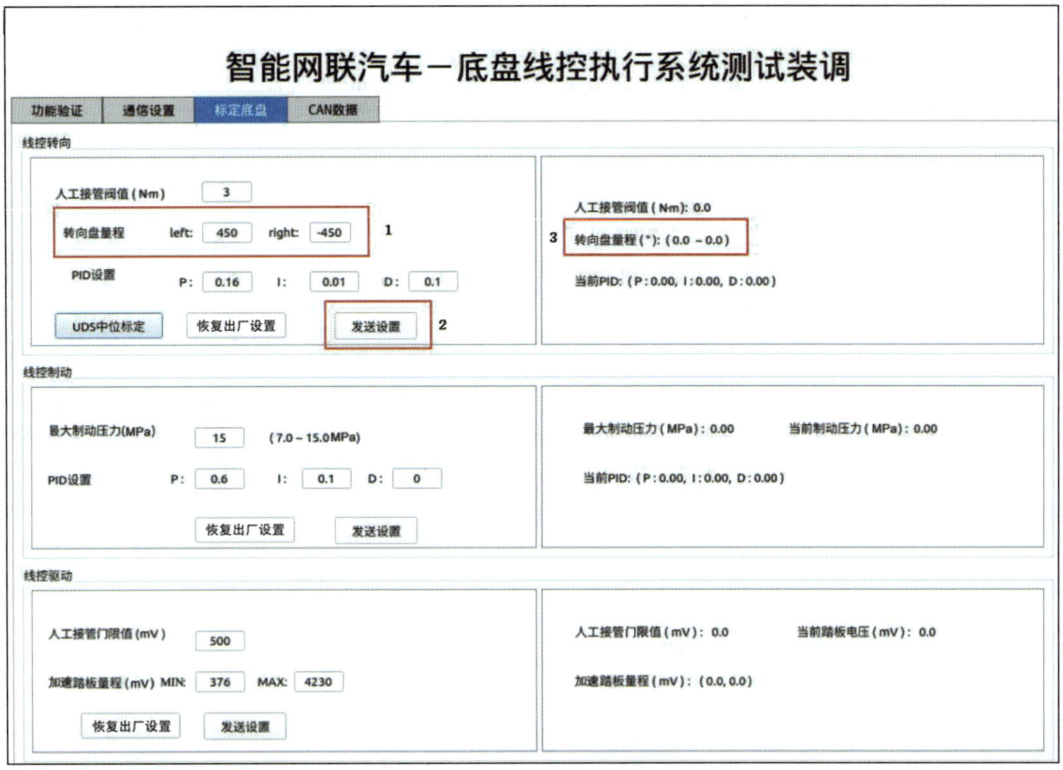

图 7-6　最大转动角度范围设置操作界面

6）人工接管门限值设定

设定转向系统人工接管门限值时，需要考虑驾驶员可能误碰转向盘造成系统驾驶模式误触发，引发车辆安全事故。因此，转向系统人工接管门限值要求大于驾驶员正常驾驶时转动转向盘的扭矩值（一般为 3 N·m），建议设定为 3.5 N·m。转向系统人工接管门限值设定一般使用标定主机与标定软件完成，操作界面如图 7–7 所示。设定的方法与步骤如下：

① 规范连接标定主机与车辆，启动线控标定软件。

② 进入线控底盘标定界面。

③ 输入人工接管门限值。

④ 单击“发送设置”按钮完成设置，查看系统返回的门限值是否正常。

⑤ 验证设置结果。在自动驾驶模式下转动转向盘，验证模式切换是否成功。

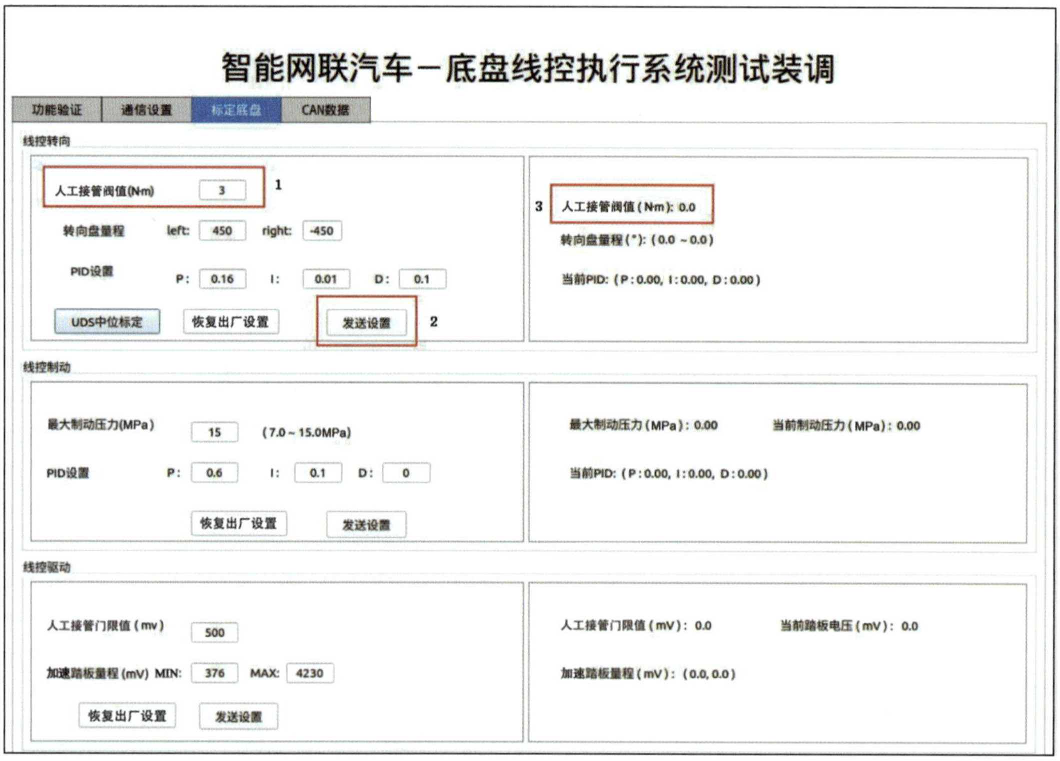

图 7-7　转向系统人工接管门限值设定操作界面

2. 技能操作

（1）操作准备

准备技能操作所需的物料，见表 7-1。

表 7-1　物料准备

类别	所需物料
教学整车 / 实训平台	线控转向实训台架（外观见图 7-8）
仪器、设备、工具	标定主机、标定软件、台架手册等

（2）转向角度零点标定

对线控转向系统的转向角度进行零点标定，将标定结果记录在表 7-2 中。

表 7-2　转向角度零点标定记录

序号	步骤	项目	内容
1	连接设备	标定主机是否与车辆成功连接	是□　否□
2	调整方向	转向轮方向是否朝向正前方	是□　否□
3	标定操作	是否进行中位标定	是□　否□
4	结果验证	系统返回值是否为 0	是□　否□
		标定是否成功	是□　否□

图 7-8　线控转向实训台架的外观

(3) 最大转动角度范围设置

对线控转向系统的最大转动角度范围进行设置，将结果记录在表 7-3 中。

表 7-3　最大转动角度范围设置记录

序号	类别	项目	内容
1	左转设置	是否将转向盘转到左极限位置	是□　否□
		系统反馈转向盘量程值	转向盘量程值：
		是否将量程值写入系统	是□　否□
2	右转设置	是否将转向盘转到右极限位置	是□　否□
		系统反馈转向盘量程值	转向盘量程值：
		是否将量程值写入系统	是□　否□
3	发送设置	是否发送设置	是□　否□
4	结果验证	标定界面参数是否已被修改	是□　否□

(4) 人工接管门限值设定

多次对线控转向系统进行人工接管门限值设定，将结果记录在表 7-4 至表 7-6 中。

表 7-4　人工接管门限值设定记录一

序号	步骤	项目	内容
1	门限值确认	是否将门限值设定为 0.5 N · m	是□　否□
2	门限值写入	是否将数值写入系统	是□　否□
3	门限值发送	是否发送设置	是□　否□
4	结果验证	驾驶模式是否顺利切换	是□　否□
		操作感受简述	

情境二

表 7-5　人工接管门限值设定记录二

序号	步骤	项目	内容
1	门限值确认	是否将门限值设定为 3.5 N · m	是□　　否□
2	门限值写入	是否将数值写入系统	是□　　否□
3	门限值发送	是否发送设置	是□　　否□
4	结果验证	驾驶模式是否顺利切换	是□　　否□
		操作感受简述	

表 7-6　人工接管门限值设定记录三

序号	步骤	项目	内容
1	门限值确认	是否将门限值设定为 5 N · m	是□　　否□
2	门限值写入	是否将数值写入系统	是□　　否□
3	门限值发送	是否发送设置	是□　　否□
4	结果验证	驾驶模式是否顺利切换	是□　　否□
		操作感受简述	

二、线控转向自动驾驶系统检查

1. 知识学习

（1）线控转向自动驾驶系统功能

在 ADAS 或线控转向自动驾驶系统运行过程中，线控转向自动驾驶系统用于车辆横向控制，即通过不断调整行车方向，满足系统运动决策所生成的轨迹。系统主要具有转向控制、转向反馈、人工接管、越界处理四类功能，见表 7-7。

表 7-7　线控转向自动驾驶系统功能表

序号	功能	信号
1	转向控制	使能
		目标转向盘转角
		目标转向盘转速
2	转向反馈	转向盘转角
		转向盘转速
		转向驾驶模式
		故障信息
3	人工接管	转向盘扭矩门限
4	越界处理	越界拒绝执行，并退出自动驾驶模式

在自动驾驶状态下，线控转向自动驾驶系统使能即开启系统，整车控制器发出目标转向盘转角、目标转向盘转速信号，转向执行装置迅速实现预期数值。

线控转向自动驾驶系统的转向反馈功能将系统状态信息通过诊断系统进行采集并监控系统运行。将系统实际转向盘转角与转速进行反馈，与目标值进行对比，实现闭环控制。

当驾驶员希望操纵车辆时，可以利用人工接管功能迅速转动转向盘，线控转向自动驾驶系统退出自动驾驶模式。作为高安全性系统，线控转向自动驾驶系统的越界处理功能是当踏板位置超过指定的限制时，系统忽略目标踏板位置的数值，并退出自动驾驶模式；若不能退出自动驾驶模式，则发送越界警告。

（2）系统检查方法与步骤

线控转向自动驾驶系统的检查内容包括控制使能检查、转向指令检查、转向精度检查、动态角度响应检查、故障自诊断与安全退出功能检查、人工接管功能检查。线控转向自动驾驶系统检查操作界面如图 7-9 所示。

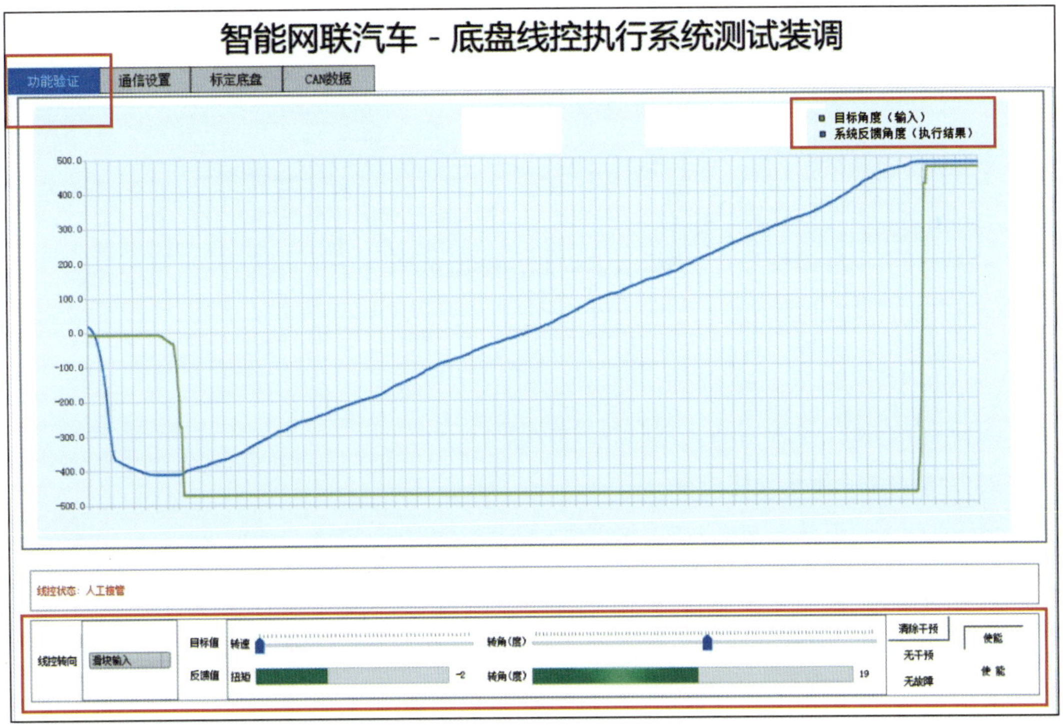

图 7-9　线控转向自动驾驶系统检查操作界面

1）控制使能检查

在人工驾驶模式下开启系统，使能自动驾驶系统。检查对象是切换界面是否正常、自动驾驶转向模式是否正常开启。

2）转向指令检查

转向指令检查分别在自动驾驶与人工驾驶两个模式下进行。

① 在自动驾驶模式下，在操作界面内滑动滑块，分别调整转向盘转角至左 / 右最大角度，观察系统反馈的角度是否与目标一致。

② 在人工驾驶模式下，转动转向盘，在操作界面内观察系统反馈角度是否与转向盘一致。

3）转向精度检查

转向精度是指转向系统稳定在某个角度时随时间波动的转角数值，该数值不应超过 1° 。检查方法：在自动驾驶模式下，向系统发送指定的目标角度，对比反馈角度与目标角度差值。

4）动态角度响应检查

动态角度响应检查的方法：在自动驾驶模式下，向左或向右连续阶梯性改变转向盘角度，例如转动至 90° ，保持 10 s；然后回转至 0° ，保持 10 s；再转动至 200° ，保持 10 s。

① 观察操作系统界面内的系统工作状态曲线，以图 7–10 所示为例，绿色线表示目标角度，蓝色线表示系统反馈角度。查看系统反馈角度值是否能够实时跟随目标角度值变化且曲线波动小。

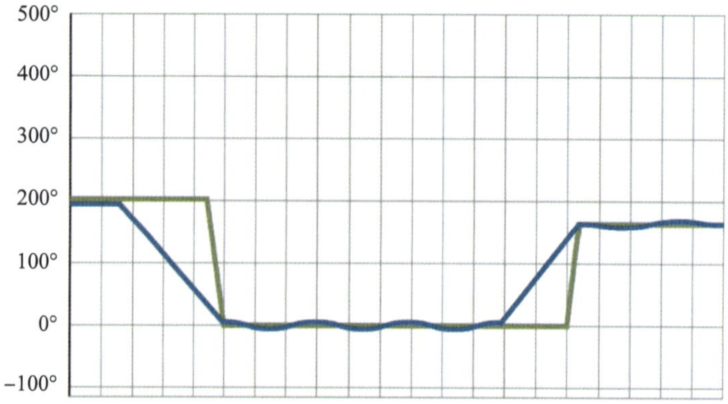

图 7–10　工作状态曲线

② 观察转向盘稳定性，查看是否出现剧烈抖动现象。

5）故障自诊断与安全退出功能检查

在自动驾驶系统运行中设置故障，检查系统是否发送故障信息，是否发送退出自动驾驶模式的信号。

6）人工接管功能检查

在自动驾驶模式下，转动转向盘，检查系统是否迅速退出自动驾驶模式实现人工接管以及响应速度。

2. 技能操作

（1）操作准备

准备技能操作所需的物料，见表 7–8。

（2）线控转向自动驾驶系统检查

对线控转向自动驾驶系统进行检查，并将结果记录在表 7–9 中。因动态角度响应检查不便于实施，此处未进行该检查。

表 7-8　物料准备

类别	所需物料
教学整车 / 实训平台	线控转向实训台架
仪器、设备、工具	标定主机、标定软件、台架手册等

表 7-9　线控转向自动驾驶系统检查记录

序号	功能	项目	内容
1	控制使能检查	是否能正常进入自动驾驶界面	是□　否□
		模式切换按键是否正常	是□　否□
		自动驾驶转向是否能正常开启	是□　否□
2	转向指令检查	自动驾驶模式下，左极限位置系统反馈值是否与目标值一致	是□　否□
		自动驾驶模式下，右极限位置系统反馈值是否与目标值一致	是□　否□
		人工驾驶模式下，左转转向盘系统反馈值是否与目标值一致	是□　否□
		人工驾驶模式下，右转转向盘系统反馈值是否与目标值一致	是□　否□
3	转向精度检查	阶梯形输入	阶梯数量： 第 1 阶梯角度：　延续时间： 第 2 阶梯角度：　延续时间： 第 3 阶梯角度：　延续时间：
		观察工作状态曲线，系统反馈角度值是否能够实时跟随目标角度值变化	是□　否□
		观察工作状态曲线是否存在剧烈波动	是□　否□
		观察转向盘是否存在剧烈抖动	是□　否□
4	故障自诊断与安全退出功能检查	系统是否完成故障自诊断	是□　否□
		系统是否可在故障下完成自动驾驶模式安全退出	是□　否□
5	人工接管功能检查	系统可否完成人工接管	是□　否□
		人工接管系统响应速度是否迅速	是□　否□

检查评估

对本任务的学习情况进行检查，并将相关内容填写在表 7–10 中。

表 7–10　检查表

检查项目	检查结果	结果点评
线控转向自动驾驶系统调试		
是否正确连接标定调试设备	是□　否□	
转向盘是否可以在量程内正常工作	是□　否□	
人工接管是否可以正常工作	是□　否□	
线控转向自动驾驶系统检查		
是否完整检查线控转向自动驾驶系统各项功能	是□　否□	
是否完整填写检查表格	是□　否□	
整理与恢复		
工具、设备是否整理恢复	是□　否□	
实训工位是否打扫干净	是□　否□	
产生的垃圾是否分类处理	是□　否□	

任务小结

本任务小结如图 7–11 所示。

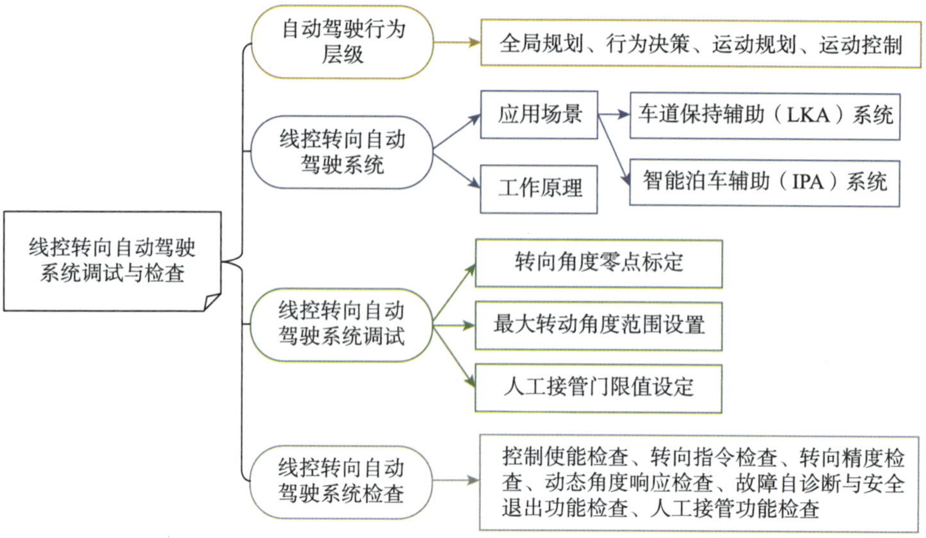

图 7–11　任务小结

情境三
线控制动系统装调与检修

情境介绍

相较于传统汽车，智能网联汽车在提升行车安全、减轻驾驶员负担、节能环保和提升交通系统效率等方面具有显著优势，特别是随着具有主动安全功能的先进智能驾驶辅助系统的配装应用，智能网联汽车能够减少 30% 左右的交通事故数量。在车辆主动安全相关系统中线控制动系统发挥了核心作用。

本情境包含线控制动系统检修、线控制动系统部件更换、车辆电子稳定性程序（ESP）检修、电子驻车制动（EPB）系统检修与更换、线控制动自动驾驶系统调试与检查五个工作任务，具体内容包括线控制动系统检修、电动机械式制动助力器更换、制动系统排气、线控制动自动驾驶系统调试等。

情境目标

▸ 能根据车辆维修手册，正确使用故障诊断及维修工具，规范完成线控制动系统故障的诊断与检修。

▸ 能根据车辆维修手册，正确使用维修工具，规范完成线控制动系统故障部件的更换。

▶ 能根据车辆维修手册，正确使用维修工具，规范完成车辆电子稳定性控制程序（ESP）的检修。

▶ 能根据车辆维修手册，正确使用维修工具，规范完成电子驻车制动系统的检修。

▶ 能根据自动驾驶汽车操作手册与功能检查技术规范，熟练使能线控制动自动驾驶系统，规范完成自动驾驶纵向减速控制功能的检查。

任务八
线控制动系统检修

任务导入

场景： 某国产智能网联汽车售后维修中心。

人物： 客户王先生、维修技师赵师傅、见习维修技师小杨。

情节： 王先生的国产智能网联汽车在行驶过程中出现了制动无助力的状况，小杨需要协助赵师傅对车辆制动系统进行检测。此车制动系统采用电机进行驱动助力，如果你是小杨，你会从哪些方面着手对该车线控制动系统进行检修？

任务目标

- 能按照维修手册，正确使用工具，规范完成线控制动系统的检查。
- 能按照维修手册，正确使用检修设备，规范完成线控制动系统的检修。

任务实施

一、线控制动系统检查

1. 知识学习

（1）线控制动系统的定义与分类

线控制动（brake by wire，BBW）系统是智能网联汽车“控制执行层”的必要关键技术，为智能网联汽车实现自主停车提供了良好的硬件基础，是实现高级自动驾驶的关键部件之一。目前，线控制动系统分为机械式线控制动（electro mechanical brake，EMB）系统和液压式线控制动（electro hydraulic brake，EHB）系统两大类。

1）机械式线控制动系统

在机械式线控制动系统中，所有的液压装置，包括主缸、液压管路、助力装置等均被电子机械系统替代，盘式和鼓式制动器的调节器也被电机驱动装置取代。制动控制器根据制动踏板位置（行程）传感器信号以及车速等车辆状态信号，驱动和控制执行机构电机产生所需的制动力。机械式线控制动系统虽然是名副其实的线控制动系统，但由于技术原因短期内很难大批量应用。不过，机械式线控制动系统是线控制动系统未来发展的方向。机械式线控制动系统的组成如图 8–1 所示。

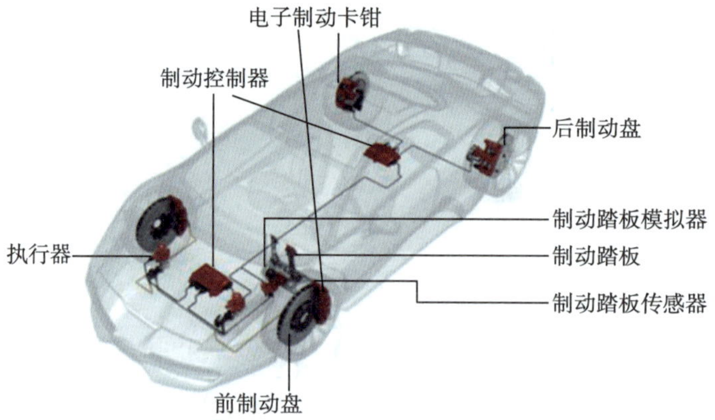

图 8–1　机械式线控制动系统的组成

2）液压式线控制动系统

液压式线控制动系统取消了传统的真空助力器，用一个电机代替真空助力器来推动主缸活塞。在传感器采集制动踏板行程后，通过制动助力控制器对电动机械式制动助力器发出指令，在完成平稳制动的同时让驾驶员感受到制动踏板的反馈。液压式线控制动系统主要由制动踏板、电动机械式制动助力器、制动助力控制器、蓄压器、防抱制动系统（ABS）、轮速传感器以及制动液压管路等组成。本任务将以液压式线控制动系统为主进行知识讲解和技能操作。液压式线控制动系统的组成如图 8–2 所示。

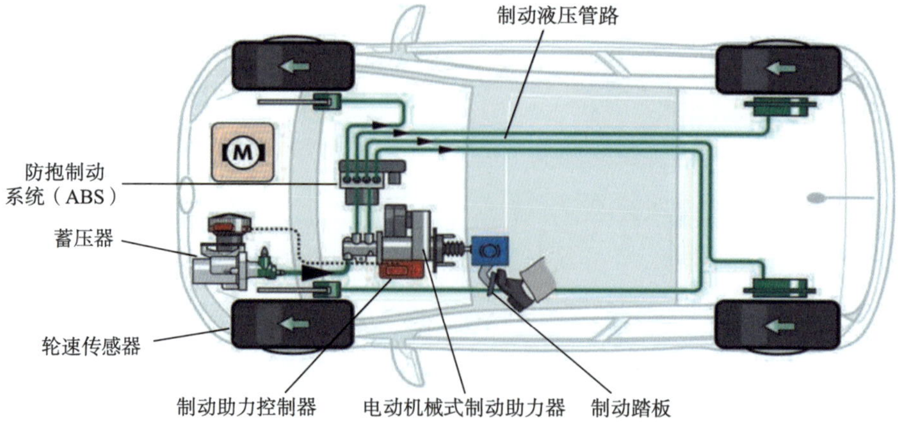

图 8–2　液压式线控制动系统的组成

（2）电动机械式制动助力器

1）电动机械式制动助力器的优点

电动机械式制动助力器不依赖真空源，取代了传统汽车中的电子真空泵和制动助力器，体积更小，整个制动系统质量更小，无须消耗能量建立真空源，仅在制动时消耗电量，从而达到节能减碳的目的。电动机械式制动助力器的这些特点更加符合未来汽车的发展趋势，因此受到了中高档车型的青睐，所占的市场份额也在逐年增加。国内的蔚来、小鹏、理想、长城、极氪等车企的智能网联车型大都配置了电动机械式制动助力器。电动机械式制动助力器的优点如图 8–3 所示。

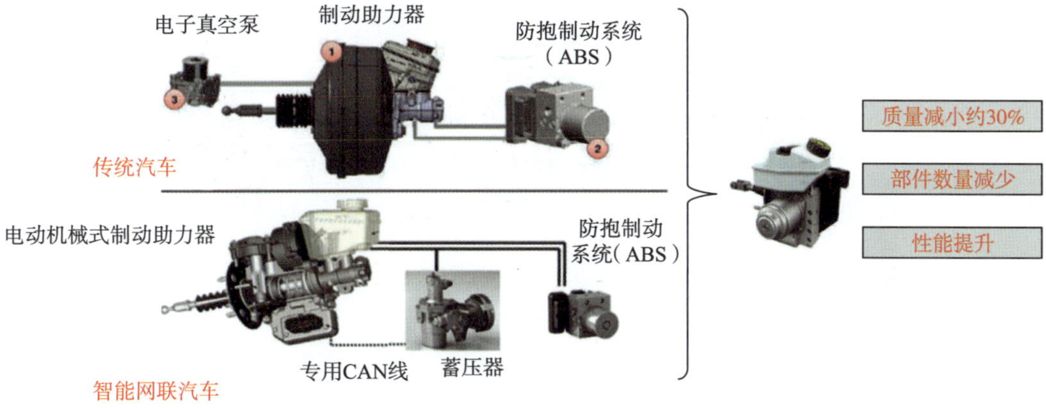

图 8–3　电动机械式制动助力器的优点

2）电动机械式制动助力器的组成

电动机械式制动助力器主要由制动助力控制器、制动踏板位置（行程）传感器、电传动单元、齿轮减速机构、推杆（制动踏板接口）以及串联式制动总泵等组成，如图 8–4 所示。

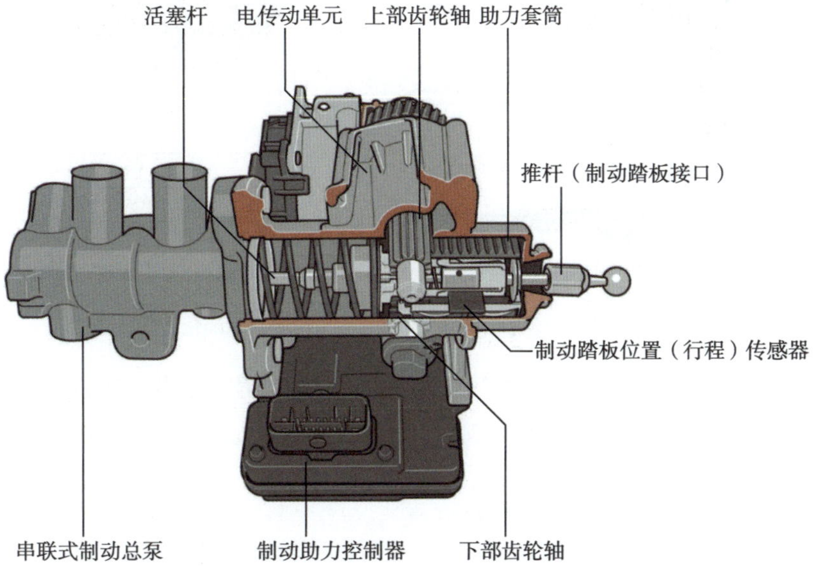

图 8–4　电动机械式制动助力器的组成

3）电动机械式制动助力器的工作原理

制动助力控制器通过制动踏板位置（行程）传感器输入的位移信号计算出控制电机产生的扭矩并发出指令，电传动单元的直流电机根据指令通过相应的传动比驱动 2 个齿轮轴输出扭矩。齿轮轴的啮合齿与助力套筒的啮合齿啮合，将齿轮轴的旋转运动转换为助力套筒的纵向运动（在图 8–4 中向左侧运动），以此来加强由驾驶员施加的制动力。制动踏板感可以通过设定电子助力器的软件来定义，以满足汽车装配厂差异化的要求，因此同一类型电动机械式制动助力器可以安装在同一平台的不同车型上，以实现不同的制动踏板感。电动机械式制动助力器的工作状态如图 8–5 所示。

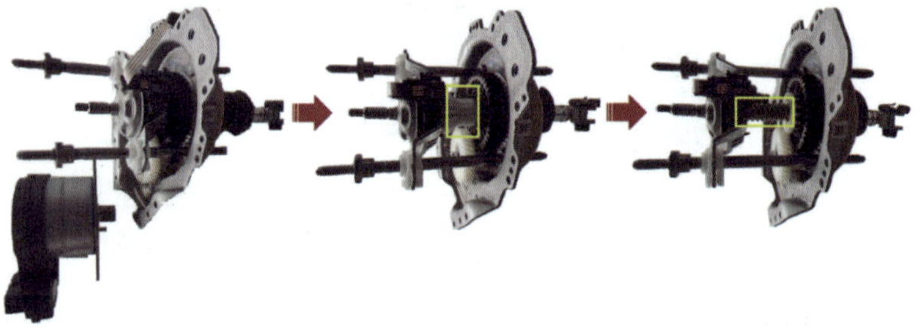

图 8–5　电动机械式制动助力器的工作状态

4）制动踏板位置（行程）传感器

制动踏板位置（行程）传感器采用霍尔式传感器，该传感器共有 4 个针脚，分别是供电、接地、信号 1 和信号 2。制动助力控制器根据该传感器传输信号来判断制动踏板行程和制动紧急程度的变化，并为制动灯提供信号，制动开关各针脚的定义如图 8–6 所示。

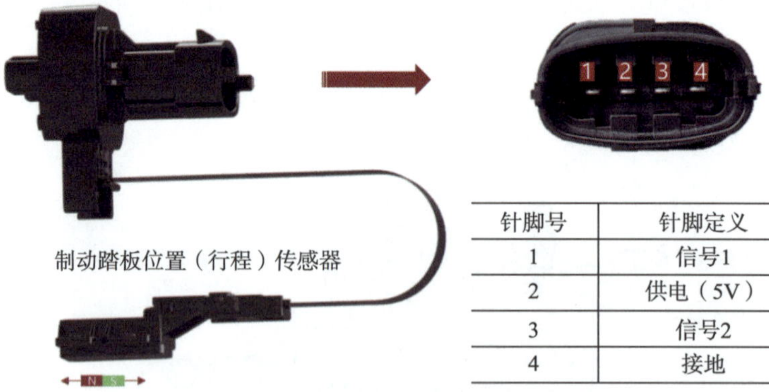

针脚号	针脚定义
1	信号1
2	供电（5V）
3	信号2
4	接地

图 8–6　制动踏板位置（行程）传感器各针脚的定义

制动踏板位置（行程）传感器共输出两个工作信号，其中信号 1 是占空比信号，制动紧急程度越高占空比越大，紧急程度越低占空比越小；信号 2 是 SENT（单边半字传输）协议信号。制动踏板位置（行程）传感器信号的波形如图 8–7 所示。

单边半字传输（single edge nibble transmission，SENT）协议是一种点对点的、单向传输的方案，被用于车载传感器和电控单元（ECU）之间的数据传输。其主要特点是：无须接收器和集成发射器，因此

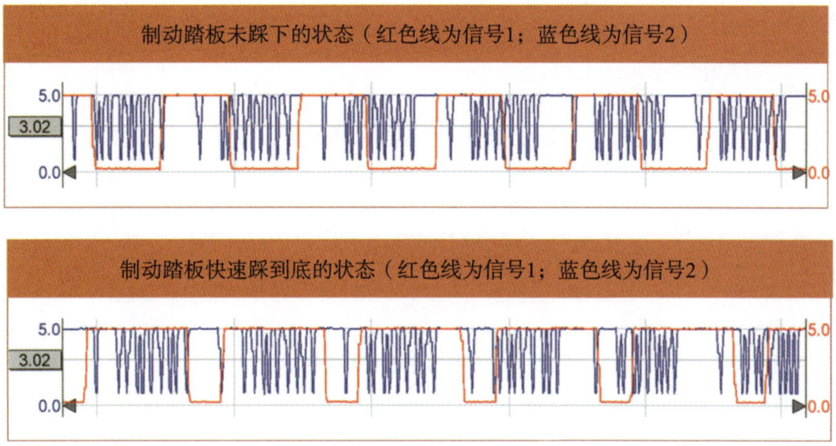

图 8-7　制动踏板位置（行程）传感器信号的波形

相比 CAN 或 LIN 成本更低；具有不错的传输精度和速度，数据传输速度可达 30 kb/s；单线数据传输，减少信号线，与电源和接地线一共仅有 3 条线；单向传输协议，数据只能从传感器到电控单元（ECU），传输是连续的，不需要请求命令。

5）制动开关

部分智能网联车型装有制动开关。制动开关采用双霍尔式传感器。汽车制动开关传感器共有 4 个针脚，分别是供电、接地、信号 1 和信号 2。制动助力控制器根据该传感器传输信号来判断制动踏板是否踩下，并为制动灯提供开关信号，制动开关各针脚的定义如图 8-8 所示。

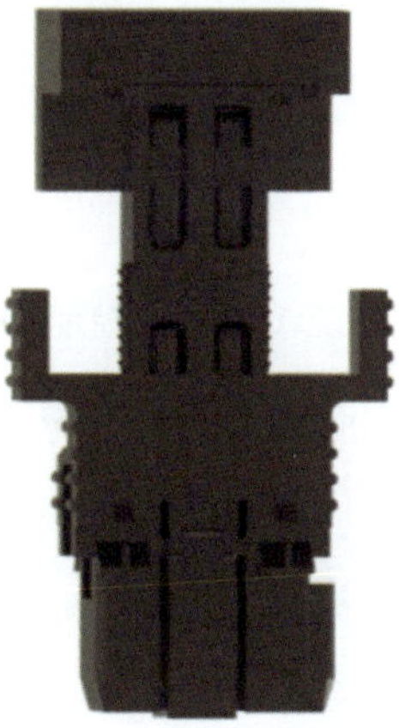

针脚号	针脚定义
1	供电（12V）
2	接地
3	信号1
4	信号2

图 8-8　制动开关各针脚的定义

制动开关共输出两个信号，当未踩下制动踏板时信号 1 电压为 0 V，信号 2 电压为 12 V；当踩下制动踏板时，信号 1 电压为 12 V，信号 2 电压为 0 V。通过两个信号的电压可判断制动开关的工作状态。制动开关信号的波形如图 8-9 所示。

（3）蓄压器

1）蓄压器的组成

线控制动系统蓄压器通过液压制动管路直接与制动总泵相连，主要由电机、驱动装置、排气阀、制动管路接口等组成，如图 8-10 所示。

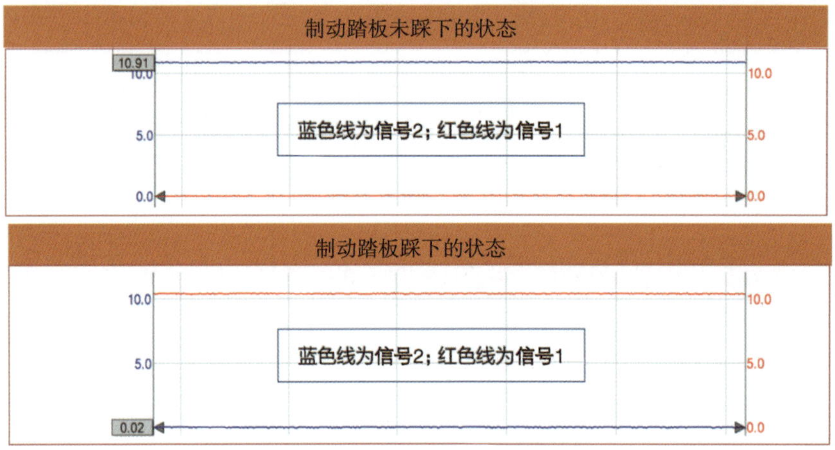

图 8-9　制动开关信号的波形

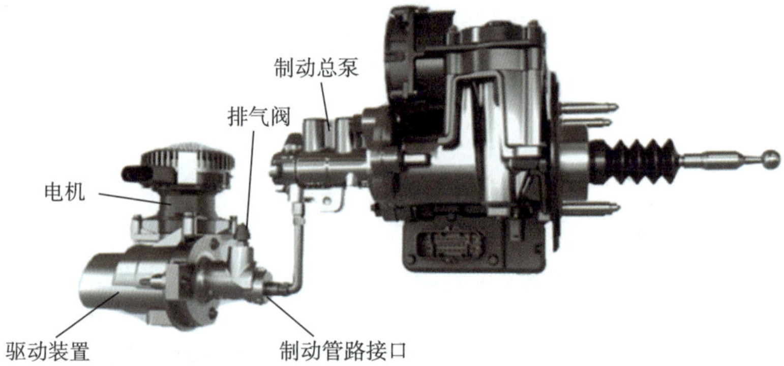

图 8-10　蓄压器的组成

2）蓄压器的工作原理

在必须减小或增大驾驶员控制的制动压力时，防抱制动系统（ABS）控制单元确定需要减小或增大的制动压力的大小并将信息传给制动助力控制器，制动助力控制器促使蓄压器电机运转，通过螺杆驱动装置带动活塞做直线往复运动，以改变工作缸容积。工作缸容积变大，从制动管路抽吸制动液，制动系统压力减小；工作缸容积变小，制动液从工作缸内压出，制动系统压力增大。同时，制动助力控制器减小或增大制动助力，使制动踏板不发生位移。蓄压器的工作原理如图 8-11 所示。

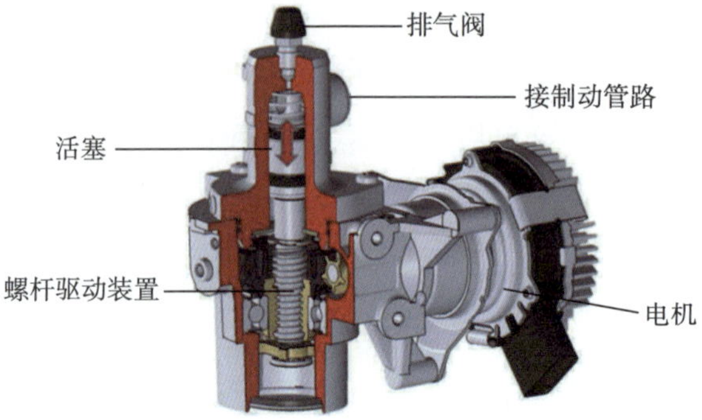

图 8-11　蓄压器的工作原理

（4）能量回收制动

能量回收制动系统的功能是当驾驶员踩下制动踏板，或者车辆先进驾驶辅助系统（ADAS）实施制动时，系统将驱动电机作为发电机使用，形成行驶阻力，与常规制动系统由液压产生的制动力共同作用，完成车辆的“混合制动”。同时，制动过程中回收的电能可供车辆电气系统存储和使用，实现节能的效果。

能量回收制动的工作原理如图 8–12 所示。当驾驶员踩下制动踏板，ESP 系统将相应信号发送给整车控制器。整车控制器进行制动力分配，调配“液压”制动与“电动”制动的比例。分配的规则由车辆所设定的能量回收等级确定。整车控制器持续不断地将实时可用最大回收功率（制动功率）信息传给 ESP 控制器。

ESP 控制器会判断仅通过电机进行制动是否够用，是否需要建立液压制动压力。

若潜在的回收力矩不够用，无法达到驾驶员想要实施的制动力度，则制动助力控制器会激活电传动单元电机，以便建立起所需要的制动压力。

若制动压力过大需要减小时，制动助力控制器控制蓄压器电机，工作缸容积增大并从制动回路抽吸制动液，制动系统中的压力则相应减小。

若驱动电机的回收力矩在驾驶员制动装置激活期间变小或驱动电机的发电机模式完全关闭，则必须再次增大之前减小的制动压力。制动助力控制器重新控制蓄压器的电机，活塞运动会减小工作缸的容量，工作缸中的制动液会重新输送到制动回路中，制动系统中的压力则相应增大。

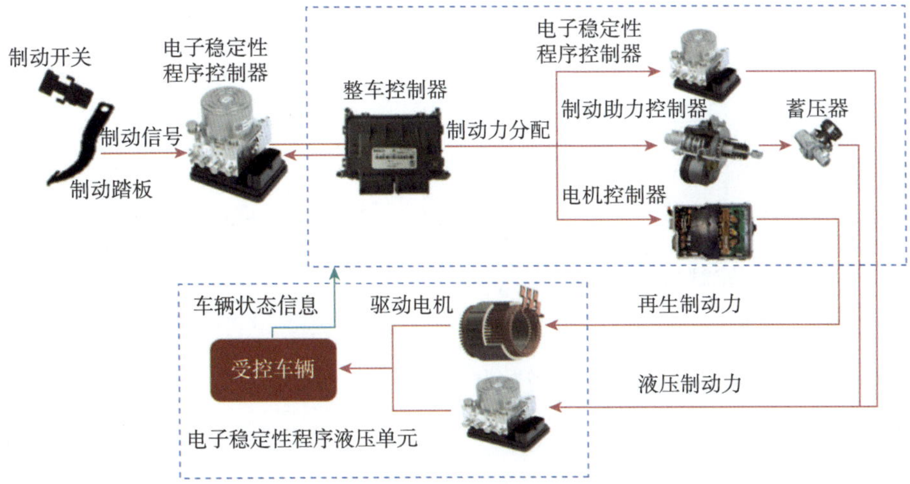

图 8–12　能量回收制动的工作原理

2. 技能操作

（1）操作准备

准备技能操作所需的物料，见表 8–1。

（2）线控制动系统部件检查

对线控制动系统部件进行检查，将检查结果记录在表 8–2 中。

表 8-1　物料准备

类别	所需物料
教学整车 / 实训平台	配备线控制动系统的整车或线控制动实训台架
仪器、设备、工具	维修手册、车内防护用品、耐磨手套、绝缘扭力扳手、绝缘工具套装、手电筒等

表 8-2　线控制动系统检查记录

序号	项目类别	工作内容	检查结果	备注
1	类型	系统类型	EHB □　EMB □	
2	外观检查	制动踏板	正常□　异常□	
		制动盘	正常□　异常□	
		电气插接口	正常□　异常□	
3	安装检查	制动助力器安装	正常□　异常□	
		ABS 模块安装	正常□　异常□	
4	功能检查	制动功能	正常□　异常□	
		制动踏板回弹	正常□　异常□	
		制动踏板力	正常□　异常□	

二、线控制动系统检修

1. 知识学习

（1）故障验证

参照车辆维修手册操纵车辆，验证线控制动系统故障是否真实存在。为保证安全，在验证故障时场地应宽阔，车辆前方和后方不得站人。主要验证内容包括：车辆启动后“READY”指示灯是否指示正常、制动助力是否正常、车轮制动器是否动作。

（2）故障问诊

线控制动系统故障问诊流程为观察仪表故障灯、提示信息等是否异常；反复踩下制动踏板，查看制动系统是否有异响；检查制动液液位是否正常；与用户沟通了解车辆线控制动系统故障发生时的路况、故障是否偶发及发生故障前一段时间内车辆是否异常等，若故障发生时车辆经过颠簸路面或者故障偶发，则可以怀疑导线、插接器等可能出现了虚接；检查辅助蓄电池电压是否满足维修手册规定值要求；检查辅助蓄电池正负极端子是否存在虚接、氧化、腐蚀等情况；用诊断仪读取线控制动系统故障码、数据流，测试执行元件来检查制动系统是否存在故障。

（3）故障分析

线控制动系统常见故障与可能原因见表 8-3。在对系统进行故障分析时，需进行以下工作。

1）测试电路中与线控制动系统公用供电、接地、网络的其他系统或部件的工作状况，来分析线控制动系统可能的故障点。

2）根据线控制动系统检测到的故障码，分析可能的故障原因和故障点。

表 8-3　线控制动系统常见故障与可能原因

常见故障	可能原因
制动助力器电机故障	1. 系统过热保护 2. 电机供电不良（供电电压低、熔丝损坏或接触不良） 3. 电机接地不良 4. 电机损坏
制动踏板位置（行程）传感器异常	1. 制动踏板位置（行程）传感器供电异常 2. 信号线错误连接到供电电路 3. 信号线错误连接到接地电路 4. 信号线发送节点丢失
CAN 总线故障	1. 辅助蓄电池电压过高或过低 2. CAN 总线网络存在故障 3. 制动助力控制器损坏
制动助力控制器故障	1. 制动助力控制器损坏 2. 软件配置错误

3）数据流分析

将读取的数据流目标值与实际值进行对比，并结合维修手册进行分析，判断线控制动系统传感器、执行器、相关电路的工作状态是否正常。线控制动系统数据流示例如图 8-13 所示。

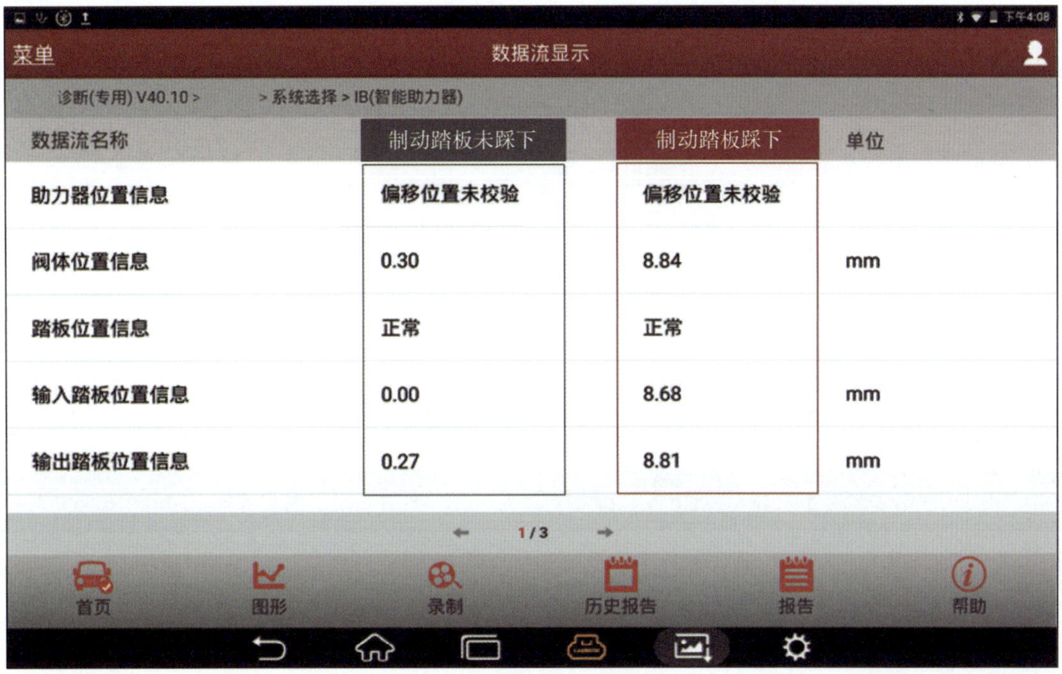

图 8-13　线控制动系统数据流示例

情境三

（4）故障检修流程

线控制动系统故障检修流程如图 8–14 所示。

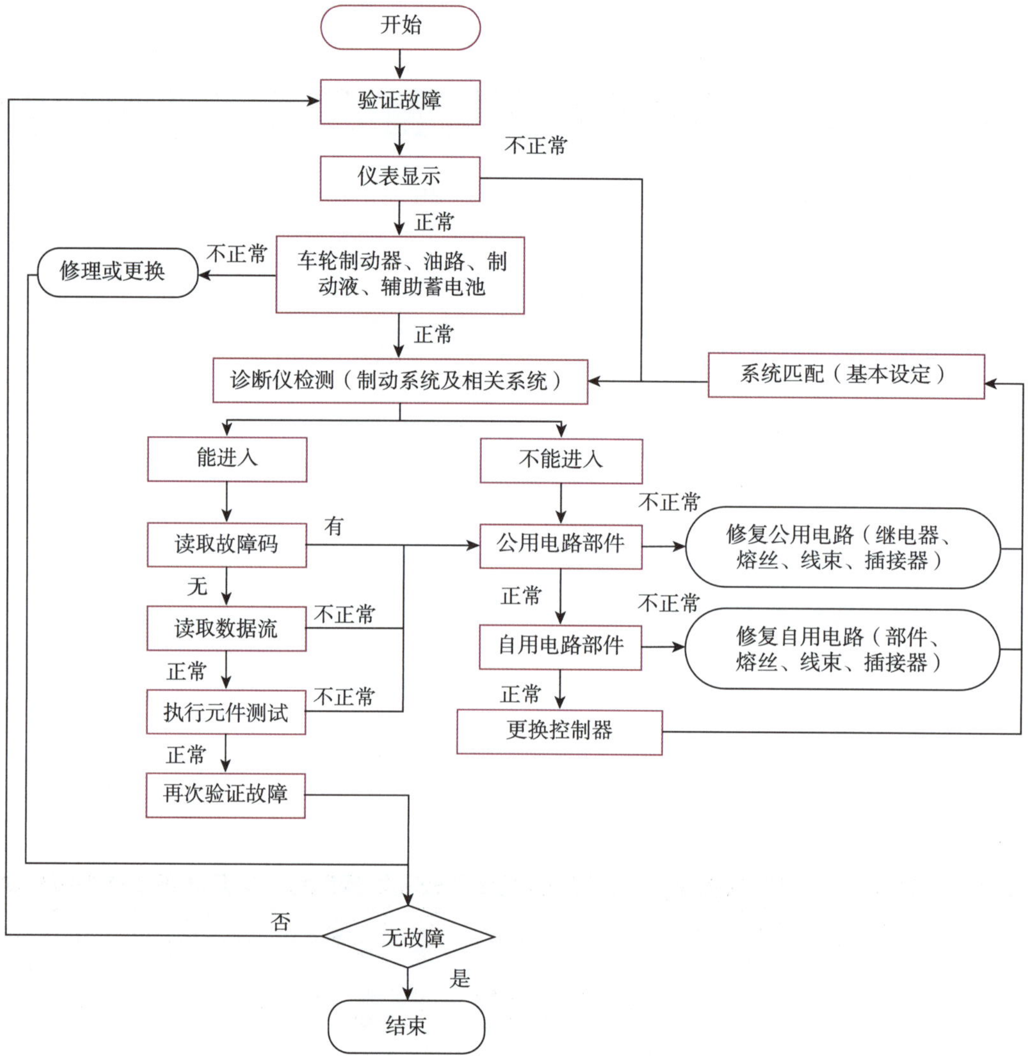

图 8–14　线控制动系统故障检修流程

2. 技能操作

（1）操作准备

准备技能操作所需的物料，见表 8–4。

表 8–4　物料准备

类别	所需物料
教学整车 / 实训平台	配备线控制动系统的整车或台架
仪器、设备、工具	维修手册、电路图、翼子板防护布、车内防护用品、耐磨手套、绝缘扭力扳手、绝缘工具套装、诊断仪、万用表、示波器、举升机、抹布等

（2）故障验证

验证线控制动系统故障，将验证结果记录在表 8-5 中。

表 8-5　线控制动系统故障验证记录

序号	验证内容	验证结果
1	车辆启动后“READY”指示灯是否指示正常	是□　否□
2	制动是否有助力	是□　否□
3	车轮制动器是否动作	是□　否□

（3）故障问诊

1）车辆问诊

对车辆进行问诊，将问诊结果记录在表 8-6 中。

表 8-6　线控制动系统故障问诊记录

序号	问诊内容	问诊结果
1	仪表故障指示灯、提示信息等是否异常	是□　否□
2	制动液液位是否正常	是□　否□
3	反复踩下制动踏板，制动系统是否有异响	是□　否□
4	故障发生时的路况及车辆使用状况是否与故障有关	是□　否□

2）辅助蓄电池检查

对辅助蓄电池进行检查，将检查结果记录在表 8-7 中。

表 8-7　辅助蓄电池检查记录

序号	检查内容	检查结果
1	辅助蓄电池电压是否正常	是□　否□
2	辅助蓄电池正极端子是否正常	是□　否□
3	辅助蓄电池负极端子是否正常	是□　否□

3）故障码和数据流读取

通过诊断仪检测线控制动系统的故障码和数据流，将检测结果记录在表 8-8 中。

表 8-8　线控制动系统的故障码和数据流

诊断仪是否能够正常进入系统		是□　否□
故障码		
序号	故障码	故障码说明
1		
2		
3		
4		
5		

情境三

续表

数据流			
序号	数据流名称	当前值	标准值
1			
2			
3			
4			
5			

4）执行元件测试

通过诊断仪进行执行元件测试，将测试结果记录在表 8-9 中。

表 8-9　线控制动系统执行元件测试记录

序号	执行元件	测试结果是否正常
1	电动机械式制动助力器功能	是□　否□
2	蓄压器功能	是□　否□
3	警告灯亮起	是□　否□
4	制动信号灯亮起	是□　否□

（4）故障排除

1）电路图拆画

查阅所维修车型的电路图、维修手册，拆画实训车辆线控制动系统电路图，画在图 8-15 的图框中。

图 8-15　线控制动系统电路图

2）公用电路部件测试

测试与线控制动系统公用的电路中其他系统或部件的工作状况，将测试结果记录在表 8-10 中。

表 8-10　公用电路中部件或系统测试结果记录

序号	部件或系统名称	测试结果是否正常	可排除的线控制动系统部件
例	自动空调系统	是■　否□	IF30 熔丝、IG1 继电器供电正常
1		是□　否□	
2		是□　否□	
3		是□　否□	
4		是□　否□	
5		是□　否□	

3）故障点分析

分析可能的故障点和故障原因，将分析结果记录在表 8-11 中。

表 8-11　故障点分析记录

序号	可能的故障点	可能的故障原因
1		
2		
3		
4		

4）故障诊断

根据维修手册、电路图，选用合适的工量具查找故障点，将故障排除过程及结果记录在表 8-12 中。

表 8-12　线控制动系统故障排除记录

序号	诊断内容	测量结果	是否正常	处理方法
例 1	IP42/5 和 IP01/17 线路电阻	<1 Ω	是■　否□	—
例 2	未踩下制动踏板时制动开关信号 1 的波形	0 V	是□　否■	更换制动开关
1			是□　否□	
2			是□　否□	
3			是□　否□	
4			是□　否□	
5			是□　否□	

情境三

续表

序号	诊断内容	测量结果	是否正常	处理方法
6			是□ 否□	
7			是□ 否□	
8			是□ 否□	
9			是□ 否□	
10			是□ 否□	
11			是□ 否□	
12			是□ 否□	

5）结果验证

验证线控制动系统故障是否排除，将验证结果记录在表 8-13 中。

表 8-13 线控制动系统故障排除验证记录

序号	验证内容	验证结果
1	故障现象是否仍然存在	是□ 否□
2	使用诊断仪清除故障码，故障码是否被清除	是□ 否□
3	使用诊断仪读取数据流是否全部正常	是□ 否□
4	使用诊断仪进行执行元件测试是否正常	是□ 否□

检查评估

对本任务的学习情况进行检查，并将相关内容填写在表 8-14 中。

表 8-14 检查表

检查项目	检查结果	结果点评
线控制动系统检查		
是否准确填写系统类型	是□ 否□	
是否完成制动踏板外观检查	是□ 否□	
是否完成制动助力器安装检查	是□ 否□	
是否完成制动功能检查	是□ 否□	
是否完成制动踏板力检查	是□ 否□	
工作页记录是否完整	是□ 否□	

续表

检查项目	检查结果	结果点评
线控制动系统检修		
电路图拆画是否准确	是□　否□	
可能的故障点和故障原因分析是否合理	是□　否□	
故障排除方案或流程是否合理	是□　否□	
故障检测过程是否发生安全事故	是□　否□	
故障是否排除	是□　否□	
故障排除结果是否验证	是□　否□	
工作页记录是否完整	是□　否□	
整理与恢复		
工具、设备是否整理恢复	是□　否□	
实训工位是否打扫干净	是□　否□	
产生的垃圾是否分类处理	是□　否□	

任务小结

本任务小结如图 8–16 所示。

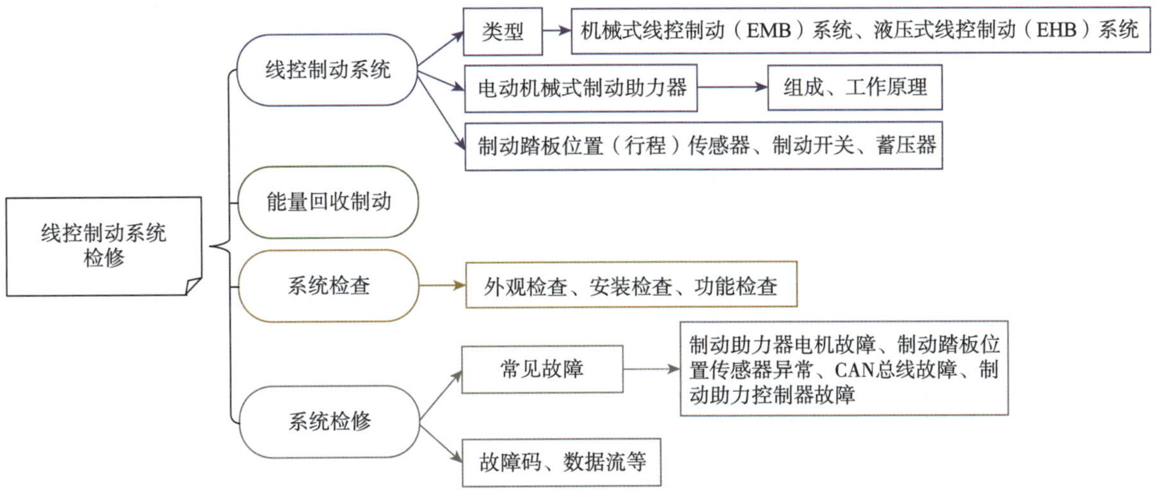

图 8–16　任务小结

情境三

任务九
线控制动系统部件更换

任务导入

场景：某国产智能网联汽车售后维修中心。

人物：客户王先生、维修技师赵师傅、见习维修技师小李。

情节：经赵师傅与小李的检测，客户王先生的国产智能网联汽车需要更换线控制动系统中的部件以排除故障。赵师傅安排小李来完成此项工作，如果你是小李，你会从哪些方面着手对该车线控制动系统部件进行更换？

任务目标

▸ 能根据车辆维修手册的操作规范，正确使用维修工具，规范完成电动机械式制动助力器的更换。

▸ 能根据车辆维修手册的操作规范，正确使用维修工具，规范完成蓄压器的更换。

▸ 能根据车辆维修手册的操作规范，正确使用排气工具，规范完成制动系统的排气。

任务实施

一、电动机械式制动助力器更换

1. 知识学习

（1）电动机械式制动助力器的安装位置

电动机械式制动助力器一般安装在机舱前围板防火墙或风窗玻璃排水槽中，与驾驶舱制动踏板相连。电动机械式制动助力器的安装位置如图 9–1 所示。

图 9-1　电动机械式制动助力器的安装位置

（2）电动机械式制动助力器拆卸

1）关闭启动开关、断开辅助蓄电池负极。

2）参照维修手册，将影响电动机械式制动助力器拆卸的其他部件拆掉。

3）拆卸制动液储液罐

① 打开制动液储液罐，使用制动液更换装置将制动液从储液罐中吸出，如图 9-2 所示。

② 在制动液储液罐下铺放抹布，以防制动液溢出。

③ 拔下制动液液位警告传感器插头，其位置如图 9-3 所示。

④ 从制动总泵的侧面拧出制动液储液罐的固定螺栓，制动液储液罐固定螺栓的位置如图 9-4 所示。

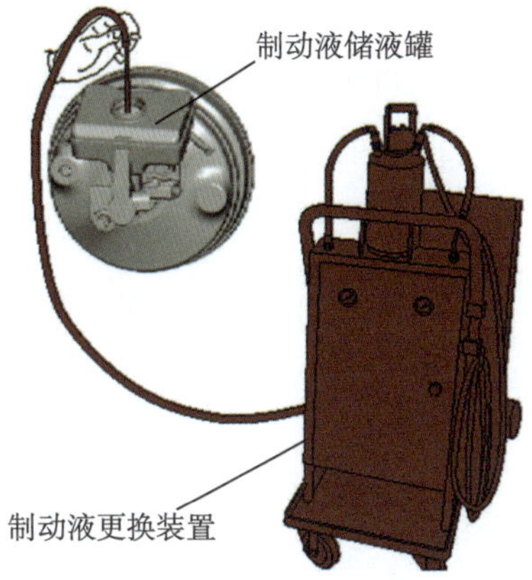

图 9-2　吸出制动液

图 9-3　制动液液位警告传感器插头的位置

情境三

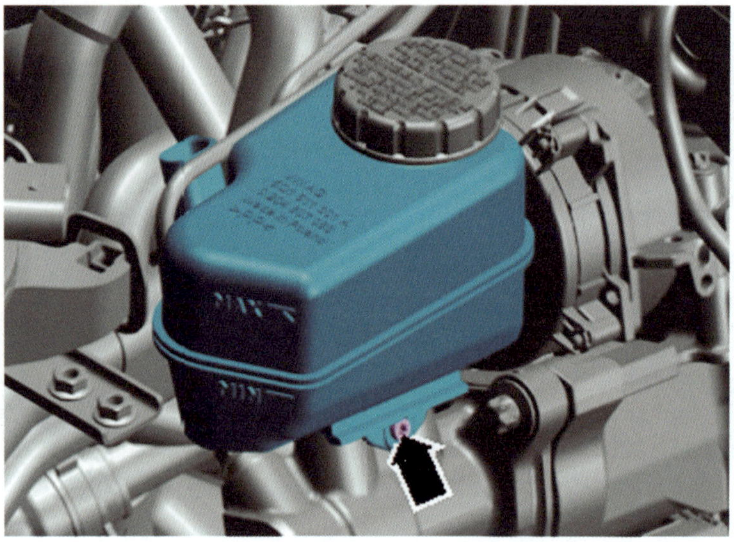

图 9-4　制动液储液罐固定螺栓的位置

⑤ 将制动液储液罐从制动总泵密封塞上拔出并取下。

⑥ 将敞开的管路和接口用密封塞封闭。

4）从电动机械式制动助力器上分离制动踏板

① 拆卸驾驶员膝部饰板。

② 拆卸制动踏板销轴，将制动踏板与电动机械式制动助力器推杆分离。

5）拆卸电动机械式制动助力器

① 拔下制动踏板位置（行程）传感器和制动助力器插头。制动踏板位置（行程）传感器和制动助力器插头的位置如图 9-5 所示。

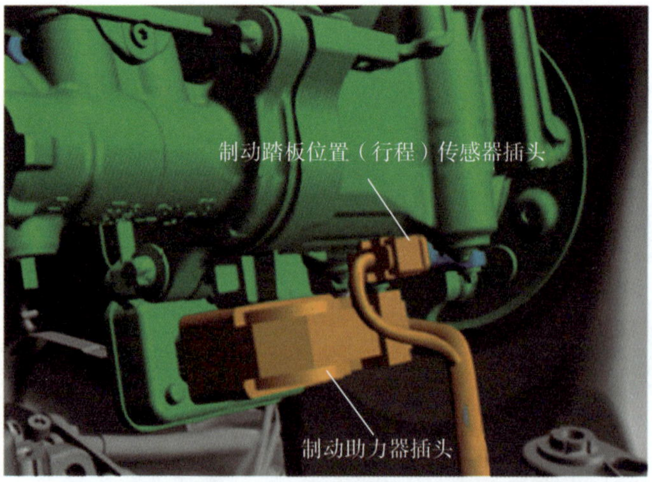

图 9-5　制动踏板位置（行程）传感器和制动助力器插头的位置

② 拧出制动管路的锁紧螺栓，将制动管路从制动总泵上拔下并略微压向一侧，用密封塞将敞开的连接处封闭。制动管路的锁紧螺栓如图 9-6 所示。

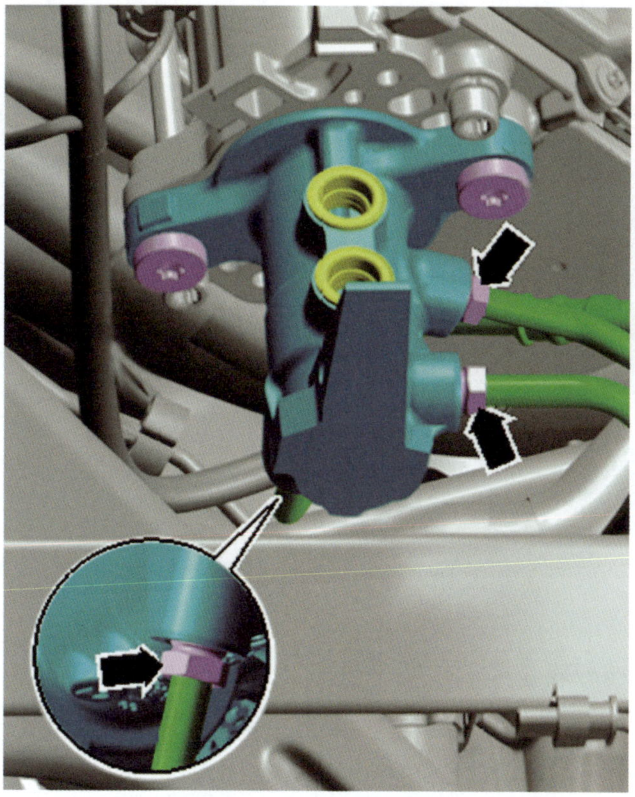

图 9-6　制动管路的锁紧螺栓

③ 拆下电动机械式制动助力器的固定螺栓，取下电动机械式制动助力器。

（3）电动机械式制动助力器安装

1）更换新的电动机械式制动助力器时，检查新件的外观应无损伤，零件号与旧件零件号应一致。

2）将电动机械式制动助力器定位到安装孔处，并按规定力矩拧紧安装螺栓。

3）将制动管路连接到制动总泵上，按照标准力矩拧紧制动管路的锁紧螺栓。

4）连接制动踏板位置（行程）传感器和制动助力器插头。

5）安装制动踏板销轴，连接制动踏板与电动机械式制动助力器推杆。

6）安装驾驶员膝部饰板。

7）用制动液浸润制动液储液罐上的密封塞。

8）将制动液储液罐插入制动总泵中的密封塞内。

9）从制动总泵的侧面拧入制动液储液罐的固定螺栓，并按规定力矩拧紧。

10）连接制动液液位警告传感器插头。

11）将制动液储液罐初步加注至“MIN”（最小）标记处，如图 9-7 所示。

12）对制动系统排气。

13）从车上取下之前铺放的抹布。

14）连接辅助蓄电池负极。

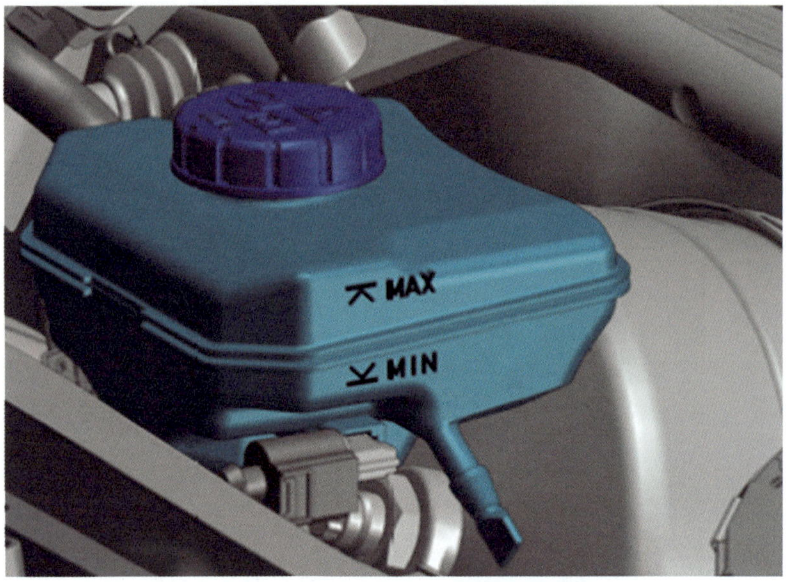

图 9-7 制动液储液罐的液位标记

（4）电动机械式制动助力器更换注意事项

1）制动液是有毒液体，因此绝对不允许通过软管用嘴吸出制动液。

2）为了避免与制动液发生皮肤接触，更换时应戴上耐化学品的防护手套。

3）由于制动液具有腐蚀性，因此不允许与油漆接触。如果有制动液溢出，要立即用大量清水冲洗。

4）制动液具有吸湿性，随着水分含量的增加，其沸点会下降，所以要将其始终保存在密闭的容器内，长时间不使用的制动液在使用前要进行沸点检查。

5）注意规范移动电动机械式制动助力器，图 9-8 所示为正确及错误操作示范。

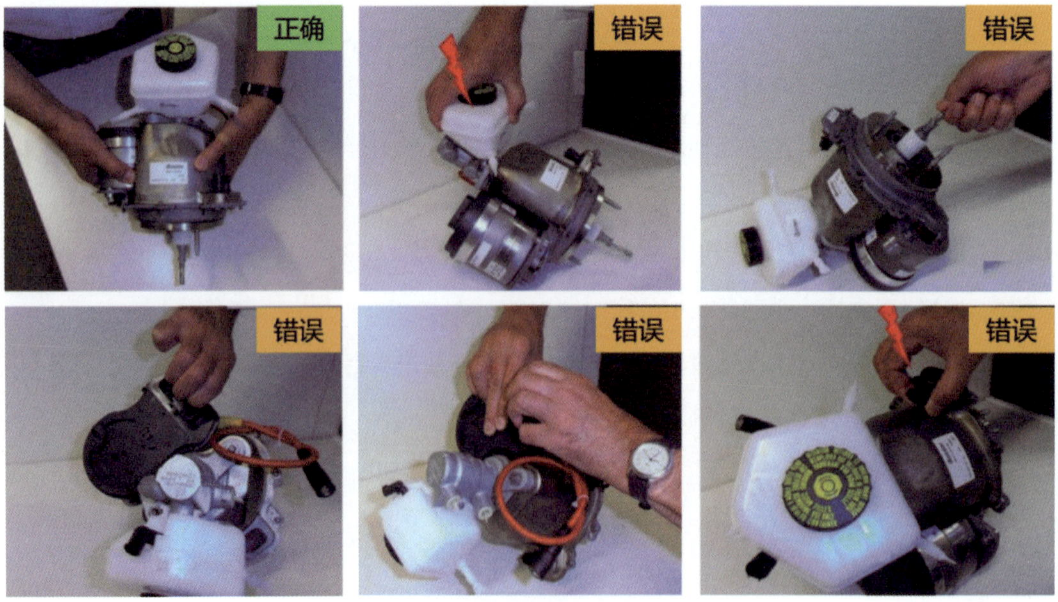

图 9-8 正确及错误操作示范

2. 技能操作

（1）操作准备

准备技能操作所需的物料，见表 9–1。

表 9–1　物料准备

类别	所需物料
教学整车 / 实训平台	配备线控制动系统的整车或台架
仪器、设备、工具	维修手册、翼子板防护布、车内防护用品、耐油手套、绝缘扭力扳手、绝缘工具套装、套筒式油管扳手、举升机、抹布、制动液更换装置等

（2）电动机械式制动助力器拆卸

查阅维修手册，按照流程拆卸电动机械式制动助力器，将拆卸过程记录在表 9–2 中。

表 9–2　电动机械式制动助力器拆卸记录

序号	操作步骤	是否正确完成
1		是□　否□
2		是□　否□
3		是□　否□
4		是□　否□
5		是□　否□
6		是□　否□
7		是□　否□
8		是□　否□
9		是□　否□
10		是□　否□
11		是□　否□
12		是□　否□
13		是□　否□
14		是□　否□

（3）电动机械式制动助力器安装

查阅维修手册，按照流程安装电动机械式制动助力器，将安装过程记录在表 9–3 中。

表 9-3　电动机械式制动助力器安装记录

序号	操作步骤	是否正确完成
1		是□　否□
2		是□　否□
3		是□　否□
4		是□　否□
5		是□　否□
6		是□　否□
7		是□　否□
8		是□　否□
9		是□　否□
10		是□　否□
11		是□　否□
12		是□　否□
13		是□　否□
14		是□　否□

（4）结果验证

验证电动机械式制动助力器的安装结果，将验证结果记录在表 9-4 中。

表 9-4　电动机械式制动助力器安装结果验证记录

序号	验证内容	验证结果
1	电动机械式制动助力器安装是否正确	是□　否□
2	所有附件是否安装到位	是□　否□
3	是否将制动液储液罐初步加注至“MIN”（最小）标记处	是□　否□

二、蓄压器更换

1. 知识学习

（1）蓄压器安装位置

线控制动系统的蓄压器安装在前机舱中，通过液压制动管路直接与制动总泵相连。蓄压器安装位置如图 9-9 所示。

（2）蓄压器拆卸

1）制动踏板预紧

将制动踏板加载装置安装在制动踏板和驾驶员座椅之间，并将制动踏板至少预紧 60 mm，以此关闭制动主缸内的阀门，这样制动液储液罐不会排空。制动踏板加载装置安装位置如图 9-10 所示。

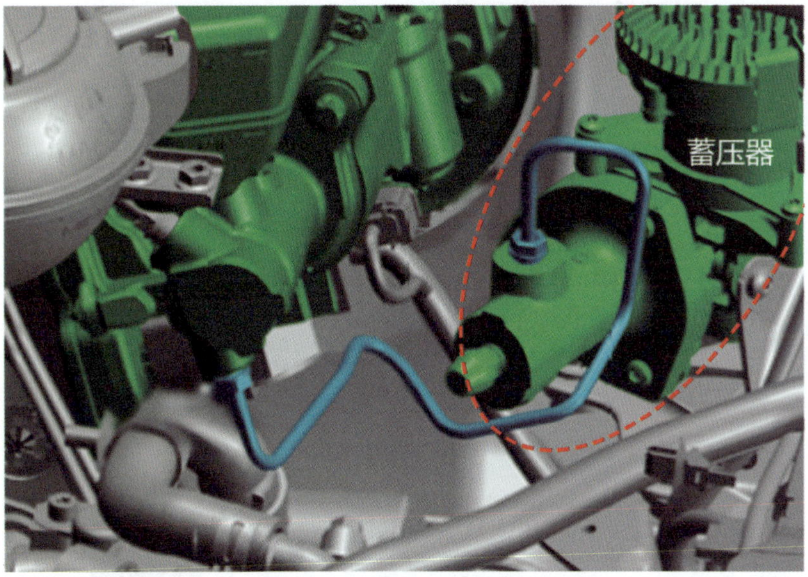

图 9-9 蓄压器安装位置

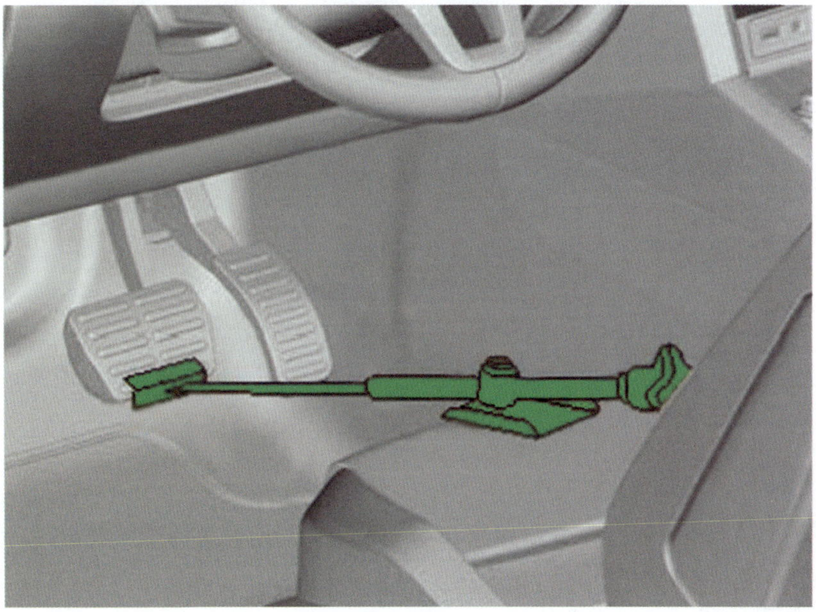

图 9-10 制动踏板加载装置安装位置

2）制动系统压力排出

将排气螺栓护罩从左前制动分泵上的排气螺栓上拔下，连接排气瓶（制动液更换装置配套附件）软管；拧开排气螺栓，排出制动系统中的压力；关闭排气螺栓并取下排气瓶，如图 9-11 所示。对左后制动分泵重复以上步骤。

3）蓄压器拆卸

为防止制动液溢出，在蓄压器下面铺放足够的抹布；拧出液压制动管路的锁紧螺栓，取下制动管路，将敞开的连接处封闭；拔下蓄压器插头，拆下蓄压器的固定螺栓，取下蓄压器，如图 9-12 所示。

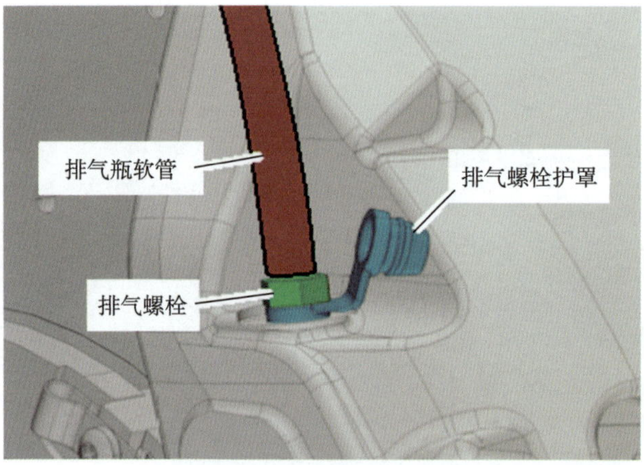

图 9-11　制动系统压力排出

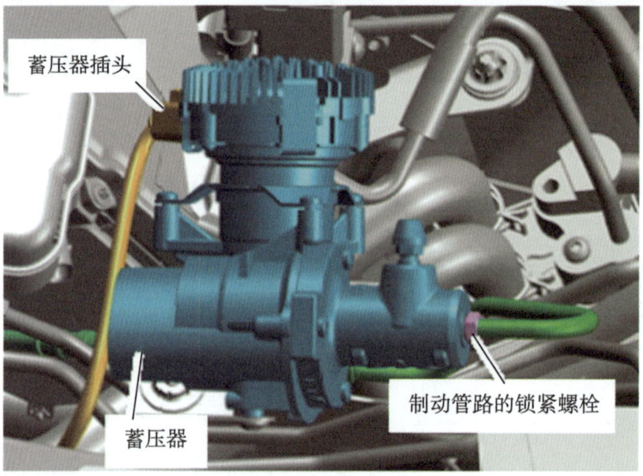

图 9-12　蓄压器拆卸

（3）蓄压器安装

1）更换新的蓄压器时，检查新件的外观应无损伤，零件号与旧件零件号应一致。

2）对蓄压器预排气，如图 9-13 所示。

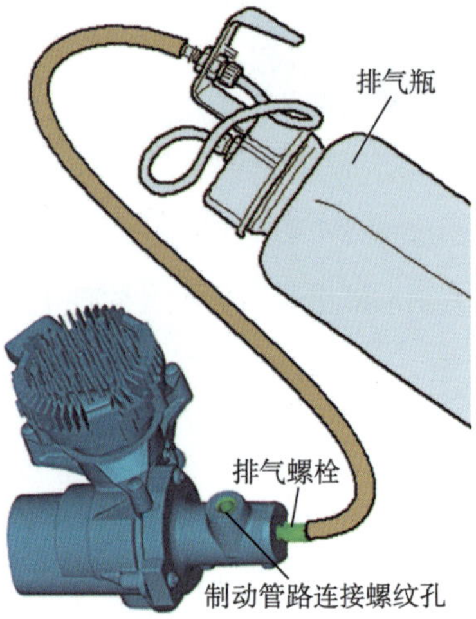

图 9-13　对蓄压器预排气

① 在干净的排气瓶（制动液更换装置配套附件）中加入新的制动液，将软管连接到蓄压器的排气螺栓上。

② 拧松排气螺栓加注制动液，直到从制动管路连接螺纹孔溢出的制动液无气泡。

③ 拧紧排气螺栓，封闭制动管路连接螺纹孔。

3）安装制动系统蓄压器。

4）取下制动踏板加载装置。

5）将制动液储液罐初步加注至“MIN”（最小）标记处（见图 9-7）。

6）对制动系统排气。

7）从车上取下之前铺放的抹布。

2. 技能操作

（1）操作准备

准备技能操作所需的物料，见表 9–5。

表 9–5　物料准备

类别	所需物料
教学整车 / 实训平台	配备线控制动系统的整车或台架
设备、仪器、工具	维修手册、翼子板防护布、车内防护用品、耐油手套、绝缘扭力扳手、绝缘工具套装、套筒式油管扳手、举升机、抹布、制动液更换装置、制动踏板加载装置等

（2）蓄压器拆卸

查阅维修手册，按照流程拆卸蓄压器，将拆卸过程记录在表 9–6 中。

表 9–6　蓄压器拆卸记录

序号	操作步骤	是否正确完成
1		是□　否□
2		是□　否□
3		是□　否□
4		是□　否□
5		是□　否□
6		是□　否□

（3）蓄压器安装

查阅维修手册，按照流程安装蓄压器，将安装过程记录在表 9–7 中。

表 9–7　蓄压器安装记录

序号	操作步骤	是否正确完成
1		是□　否□
2		是□　否□
3		是□　否□
4		是□　否□
5		是□　否□
6		是□　否□
7		是□　否□

（4）结果验证

验证蓄压器安装结果，将验证结果记录在表 9-8 中。

表 9-8　蓄压器安装结果验证记录

序号	验证内容	验证结果
1	蓄压器安装是否正确	是□　否□
2	所有附件是否安装到位	是□　否□
3	是否将制动液储液罐初步加注至“MIN”（最小）标记处	是□　否□

三、制动系统排气

1. 知识学习

（1）制动系统设备排气

1）采用二人配合操作的方式，一人坐在车内驾驶员位置，一人在车外操作。

2）将制动液储液罐加注至“MAX”（最大）标记处（见图 9-7）。

3）用举升机将车辆举升至合适高度。

4）连接制动液更换装置，将适配接头旋到制动液储液罐上，并将制动液更换装置压力调到 2 bar（1 bar=0.1 MPa）。

5）在左前制动分泵排气螺栓上连接排气瓶（制动液更换装置配套附件）。

6）踩下制动踏板 5 次后，拧松排气螺栓排出制动液，直到流出的制动液透明无气泡，拧紧排气螺栓，拆下排气瓶，装上排气螺栓护罩。

7）按顺序在每个制动分泵上排气，排气顺序为：左前制动分泵——右前制动分泵——左后制动分泵——右后制动分泵。对于排气顺序，各汽车厂家技术要求存在差异，实际工作时应以车辆技术手册为准。

8）补充制动液至液位高于储液罐“MIN”（最小）标记，接近但低于“MAX”（最大）标记处（见图 9-7），全程保持密封盖的拧开状态。

（2）制动系统人工排气

1）人工排气（没有制动液更换装置）采用二人配合操作的方式，一人坐在车内驾驶员位置，一人在车外操作。

2）将制动液储液罐加注至“MAX”（最大）标记处，并保持密封盖拧开的状态。

3）用举升机将车辆举升至合适高度。

4）在左前制动分泵排气螺栓上连接排气瓶（制动液更换装置配套附件）。

5）排气步骤

① 慢慢反复踩下制动踏板，待制动系统油压建立后，大力踩下制动踏板，并将其保持在踩下的位置。

② 打开制动分泵上的排气螺栓，直到压力降低，制动踏板松弛。

③ 将制动踏板保持在踩下的位置，关闭排气螺栓。

④ 松开制动踏板，等待约 2 s，使制动液能够从制动液储液罐中流出。

⑤ 排气过程中随时关注制动液液位不低于“MIN”（最小）标记处。

⑥ 重复以上步骤，直到流出的制动液透明无气泡，拧紧排气螺栓，拆下排气瓶，装上排气螺栓护罩。

6）按顺序在每个制动分泵上排气。排气顺序为：左前制动分泵——右前制动分泵——左后制动分泵——右后制动分泵。

（3）制动系统密封性检查

1）高压检查

① 排气结束后，拧出左前制动分泵上的排气螺栓，连接油压表并排气。

② 将制动踏板加载装置安装在制动踏板和驾驶员座椅之间，预紧制动踏板直至压力表显示 50 bar。

③ 在 45 s 的检测期间压降不允许超过 4 bar。

④ 如压降较大，检查制动系统有无泄漏，若无泄漏则更换制动总泵。

2）低压检查

① 预紧制动踏板直至压力表显示 6 bar。

② 在 3 min 的检测期间压降不允许超过 1 bar。

③ 如压降较大，检查制动系统有无泄漏，若无泄漏则更换制动总泵。

2. 技能操作

（1）操作准备

准备技能操作所需的物料，见表 9–9。

表 9–9　物料准备

类别	所需物料
教学整车 / 实训平台	配备线控制动系统的整车或台架
仪器、设备、工具	维修手册、翼子板防护布、车内防护用品、耐油手套、绝缘工具套装、举升机、抹布、制动液更换装置、制动踏板加载装置等

（2）制动系统设备排气

查阅维修手册，按照流程利用制动液更换装置进行制动系统排气，将排气过程记录在表 9–10 中。

表 9–10　利用制动液更换装置排气过程记录

序号	操作步骤	是否正确完成
1		是□　否□
2		是□　否□
3		是□　否□

续表

序号	操作步骤	是否正确完成
4		是□ 否□
5		是□ 否□
6		是□ 否□
7		是□ 否□
8		是□ 否□
9		是□ 否□
10		是□ 否□

（3）制动系统人工排气

查阅维修手册，按照流程人工进行制动系统排气，将排气过程记录在表 9–11 中。

表 9–11 制动系统人工排气过程记录

序号	操作步骤	是否正确完成
1		是□ 否□
2		是□ 否□
3		是□ 否□
4		是□ 否□
5		是□ 否□
6		是□ 否□
7		是□ 否□
8		是□ 否□
9		是□ 否□
10		是□ 否□

（4）制动系统密封性检查

查阅维修手册，按照流程进行制动系统密封性检查，将检查过程记录在表 9–12 中。

（5）结果验证

验证线控制动系统故障是否排除，将验证结果记录在表 9–13 中。

表 9–12　制动系统密封性检查过程记录

序号	操作步骤	是否正确完成
1		是□　否□
2		是□　否□
3		是□　否□
4		是□　否□
5		是□　否□
6		是□　否□
7		是□　否□
8		是□　否□
9		是□　否□
10		是□　否□

表 9–13　制动系统排气结果验证记录

序号	验证内容	验证结果
1	制动踏板行程和制动踏板压力是否正常	是□　否□
2	制动液液位是否处于“MAX”（最大）标记与“MIN”（最小）标记之间	是□　否□
3	制动系统是否存在制动液泄漏点	是□　否□

检查评估

对本任务的学习情况进行检查，并将相关内容填写在表 9–14 中。

表 9–14　检查表

检查项目	检查结果	结果点评
电动机械式制动助力器更换		
电动机械式制动助力器拆卸流程是否标准	是□　否□	
电动机械式制动助力器安装流程是否标准	是□　否□	
工作页记录是否完整	是□　否□	
蓄压器更换		
蓄压器拆卸流程是否标准	是□　否□	
蓄压器安装流程是否标准	是□　否□	
工作页记录是否完整	是□　否□	

续表

检查项目	检查结果	结果点评
制动系统排气		
利用制动液更换装置排气流程是否标准	是□　否□	
人工进行制动系统排气流程是否标准	是□　否□	
制动系统密封性检查流程是否标准	是□　否□	
工作页记录是否完整	是□　否□	
整理与恢复		
工具、设备是否整理恢复	是□　否□	
实训工位是否打扫干净	是□　否□	
产生的垃圾是否分类处理	是□　否□	

任务小结

本任务小结如图 9-14 所示。

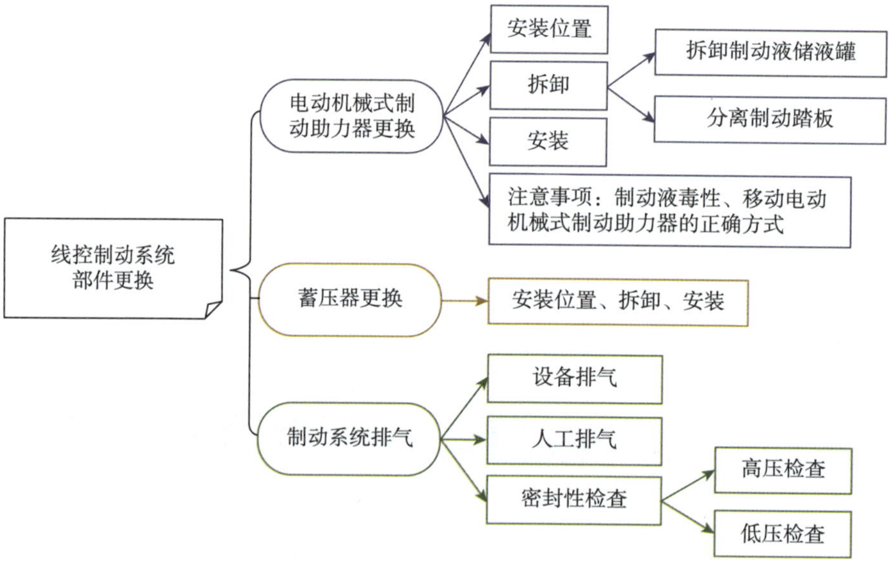

图 9-14　任务小结

任务十
车辆电子稳定性程序（ESP）检修

任务导入

场景：某国产智能网联汽车售后维修中心。

人物：客户王先生、维修技师赵师傅、见习维修技师小李。

情节：王先生的国产智能网联汽车的仪表显示电子稳定性程序故障灯常亮，小李需要协助赵师傅对车辆电子稳定性程序系统进行故障检测。对于电子稳定性程序故障灯点亮的问题，小李不知从何入手。如果你是小李，需要掌握哪些关于电子稳定性程序系统的相关知识和检测方法？

任务目标

▸能按照车辆维修手册，正确使用检测工具，准确完成电子稳定性程序系统故障的验证。

▸能按照车辆维修手册，正确使用诊断仪，规范完成电子稳定性程序系统故障码与数据流的读取并进行故障原因分析。

▸能按照车辆维修手册，正确使用排气工具，规范完成电子稳定性程序排气作业。

任务实施

一、电子稳定性程序（ESP）系统检测

1. 知识学习

（1）电子稳定性程序（ESP）系统的定义

车辆电子稳定性程序（electric stability program，ESP）是实时监控车辆运行状态，根据需要调节制动力和驱动系统扭矩以改变车辆横摆力矩，使车辆按驾驶员意图行驶的汽车主动安全系统。电

子稳定性程序系统是德国博世公司注册产品名称，很多汽车厂商都有功能相同但是各自命名的类似系统，此类系统被统称为汽车电子稳定性控制系统（ESC）。电子稳定性程序系统是汽车 ESC 的典型代表。

电子稳定性程序系统在集成了汽车防抱制动系统（anti lock braking system，ABS）与驱动防滑系统（acceleration slip regulation，ASR），保证车辆在制动时车轮不会抱死和发动时车轮不打滑的基础上，通过对制动系统的控制，在判断出车辆即将失控的瞬间启动系统以避免车辆转向时发生滑移或者不稳定的横转以及侧向移动。因此即使在极限状态下，电子稳定性程序系统仍然可以保证车辆始终保持在自身车道内，不会失控滑出车道造成危险。如图 10–1 所示，当车辆高速行驶中需要紧急变换车道避让前方障碍物时，开启电子稳定性程序系统，车辆就可以始终沿着绿色行驶轨迹保持在车道内；而在没有电子稳定性程序系统工作的情况下，车辆极有可能沿着红色行驶轨迹发生失控甩尾冲出车道。

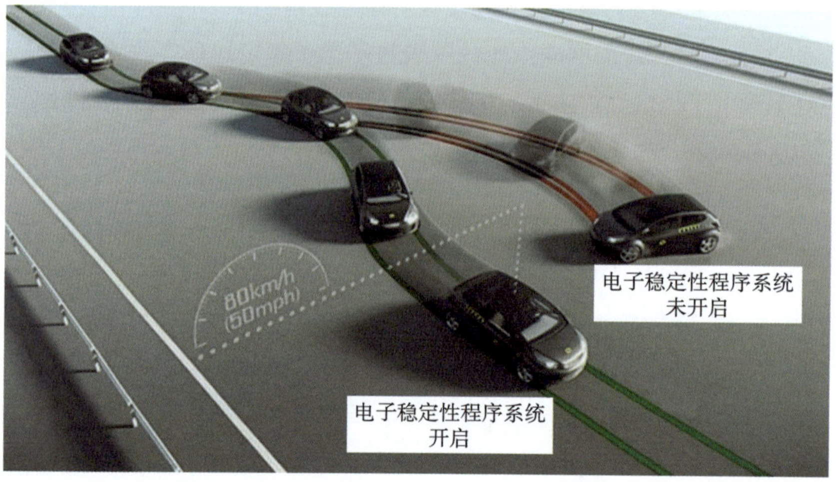

图 10–1　电子稳定性程序系统的作用

（2）电子稳定性程序（ESP）系统功能

电子稳定性程序系统的基本组成包括汽车防抱制动系统（ABS）、驱动防滑系统（ASR）、汽车动态控制（vehicle dynamics control，VDC）系统，其中驱动防滑系统又常被称为牵引力控制系统。

智能网联汽车的电子稳定性程序系统还集成了多种辅助驾驶功能：液压紧急辅助制动，系统识别快速制动但制动踏板力不足的情况，自动建立制动压力以极大缩小制动距离；电动驻车控制，电控单元集成于电子稳定性程序电控单元内，由电子控制实现停车制动；自动驻车功能，在任何路况（平路、坡路）下可维持车辆静止状态并支持车辆起步；上坡辅助功能，在松开制动踏板后、车辆起步前，制动压力最长可保持 2 s，防止车辆后溜；陡坡缓降功能，车辆在下坡时，系统启动后，驾驶员无须踩下制动踏板，车辆会自动以低速行驶，并且能够逐个对超过安全转速的车轮施加制动力，从而保证车辆平稳下坡；防侧翻功能，通过 ESP 内部传感器监测车辆状态，主动施加制动压力，防止车辆在突然转弯时发生侧翻等情况。

（3）电子稳定性程序（ESP）系统的组成

电子稳定性程序系统主要由制动主缸带储液罐总成、电子稳定性程序总成、制动开关、电子稳定性程序 OFF 开关、前后制动盘等组成，如图 10-2 所示。

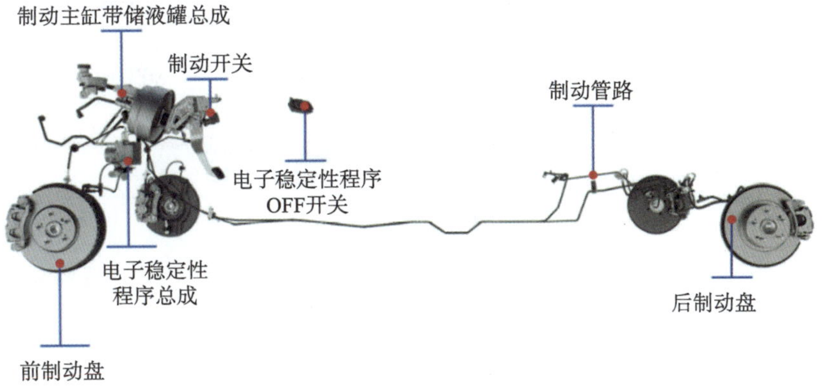

图 10-2 电子稳定性程序系统的组成

（4）电子稳定性程序（ESP）总成

电子稳定性程序总成是高度集成的总成元件，主要由执行电机、液压模块、泵活塞、减震垫、压力传感器、电控单元（ECU）等组成，如图 10-3 所示。电子稳定性程序总成是整个系统的核心部件。

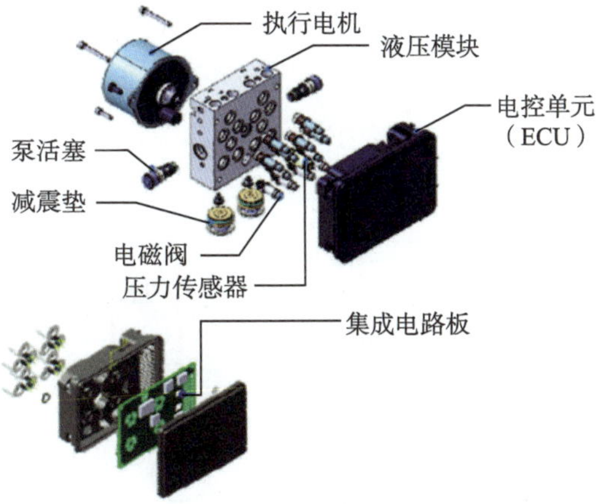

图 10-3 电子稳定性程序总成的组成

（5）电子稳定性程序（ESP）系统的工作原理

1）液压控制原理

① 装有 ABS/ESP 的车辆，当驾驶员施加给车轮的制动压力不会导致车轮抱死时，制动主缸产生的压力通过常开阀传递到车轮制动器分泵起到制动作用；当不需要进一步制动时，驾驶员减少对制动踏板施加的压力，各车轮的制动液返回到制动主缸，制动压力减小。在此过程中，常闭阀一直关闭，制动液不经过常闭阀传递，如图 10-4 所示。

电磁阀	电磁阀状态
常开阀	打开
常闭阀	关闭

M/C→主缸
MCP→第一主缸口
MCS→第二主缸口
NO→常开阀
NC→常闭阀
LPA→低压蓄油器

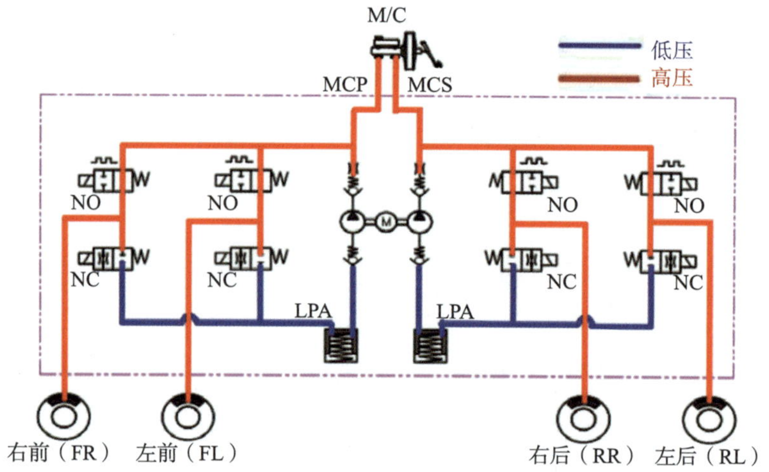

图 10-4　电子稳定性程序液压控制 - 增压控制原理图

② 装有 ABS/ESP 的车辆，当驾驶员施加给车轮的制动压力过大时，车轮与路面间的摩擦系数会减小，导致车轮比车辆更急速地减速，出现车轮抱死现象。这种情况下电控单元会向液压单元传达降低车轮压力的指令，即常开阀关闭、油路隔断，常闭阀打开、油路开启，以减小车轮制动器分泵的压力。此时车轮制动器分泵会放出制动液并将其临时储存到低压蓄油器（LPA）中，这部分储存于低压蓄油器（LPA）内的制动液会随着执行电机旋转启动的油泵再返回到制动主缸内，如图 10-5 所示。

电磁阀	电磁阀状态
常开阀	打开
常闭阀	关闭

M/C→主缸
MCP→第一主缸口
MCS→第二主缸口
NO→常开阀
NC→常闭阀
LPA→低压蓄油器

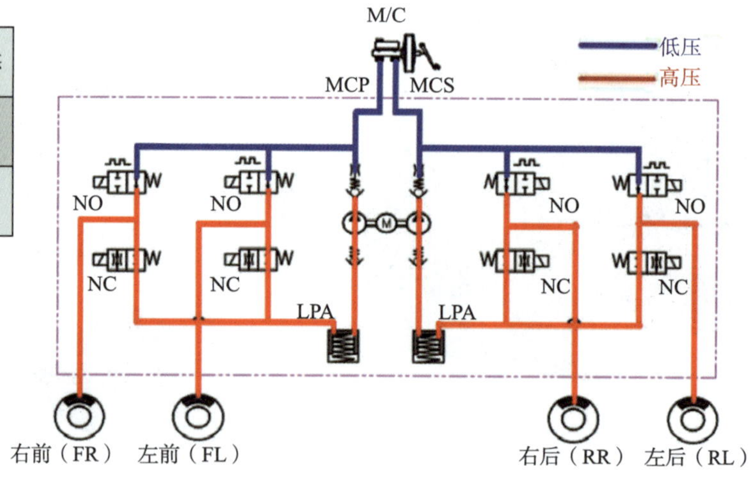

图 10-5　电子稳定性程序液压控制 - 减压控制原理图

③ 装有 ABS/ESP 的车辆，通过减压或保压对车轮制动器分泵施加适当的压力时，常开阀和常闭阀均关闭以维持车轮制动器分泵的制动压力。根据车轮抱死与否，ABS 会重复减压、保压的动作直到车辆完全停止，避免车辆轮胎的抱死，以保证车辆的稳定性，如图 10-6 所示。

④ 当出现左转过度转向时，电子稳定性程序会通过传感器监测到这种情况，并控制电磁阀和执行电机的动作对外侧前轮进行适当制动；当出现左转转向不足时，电子稳定性程序同样会通过传感器监测到这种情况，并控制电磁阀和执行电机的动作对内侧后轮进行适当制动。

电磁阀	电磁阀状态
常开阀	打开
常闭阀	关闭

M/C→主缸
MCP→第一主缸口
MCS→第二主缸口
NO→常开阀
NC→常闭阀
LPA→低压蓄油器

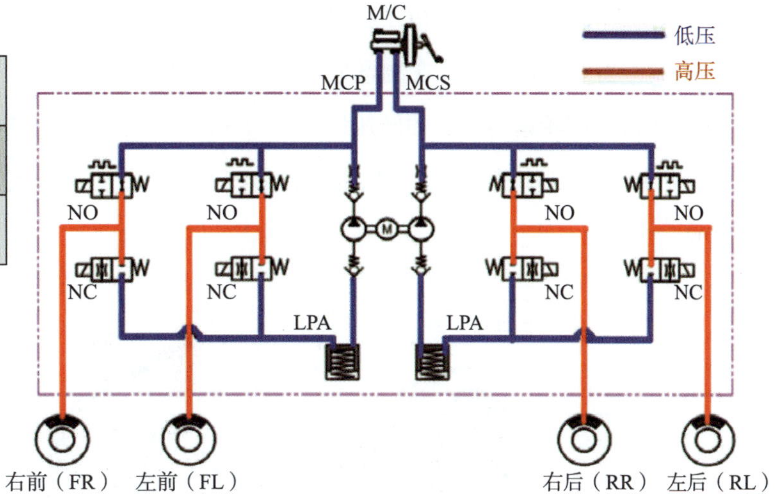

图 10-6　电子稳定性程序液压控制－保压控制原理图

2）电子控制系统的工作原理

① 轮速传感器不断地将每只车轮的转速数据提供给电控单元，转向盘转角传感器也将它得到的数据直接通过 CAN 总线提供给电控单元。根据这两个信息，电控单元算出车辆的所需转向和所需行驶行为。

② 横向加速度传感器向电控单元传送侧向的偏转信息，横摆角速度传感器向电控单元传送车辆的离心趋势。根据这两个信息，电控单元算出车辆的实际状态。

③ 如果算出的所需值和实际值存在偏差，电控单元会通过控制相应车轮的制动压力进行调节。

④ 电子稳定性程序决定了哪只车轮应该制动或加速，发动机扭矩是否应该减小，在自动变速车辆上是否需要使用变速器控制单元。之后根据传感器传输的数据，系统会检查调节作用是否有成效：如果有成效，电子稳定性程序将停止工作并继续观察车辆的运行状态；如果没有成效，调节系统将重新工作，此时，电子稳定性程序信号灯会点亮以提示驾驶员注意。

3）轮速传感器的结构原理

轮速传感器的主要类型有磁电式轮速传感器和霍尔式轮速传感器两种。当前主流车型的轮速传感器多采用霍尔式轮速传感器，其优点为：输出信号的电压幅值不受车速影响，在汽车电源电压 12 V 条件下，其输出信号电压始终保持在 11.5~12 V 之间，即使车速下降至接近于 0 时仍然不会改变；频率响应高，其响应频率高达 20 kHz，完全可以满足现代汽车最高车速的需求；抗电磁干扰能力强。因此，霍尔式轮速传感器广泛应用于轮速检测以及其他控制系统的转速检测。

霍尔式轮速传感器主要包括霍尔式传感器和齿圈两部分，其安装位置如图 10-7 所示。

传统汽车上应用的霍尔式轮速传感器为三线制，其插头上有电源、信号和接地三个接线端子。目前许多智能网联车型配套二线制（电源、信号）霍尔式轮速传感器。

轮速传感器通过电流接口与电子稳定性程序控制器相连接，电子稳定性程序控制器中装有一个测量电阻 R，轮速传感器通过两路电路与测量电阻构成了分压器。在电气连线 1 和 2 之间有电池电压 U_b，在测量电阻上造成了压降 U_s，此压降由电子稳定性程序控制器进行处理。若模块内的测量电阻及其线路存在断路、短路故障，当车轮转动时，在测量电阻上就无法形成电流信号，更不能转换为电压信号，从而导致 ESP 模块无法接收到轮速传感器的转速信号，ABS 故障报警灯就会常亮。模块处理轮速传感器的输出信号是 PWM 信号，一定时间内的脉冲数量包含了转速信息，电子稳定性程序轮速传感器的线路原理如图 10–8 所示。

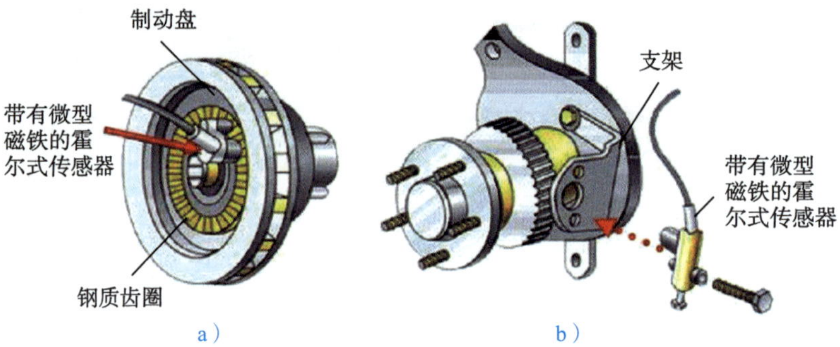

图 10–7　霍尔式轮速传感器的安装位置

a）前轮　b）后轮

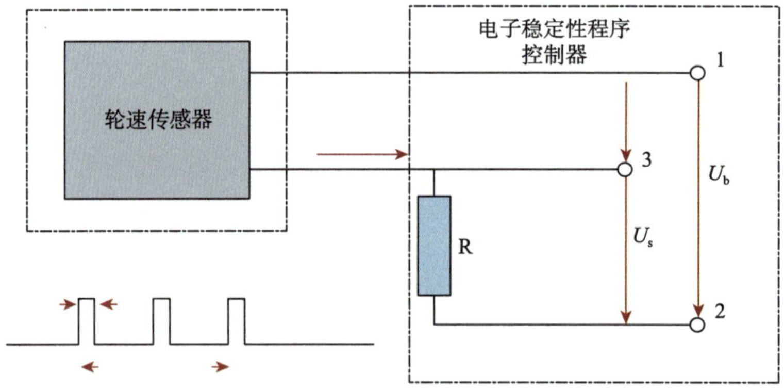

图 10–8　电子稳定性程序轮速传感器的线路原理

（6）电子稳定性程序（ESP）电路分析

由于电子稳定性程序系统的相关控制元件（执行电机、液压元件、控制电磁阀）集成于 ESP 总成内部，所以 ESP 系统电路主要由电源、接地、CAN 总线和信号输入四部分组成。

以图 10–9 为例，ESP 模块 1 号脚、30 号脚、36 号脚为工作电源线；模块 14、46 号脚为接地线；模块 5 号和 19 号脚为 CAN 总线；模块 42 号脚为制动灯开关信号线，6 号脚为 ESP 功能控制开关信号线；其余线路分别连接左前轮速传感器、左后轮速传感器、右前轮速传感器和右后轮速传感器。

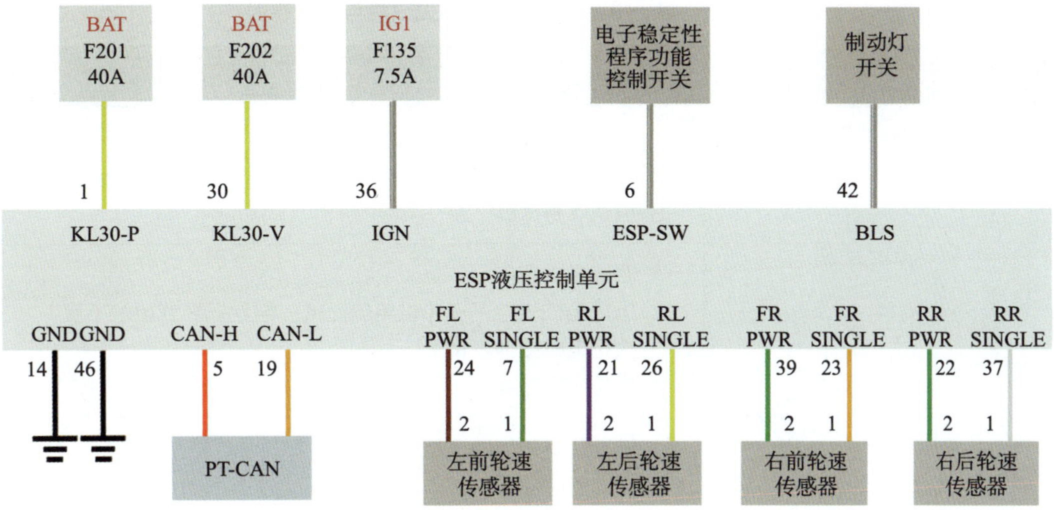

图 10-9　电子稳定性程序（ESP）相关电路图

（7）电子稳定性程序（ESP）系统检修

1）故障验证

参照车辆维修手册操纵车辆，验证电子稳定性程序系统故障是否真实存在。为保证安全，在验证故障时场地应宽阔，车辆前方和后方不得站人。主要验证内容包括：车辆常规制动功能、车辆紧急制动功能是否正常工作，车辆紧急制动时有无制动跑偏的情况等。

2）故障问诊

① 观察仪表故障指示灯、提示信息等是否存在异常。

② 对车辆进行常规制动、紧急制动等相关驾驶状态以及制动稳定性测试，观察电子稳定性程序系统在各工况下的工作状态是否正常。

③ 与用户沟通了解车辆电子稳定性程序系统故障发生时的路况、故障是否偶发及发生故障前一段时间内车辆是否有异常等。若故障发生时经过颠簸路面或者故障偶发，则可以怀疑导线、插接器等可能出现了虚接。

④ 检查制动液是否正常，系统有无泄漏情况，四轮制动片的磨损情况是否正常。

⑤ 用诊断仪读取电子稳定性程序系统故障码和数据流来检查 ESP 系统是否存在故障。

3）故障分析

电子稳定性程序系统常见故障与可能原因见表 10-1。

① 测试电路中与电子稳定性程序系统电路如供电、接地、网络或其他系统及部件的工作状况来分析电子稳定性程序系统可能的故障点。

② 故障码分析。根据电子稳定性程序系统检测到的故障码分析可能的故障原因和故障点。

表 10-1 电子稳定性程序系统常见故障与可能原因

常见故障	可能原因
供电电压过高或过低	1. 蓄电池电压过高或过低 2. 车身接地不良 3. 模块本身故障
执行电机故障	1. 系统过热保护 2. 执行电机供电不良（供电电压低、熔丝损坏或接触不良） 3. 执行电机接地不良 4. 执行电机损坏
压力传感器故障	1. 制动灯开关故障或其电路故障 2. 压力传感器硬件故障 3. 压力传感器信号中断，信号对地短路
电磁阀故障	1. 系统过热保护 2. 电子稳定性程序电控单元损坏
轮速传感器线路故障	1. 轮速传感器线路断开，插接器松动、断裂 2. 轮速传感器信号线与电源线接反 3. 轮速传感器信号线对地及对电源短路
转向盘转角传感器故障	1. 转向盘转角传感器未正确标定 2. 转向盘转角传感器线路故障 3. 转向盘转角传感器插接器松动或破裂 4. 转向盘转角传感器损坏
制动灯开关故障	1. 制动灯开关线路开路或短路 2. 制动灯开关安装错误 3. 制动灯开关损坏
制动系统异常（ABS/ESP 作用时间过长或制动系统过热）	1. 连续高速驾驶或长时间连续踩下制动踏板 2. 轮速传感器信号不准确 3. 转向盘转角传感器、横摆角速度传感器信号异常
电控单元（ECU）故障	1. 电控单元（ECU）损坏（电机控制器或其他硬件故障） 2. 软件配置错误
CAN 总线故障	1. 蓄电池电压过高或过低（电压标准值为 10~16 V） 2. CAN 总线网络存在故障 3. 电控单元（ECU）损坏
电子稳定性程序 OFF 开关故障	1. 电子稳定性程序 OFF 开关被物品压住 2. 电子稳定性程序 OFF 开关或其电路损坏
电子稳定性程序配置信息错误	1. 配置信息没有写入 2. 配置信息不匹配

（8）故障检修流程

电子稳定性程序系统故障检修流程如图 10–10 所示。

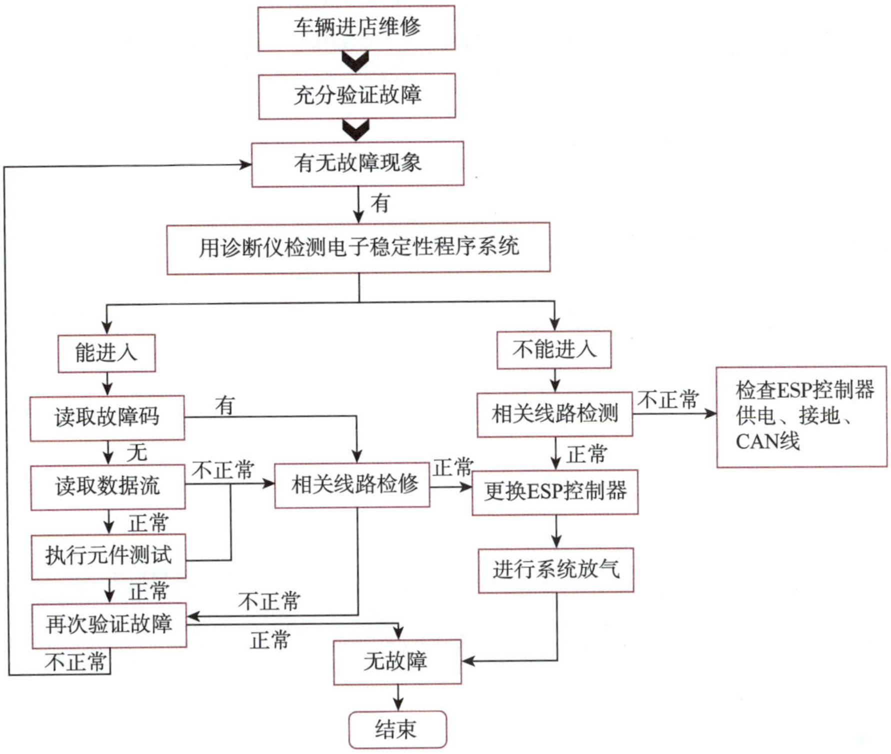

图 10–10　电子稳定性程序系统故障检修流程

情
境
三

2. 技能操作

（1）操作准备

准备技能操作所需的物料，见表 10–2。

表 10–2　物料准备

类别	所需物料
教学整车 / 实训平台	具有电子稳定性程序系统的智能网联汽车
仪器、设备、工具	诊断仪、万用表、探针、车辆防护四件套等

（2）故障验证

对电子稳定性程序系统及相关系统进行故障验证，将验证结果记录在表 10–3 中。

表 10–3　电子稳定性程序系统故障验证记录

序号	验证内容	验证结果
1	仪表是否有电子稳定性程序或制动系统相关故障灯亮起	是□　　否□
2	车辆制动功能是否正常	是□　　否□
3	车辆电子驻车制动器功能是否正常	是□　　否□

（3）故障问诊

1）对车辆故障进行问诊，将问诊结果记录在表 10–4 中。

表 10–4　电子稳定性程序系统故障问诊记录

序号	问诊内容	问诊结果
1	仪表故障指示灯、提示信息等是否异常	是□　否□
2	通过多媒体查看动力蓄电池电压是否正常	是□　否□
3	汽车加减速过程中驱动电机是否有异响	是□　否□
4	故障发生时的路况及车辆使用状况是否与故障有关	是□　否□

2）通过诊断仪检测电子稳定性程序系统的故障码和数据流，将检测结果记录在表 10–5 中。

3）执行元件测试

通过诊断仪对电子稳定性程序系统进行动作测试，将测试结果记录在表 10–6 中。

表 10–5　电子稳定性程序系统的故障码和数据流

诊断仪是否能够正常进入系统		是□　否□
故障码		
序号	故障码	故障码说明
1		
2		
3		
4		
5		

数据流			
序号	数据流名称	当前值	标准值
1			
2			
3			
4			
5			
6			
7			
8			

表 10-6　电子稳定性程序系统动作测试记录

序号	测试元件	测试结果是否正常
1	电子稳定性程序执行电机动作测试	是□　　否□

（4）故障排除

1）电路图拆画

查阅所维修车型的电路图、维修手册，拆画实训车辆电子稳定性程序系统电路图，画在图 10-11 的图框中。

图 10-11　电子稳定性程序系统电路图

2）公用电路部件测试

测试与电子稳定性程序系统公用的电路中其他系统或部件的工作状况，将测试结果记录在表 10-7 中。

表 10-7　公用电路中部件或系统测试结果记录

序号	部件或系统名称	测试结果是否正常	可排除的电子稳定性程序部件
例	自动空调系统	是■　否□	IF30 熔丝、IG1 继电器供电正常
1		是□　否□	
2		是□　否□	
3		是□　否□	
4		是□　否□	
5		是□　否□	

3）故障点分析

分析可能的故障点和故障原因，将分析结果记录在表 10-8 中。

表 10-8　故障点分析记录

序号	可能的故障点	可能的故障原因
1		
2		
3		
4		

4）故障诊断

根据维修手册、电路图，选用合适的工量具查找故障点，将故障排除过程及结果记录在表 10-9 中。

表 10-9　电子稳定性程序系统故障排除记录

序号	诊断内容	测量结果	是否正常	处理方法
例 1	IP42/5 和 IP01/17 线路电阻	<1 Ω	是■　否□	—
例 2	未踩下制动踏板时制动开关信号 1 波形	0 V	是□　否■	更换制动开关
1			是□　否□	
2			是□　否□	
3			是□　否□	
4			是□　否□	
5			是□　否□	
6			是□　否□	

续表

序号	诊断内容	测量结果	是否正常	处理方法
7			是□ 否□	
8			是□ 否□	
9			是□ 否□	
10			是□ 否□	
11			是□ 否□	
12			是□ 否□	

5）结果验证

验证电子稳定性程序系统故障是否排除，将验证结果记录在表 10-10 中。

表 10-10 电子稳定性程序系统故障排除验证记录

序号	验证内容	验证结果
1	故障现象是否仍然存在	是□ 否□
2	使用诊断仪清除故障码，故障码是否被清除	是□ 否□
3	使用诊断仪读取数据流是否全部正常	是□ 否□
4	使用诊断仪进行相关部件执行元件测试，是否正常	是□ 否□

二、电子稳定性程序（ESP）总成拆装

1. 知识学习

（1）电子稳定性程序（ESP）拆装流程

1）断开蓄电池负极。

2）排放制动液。

3）断开车辆稳定液压电控单元插接件。

4）断开 6 根制动硬管，做好装配标记。

5）松开 2 个螺母，拆下车辆稳定液压电控单元。

6）安装按照与拆卸相反的顺序进行。

7）更换电子稳定性程序液压电控单元之后必须写入配置信息。

（2）电子稳定性程序（ESP）排气

电子稳定性程序总成在更换完毕后需要加注制动液并排气。ESP 排气方式共有两种，分别为人工排气和通过专用工具排气。

1）人工排气：首先将制动液加满储液罐至过滤器颈部，根据左前→右前→左后→右后的顺序，在每个轮缸重复排气操作排放空气。排气过程为打开排气螺栓，往复踩踏制动踏板，然后关闭排气螺栓，松开制动踏板，检查制动踏板行程。重复以上过程直至排气完成。在整个排气过程中，储液罐内的制动液不能低于最低标记。如果要重复某个阶段或者整个排气过程，需有 5 min 的操作间隔，以便使电磁阀冷却，避免因过热而造成电磁阀损坏。

人工排气和 2 bar 排气结合：连接排气 / 加注单元到储液罐，确认制动液足够后打开开关，设置压力为 2 bar。在轮缸处打开排气螺栓，直到气泡排空，根据左前→右前→左后→右后的顺序，往复踩踏制动踏板，检查踏板行程。如果排气不成功，重复在每个车轮进行排气操作。在全过程中检查制动液液位，确保制动液液位处在最大和最小标记之间。

2）诊断仪排气：人工排气完毕后还需要通过诊断仪进行排气，以排除电子稳定性程序内部的空气。操作流程为点击电子稳定性程序系统，选择排气操作，按照诊断仪的相关提示信息进行排气操作。

2. 技能操作

（1）操作准备

准备技能操作所需的物料，见表 10–11。

表 10–11　物料准备

类别	所需物料
教学整车 / 实训平台	具有电子稳定性程序功能车辆
仪器、设备、工具等	诊断仪、常用拆装工具一套、车辆防护四件套、制动液一桶等

（2）电子稳定性程序（ESP）总成更换

1）电子稳定性程序（ESP）拆装

按照维修手册标准拆装流程对电子稳定性程序进行拆装，将拆装流程填写在表 10–12 中。

表 10–12　电子稳定性程序拆装流程记录

序号	操作内容	操作结果
1	是否断开蓄电池负极	是□　　否□
2	是否排放制动液	是□　　否□
3	是否断开车辆稳定液压电控单元插接件	是□　　否□
4	是否断开 6 根制动硬管，并做好装配标记	是□　　否□
5	是否松开 2 个螺母，拆下车辆稳定液压电控单元	是□　　否□
6	是否按照与拆卸相反的顺序进行安装	是□　　否□
7	是否用诊断仪写入配置信息	是□　　否□

2）电子稳定性程序（ESP）排气

按照维修手册标准流程对电子稳定性程序系统进行排气操作，将排气流程填写在表 10–13 中。

表 10–13　电子稳定性程序系统排气记录

序号	操作内容	操作结果
1	是否将制动液加满储液罐	是□　　否□
2	是否按照左前→右前→左后→右后的顺序排气	是□　　否□
3	是否按照标准排气流程进行操作	是□　　否□
4	是否通过诊断仪排气	是□　　否□
5	制动踏板行程是否正常	是□　　否□
6	实车测试制动系统功能是否正常	是□　　否□

检查评估

对本任务的学习情况进行检查，并将相关内容填写在表 10–14 中。

表 10–14　检查表

检查项目	检查结果	结果点评
电子稳定性程序（ESP）系统检修		
是否对电子稳定性程序系统进行故障现象验证	是□　　否□	
是否通过诊断仪对电子稳定性程序模块故障进行诊断	是□　　否□	
是否通过诊断仪对电子稳定性程序模块进行动作测试	是□　　否□	
是否对电子稳定性程序模块线路进行检测	是□　　否□	
是否对制动开关进行检测	是□　　否□	
是否对轮速传感器进行检测	是□　　否□	
电子稳定性程序（ESP）总成拆装		
是否断开蓄电池负极	是□　　否□	
是否排放制动液	是□　　否□	
是否按照标准流程进行拆装	是□　　否□	
是否用诊断仪写入配置信息	是□　　否□	

续表

检查项目	检查结果	结果点评
电子稳定性程序（ESP）排气		
是否将制动液加满储液罐	是□　否□	
是否按照顺序进行排气	是□　否□	
是否按照标准排气流程进行操作	是□　否□	
制动踏板行程是否正常	是□　否□	
整理与恢复		
工具、设备是否整理恢复	是□　否□	
实训工位是否打扫干净	是□　否□	
产生的垃圾是否分类处理	是□　否□	

任务小结

本任务小结如图 10–12 所示。

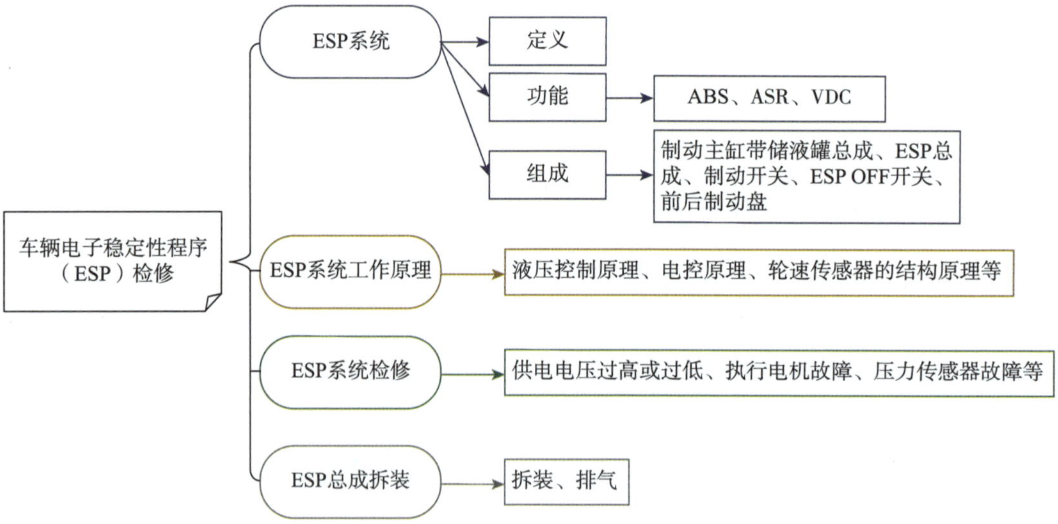

图 10–12　任务小结

任务十一
电子驻车制动（EPB）系统检修与更换

任务导入

场景：某国产智能网联汽车售后维修中心。

人物：客户王先生、维修技师赵师傅、见习维修技师小李。

情节：客户王先生的国产汽车无法电子驻车制动，赵师傅安排小李协助自己对车辆电子驻车制动系统进行检测。小李对电子驻车制动系统还不太了解，如果你是小李，应该从哪里开始工作？

任务目标

- 能根据车辆维修手册，正确使用诊断工具，规范完成电子驻车制动系统故障的检修。
- 能根据车辆维修手册，正确使用维修工具，规范完成后轮制动片的拆装与更换。

任务实施

一、电子驻车制动系统检修

1. 知识学习

（1）电子驻车制动系统的定义

电子驻车制动（electronic parking brake，EPB）系统是利用电信号实现驻车制动开关对驻车制动器控制的汽车驻车制动系统。除实现驻车制动外，电子驻车制动系统还具有辅助驾驶员坡道起步、智能驻车或解除等功能。

电子驻车制动（EPB）系统用导线取代传统手制动装置的拉索和传动机构。电子驻车控制开关和自动驻车开关如图 11–1 所示。

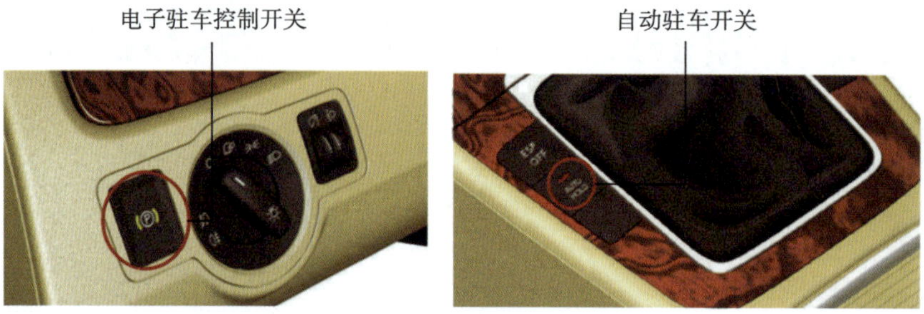

图 11–1　电子驻车控制开关和自动驻车开关

（2）电子驻车制动系统的组成

电子驻车制动系统主要包括 ABS 控制单元、EPB 控制单元、后轮制动执行器总成、离合器位置传感器、电控驻车制动器按钮以及自动保持开关等，如图 11–2 所示。

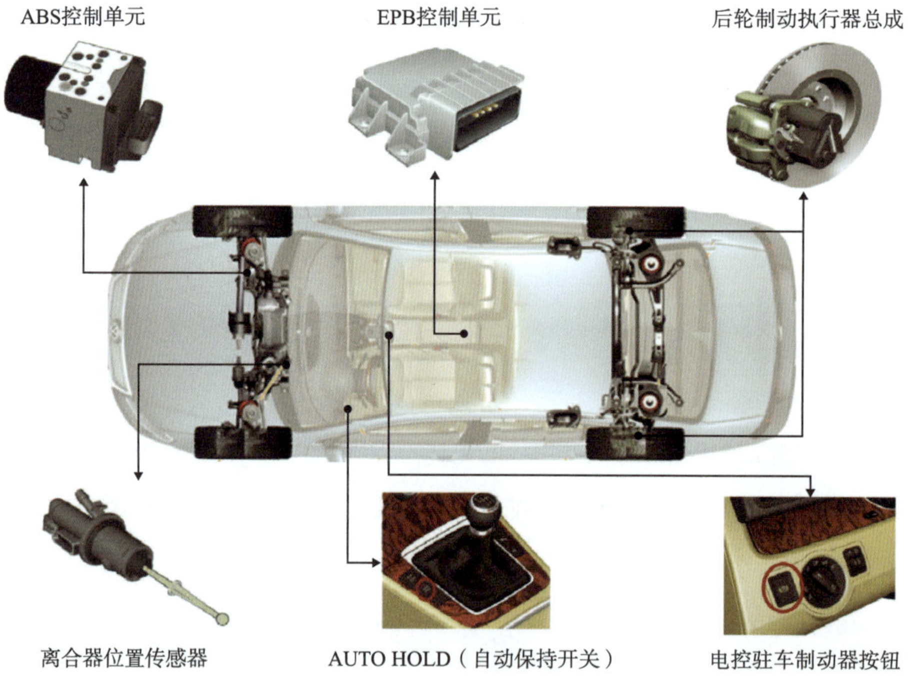

图 11–2　电子驻车制动系统的组成

（3）电子驻车制动系统的工作原理

电子驻车制动系统的工作原理如图 11–3 所示。

1）施加电子制动

车辆自动施加驻车制动，即车辆在驻车状态时，驾驶员关闭发动机后，电子驻车制动功能自动施加，此时组合仪表上的指示灯点亮；当需要车辆驻车，但不触发自动驻车制动功能时，驾驶员按住 EPB 开关同时关闭发动机即可；手动驻车时，驾驶员只需拉起 EPB 开关即可，此时组合仪表上的指示灯点亮。

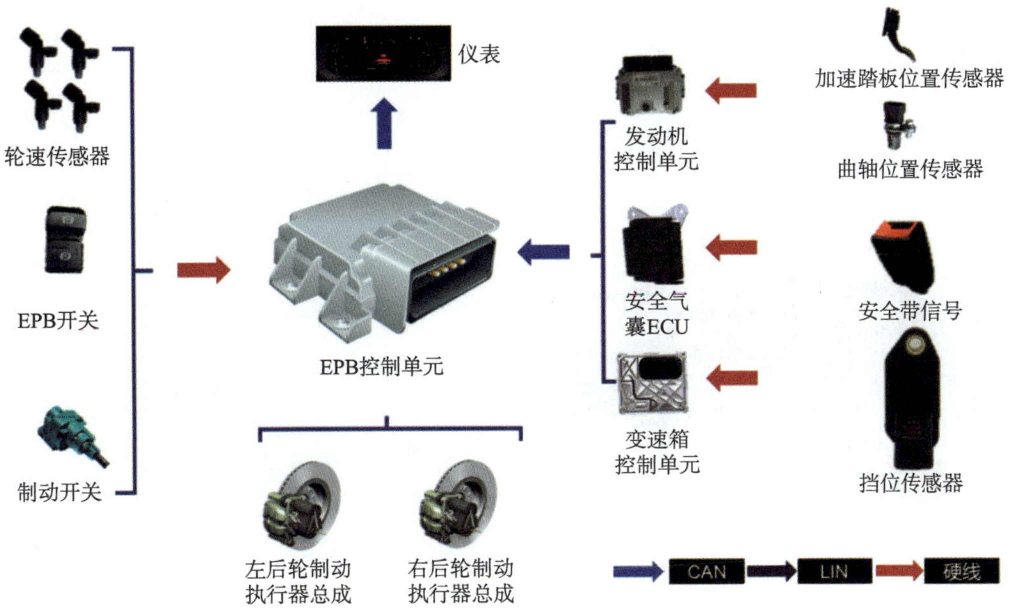

图 11-3　电子驻车制动系统的工作原理

2）紧急制动

紧急情况下，拉起 EPB 开关并保持住，即可通过 EPB 系统制动车辆；松开 EPB 开关或踩下加速踏板，即可取消紧急制动。

3）释放驻车制动

将点火开关置于 ON 模式，踩下制动踏板，拉起 EPB 开关即可释放驻车制动，此时组合仪表上的指示灯熄灭。

4）自动驻车功能

自动驻车功能用于帮助驾驶员在坡道路段更舒适地起步。当车辆在坡道上停驻时，松开制动踏板后，系统继续保持制动，使驾驶员有足够的时间踩下加速踏板起步，避免溜坡事故发生。在启动发动机后，按压自动驻车开关，即可开启或关闭自动驻车功能。

（4）后轮制动器总成的工作原理与组成

整个电子驻车制动系统的执行部件位于后轮制动卡钳附近，信号通过导线进行传输。当驾驶员按下电子驻车制动系统按钮时，系统控制模块接收信号，如果当前车辆的行驶状态符合系统预设条件，控制模块向制动卡钳控制电机施加 12 V 电压，制动卡钳控制电机转动并输出扭矩，扭矩通过减速机构传递到螺杆，螺杆通过螺旋机构推动制动活塞轴向运动，从而实现对后轮的驻车制动。

后轮制动器的组成如图 11-4 所示。

（5）电子驻车制动系统电路

EPB 控制单元工作电路主要包括工作电源、接地、CAN 通信线路、信号输入和信号输出，如图 11-5 所示。工作电源为两个常火线和一个点火开关控制电源；两根接地线；两根 CAN 通信线路分别

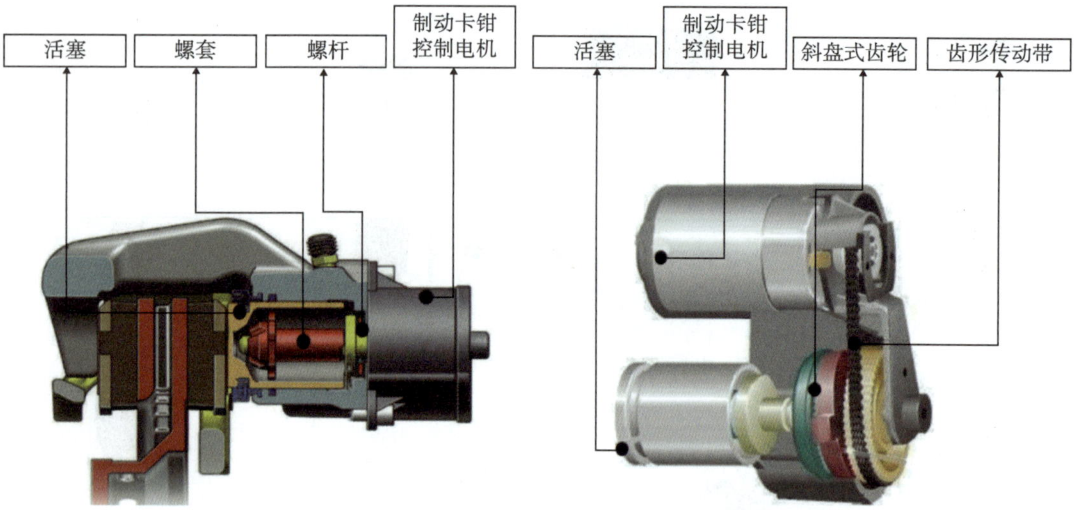

图 11-4　后轮制动器的组成

为 CAN-H 总线和 CAN-L 总线；信号输入为三路，分别为 EPB 开关信号、自动驻车开关信号和制动灯开关信号；控制输出分别控制左后、右后制动卡钳控制电机。

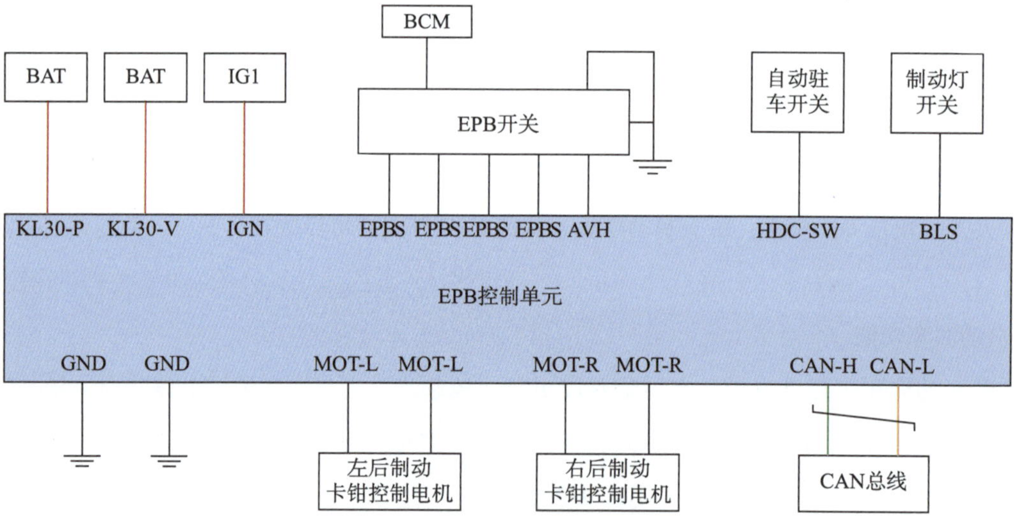

图 11-5　EPB 控制单元工作电路

（6）电子驻车制动系统检修

1）故障验证

参照车辆维修手册操纵车辆，验证系统故障是否真实存在。在验证之前需先确认普通制动是否正常，制动片的磨损程度是否在标准范围内。主要验证内容包括：车辆上电后系统指示灯是否指示正常、拉紧与释放过程中执行电机是否工作、驻车制动力是否正常。

2）故障问诊

① 观察仪表故障指示灯、提示信息等是否存在异常。

② 通过操作 EPB 开关，检查在激活或释放电子驻车制动器的过程中制动卡钳控制电机在工作状态

下是否有异响。

③ 与用户沟通，了解车辆电子驻车制动系统故障的发生频率，故障一直存在还是偶发。若故障属于偶发情况，则可以怀疑导线、插接器等可能出现了虚接。

④ 检查此车底盘的状态是否良好，有无拖底和维修换件的情况发生。

⑤ 用诊断仪读取线控制动系统故障码、数据流，测试执行元件来检查制动系统是否存在故障。

3）故障分析

电子驻车制动系统常见故障与可能原因见表 11–1。电子驻车制动系统故障分析应完成以下工作。

① 检测电子驻车制动系统控制模块供电、接地、CAN 网络以及其他系统或部件的工作状况来分析电子驻车制动系统可能的故障点。

② 故障码分析。通过电子驻车制动系统检测到的故障码分析可能的故障原因和故障点。

表 11–1　电子驻车制动系统常见故障与可能原因

常见故障	可能原因
模块供电电压过高或过低	1. 发电机发电量异常 2. 供电不良（供电电压低或接触不良） 3. 改装加装 4. 模块本身故障
CAN 总线通信故障	1. 模块故障 2. 模块配置错误
执行器故障	1. 执行电机故障 2. 执行电机相关线路故障 3. 模块本身故障
EPB 开关故障	1.EPB 开关故障 2. 开关线路故障 3.EPB 模块本身故障

③ 数据流分析

电子驻车制动系统数据流分析应在系统工作状态下进行。运行过程中，制动卡钳控制电机的驱动电流和驱动电压的相关数据流可准确呈现制动卡钳控制电机的实际工作状态。

卡钳释放过程：卡钳释放过程中，电子驻车制动模块会对制动卡钳控制电机瞬间提供 600 V 左右的工作电压，制动卡钳控制电机动作后电压恢复为电源电压（14 V 左右），电流也会随之相应变化。卡钳释放过程的数据流示例如图 11–6 所示。

卡钳释放结束：卡钳释放结束后，电子驻车制动模块切断对制动卡钳控制电机的供电，此时电压和电流均为 0 V。卡钳释放结束的数据流示例如图 11–7 所示。

驻车施加过程：当触发 EPB 开关驻车功能时，电子驻车制动模块会向制动卡钳控制电机施加一定的工作电压，初期电流会逐渐升高，随着制动力的增加电流会逐渐降低。可通过判断卡钳夹紧力和卡钳的工作电流对数据流进行分析。驻车施加过程的数据流示例如图 11–8 所示。

菜单	数据流显示	
数据流名称	值	单位
右制动卡钳控制电机电流	2.73	A
左制动卡钳控制电机电压	942.16	V
右制动卡钳控制电机电压	642.07	V
左卡钳状态	卡钳释放过程中	
右卡钳状态	卡钳释放过程中	

图 11-6　电子驻车制动系统数据流示例——释放过程

菜单	数据流显示	
数据流名称	值	单位
右制动卡钳控制电机电流	0	A
左制动卡钳控制电机电压	0	V
右制动卡钳控制电机电压	0	V
左卡钳状态	卡钳已释放	
右卡钳状态	卡钳已释放	

图 11-7　电子驻车制动系统数据流示例——释放结束

菜单	数据流显示	
数据流名称	值	单位
读左卡钳闭合计数	84210083	time
读右卡钳闭合计数	84210088	time
读左卡钳夹紧力	14280	N
读右卡钳夹紧力	14660	N
左制动卡钳控制电机电流	2.46	A

图 11-8　电子驻车制动系统数据流——驻车施加过程

驻车完成：卡钳夹紧力达到标准后，电子驻车制动模块切断对制动卡钳控制电机的供电，此时电压降低为 0 V，电流降低为 0 A，如图 11-9 所示。卡钳的夹紧力会保持一个固定的数值，如图 11-10 所示，此固定值因车型不同而异，具体数值需查看维修手册。

4）故障检修流程

电子驻车制动系统故障检修流程如图 11-11 所示。

菜单　数据流显示

数据流名称	值	单位
右制动卡钳控制电机电流	0	A
左制动卡钳控制电机电压	0	V
右制动卡钳控制电机电压	0	V
左卡钳状态	卡钳已夹紧	
右卡钳状态	卡钳已夹紧	

图 11-9　电子驻车制动系统数据流——驻车完成（电压与电流）

菜单　数据流显示

数据流名称	值	单位
读左卡钳闭合计数	84210074	time
读右卡钳闭合计数	84210079	time
读左卡钳夹紧力	19712	N
读右卡钳夹紧力	19712	N
左制动卡钳控制电机电流	0	A

图 11-10　电子驻车制动系统数据流——驻车完成（夹紧力）

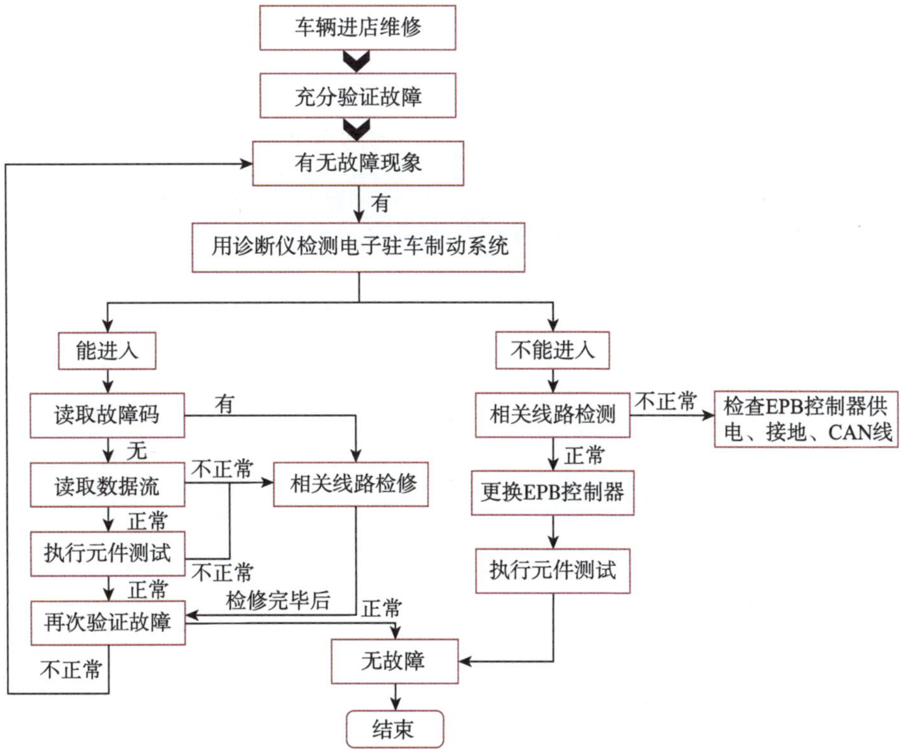

图 11-11　电子驻车制动系统故障检修流程

情境三

2. 技能操作

（1）操作准备

准备技能操作所需的物料，见表 11-2。

表 11-2 物料准备

类别	所需物料
教学整车 / 实训平台	具有 EPB 功能的智能网联汽车
仪器、设备、工具	诊断仪、万用表、探针、车辆防护四件套等

（2）故障验证

对车辆进行防护后，实车进行故障现象确认，将故障验证结果记录在表 11-3 中。

表 11-3 车辆故障验证

序号	验证内容	验证结果
1	车辆电子驻车制动功能是否正常	是□ 否□
2	自动驻车功能是否正常	是□ 否□
3	车辆其他系统功能是否正常	是□ 否□
4	仪表是否有电子驻车相关故障灯点亮	是□ 否□

（3）故障问诊

1）对车辆进行问诊，将问诊结果记录在表 11-4 中。

表 11-4 电子驻车制动系统故障问诊记录

序号	问诊内容	问诊结果
1	仪表故障指示灯、提示信息等是否异常	是□ 否□
2	普通制动功能是否正常	是□ 否□
3	操作 EPB 开关电子驻车施加和释放过程中，制动卡钳控制电机是否有异响	是□ 否□
4	车辆近期是否有底盘系统的相关维修和拖底的情况发生	是□ 否□

2）故障码和数据流读取

通过诊断仪检测电子驻车制动系统的故障码和数据流，将检测结果记录在表 11-5 中。

3）执行元件测试

通过诊断仪对电子驻车制动系统进行动作测试，将检测结果记录在表 11-6 中。

表 11-5　电子驻车制动系统的故障码和数据流

诊断仪是否能够正常进入系统		是□　　否□	
故障码			
序号	故障码	故障码说明	
1			
2			
3			
4			
5			
6			
数据流			
序号	数据流名称	当前值	标准值
1			
2			
3			
4			
5			
6			
7			
8			

表 11-6　电子驻车制动系统动作测试记录

序号	测试元件	测试结果是否正常
1	左后制动卡钳控制电机测试	是□　　否□
2	右后制动卡钳控制电机测试	是□　　否□

（4）故障排除

1）电路图拆画

查阅所维修车型的电路图、维修手册，拆画电子驻车制动系统电路图，画在图 11-12 的图框中。

情境三

图 11-12　电子驻车制动系统电路图

2）公用电路部件测试

测试与电子驻车制动系统公用的电路中其他系统或部件的工作状况，将测试结果记录在表 11-7 中。

表 11-7　公用电路中部件或系统测试结果记录

序号	部件或系统名称	测试结果是否正常	可排除的系统部件
例	自动空调系统	是■　否□	IF30 熔丝、IG1 继电器供电正常
1		是□　否□	
2		是□　否□	
3		是□　否□	
4		是□　否□	
5		是□　否□	

3）故障点分析

分析可能的故障点和故障原因，将分析结果记录在表 11–8 中。

表 11–8　故障点分析记录

序号	可能的故障点	可能的故障原因
1		
2		
3		
4		

4）故障诊断

根据维修手册、电路图，选用合适的工量具查找故障点，将故障排除过程及结果记录在表 11–9 中。

表 11–9　电子驻车制动系统故障排除记录

序号	诊断内容	测量结果	是否正常	处理方法
例 1	IP42/5 和 IP01/17 线路电阻	<1 Ω	是■　否□	—
例 2	未踩下制动踏板时制动开关信号 1 波形	0 V	是□　否■	更换制动开关
1			是□　否□	
2			是□　否□	
3			是□　否□	
4			是□　否□	
5			是□　否□	
6			是□　否□	
7			是□　否□	
8			是□　否□	
9			是□　否□	
10			是□　否□	
11			是□　否□	
12			是□　否□	
13			是□　否□	
14			是□　否□	
15			是□　否□	

5）结果验证

验证电子驻车制动系统故障是否排除，将验证结果记录在表 11–10 中。

表 11–10　电子驻车制动系统故障排除验证记录

序号	验证内容	验证结果
1	故障现象是否仍然存在	是□　否□
2	使用诊断仪清除故障码，故障码是否被清除	是□　否□
3	使用诊断仪读取数据流是否全部正常	是□　否□
4	使用诊断仪进行相关部件执行元件测试，是否正常	是□　否□

二、后轮制动片更换

1. 知识学习

（1）后轮制动片拆卸

为保证 EPB 系统正常运行，检修时根据需要对后轮制动片进行拆卸。拆卸步骤为打开制动液储液罐盖；操作 EPB 并释放驻车制动；操作诊断仪，使电子驻车制动系统进入到维修模式；关闭点火开关，分离制动卡钳控制电机总成并固定好。

（2）后轮制动片安装

后轮制动片安装流程为清洁制动卡钳支架及导向销、安装新的制动块、退出维修模式、安装制动液储液罐盖、进行制动测试。

2. 技能操作

（1）操作准备

准备技能操作所需的物料，见表 11–11。

表 11–11　物料准备

类别	所需物料
教学整车 / 实训平台	具有 EPB 功能的智能网联汽车
仪器、设备、工具等	诊断仪、常用拆装工具一套、车辆防护四件套、制动液一桶等

（2）后轮制动片拆装

1）后轮制动片拆卸

按照标准流程对后轮制动片进行拆卸，将拆卸流程填写在表 11–12 中。

2）后轮制动片安装

按照标准流程对后轮制动片进行安装，将安装流程填写在表 11–13 中。

表 11-12　拆卸流程记录

序号	操作内容	操作结果
1	是否打开制动液储液罐盖	是□　否□
2	是否操作 EPB 并释放驻车制动	是□　否□
3	是否操作诊断仪使电子驻车制动系统进入到维修模式	是□　否□
4	是否关闭点火开关	是□　否□
5	是否分离制动卡钳控制电机总成并固定好	是□　否□

表 11-13　安装流程记录

序号	操作内容	操作结果
1	是否清洁制动卡钳支架及导向销	是□　否□
2	是否安装新的制动块	是□　否□
3	是否退出维修模式	是□　否□
4	是否安装制动液储液罐盖	是□　否□
5	是否进行制动测试	是□　否□

检查评估

对本任务的学习情况进行检查，并将相关内容填写在表 11-14 中。

表 11-14 检查表

检查项目	检查结果	结果点评
电子驻车制动系统检修		
是否对 EPB 系统进行故障验证	是□　否□	
是否通过诊断仪对 EPB 模块进行故障诊断	是□　否□	
是否对 EPB 模块线路进行检测	是□　否□	
是否对后轮执行电机工作电压进行检测	是□　否□	
是否对后轮执行电机的阻值进行测量	是□　否□	
是否对后轮执行电机的控制线路进行测量	是□　否□	
后轮制动片更换		
是否操作 EPB 并释放驻车制动	是□　否□	
是否分离制动卡钳控制电机总成	是□　否□	

续表

检查项目	检查结果	结果点评
是否清洁制动卡钳支架及导向销	是□　否□	
是否安装新的制动块	是□　否□	
是否安装制动液储液灌盖	是□　否□	
是否进行制动测试	是□　否□	
整理与恢复		
工具、设备是否整理恢复	是□　否□	
实训工位是否打扫干净	是□　否□	
产生的垃圾是否分类处理	是□　否□	

任务小结

本任务小结如图 11–13 所示。

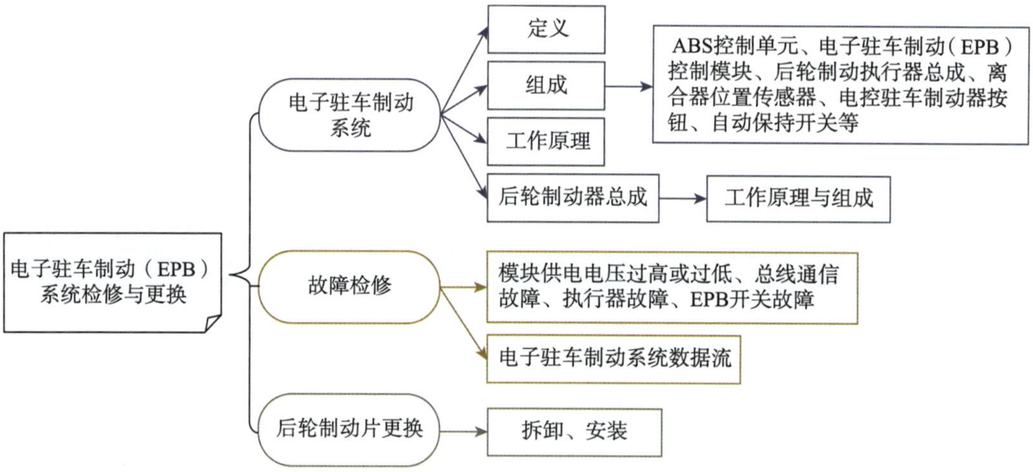

图 11–13　任务小结

任务十二
线控制动自动驾驶系统调试与检查

任务导入

场景：某国产智能网联汽车研发中心。

人物：工程师王工、见习工程师小宋。

情节：某国产智能网联汽车新产品正处于研发阶段，试验部门报告称车辆的线控制动自动驾驶系统存在制动力不足的问题，造成车辆制动距离过长，不符合设计要求。研发部门的小宋接到工作任务后，需要协助王工对开发样车的线控制动自动驾驶系统进行调试及各项功能全面检查。如果你是小宋，你将如何开始工作？

任务目标

▸能根据线控制动自动驾驶系统装调与检查手册，熟练运用汽车主动安全系统知识，正确使用专用设备，规范完成线控制动自动驾驶系统最大制动压力的标定。

▸能根据线控制动自动驾驶系统操作手册与功能检查技术规范，熟练使能线控制动自动驾驶系统，规范完成线控制动自动驾驶系统纵向减速控制功能的检查。

任务实施

一、线控制动自动驾驶系统调试

1. 知识学习

（1）汽车安全系统

研究表明，每年发生的众多汽车道路安全事故中通常90%与人为失误因素相关。汽车行业一直把减少交通事故发生、提高车辆安全性作为自动驾驶汽车发展的首要目标。

汽车安全系统分为被动安全系统与主动安全系统两大类。被动安全系统是指在交通事故发生后，可有效减缓事故对车内驾乘人员、车外对象造成伤害的汽车安全系统。典型的汽车被动安全系统包括安全带、安全气囊和车身吸能防撞结构。在车外对象保护方面，汽车公司也已经开发出了相应的被动安全系统——以行人为例，当车辆与行人发生碰撞事故时，汽车的前机舱盖会紧急小幅度弹起，以减小行人身体受到硬物撞击的伤害。

汽车主动安全系统是车辆在主动探测到交通事故即将发生时，自主控制车辆以避免事故发生的安全系统，如图 12-1 所示。传统的汽车主动安全系统包括 ABS、ESC 等，用于避免汽车运动失去稳定而造成的危险。自动驾驶技术的运用使汽车主动安全系统的功能有了极大的拓展。基于自动驾驶技术的主动安全系统，利用环境感知传感器不断检测周围环境，在预判交通事故发生时自主紧急控制车辆以避免事故发生。汽车自动紧急制动（automatic emergency braking，AEB）系统与车道保持辅助（LKA）系统都是典型的主动安全系统，其中 AEB 系统被认为重新定义了汽车安全的概念，多个国家均立法将其作为法定的汽车强制配装部件。

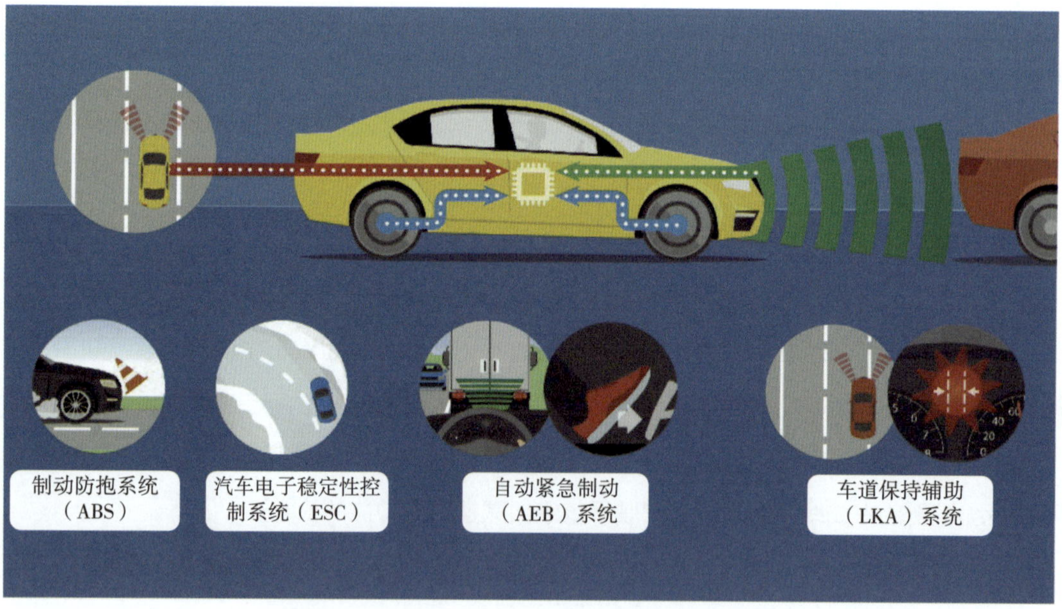

图 12-1　汽车主动安全系统

（2）线控制动自动驾驶系统的定义与应用场景

线控制动自动驾驶系统是用于车辆自动驾驶过程中纵向减速运动控制的底盘系统。该系统具有人工驾驶和自动驾驶两种模式，具体功能包括自主紧急制动、自主减速制动、辅助驾驶员制动助力以及车辆稳定性控制等。

线控制动自动驾驶系统是汽车主动安全系统的核心，其应用场景非常广泛，如多数先进驾驶辅助系统（ADAS）在控制车辆时都需要使车辆降速，自主制动便是车辆主动安全最主要的措施。线控制动自动驾驶系统典型的应用场景包括汽车自动紧急制动（AEB）与自动驾驶路口通行等。

1）自动紧急制动系统

自动紧急制动（AEB）系统是实时监测车辆前方行驶环境，并在可能发生碰撞危险时自动启动车辆制动系统使车辆减速，以避免碰撞或减轻碰撞后果的汽车先进驾驶辅助系统（ADAS）。

自动紧急制动系统的工作过程如图 12–2 所示，系统通过微波雷达和单眼摄像机感应并识别前方车辆、对向车辆和行人。当与车辆或行人可能发生碰撞时，系统通过警示音和仪表盘显示提醒驾驶员采取规避措施。当车辆与前方车辆或行人进一步接近时，系统启动线控制动系统实施轻微制动，以体感形式再次提醒驾驶员对车辆进行操作。当车辆过于接近前方车辆时，线控制动系统实施强力制动使车辆避免碰撞及减轻驾乘人员伤害。

图 12–2　自动紧急制动系统的工作过程

2）自动驾驶路口通行

在车辆通过路口时，线控制动自动驾驶系统需要结合驾驶经验、交通规则综合做出合理、实时的判断；车辆的启停都需要线控制动自动驾驶系统进行迅速、精准的控制。系统工作时，线控制动执行装置在摄像头或车路协同路侧单元交通灯的提示下，根据车载计算平台输出的制动力要求进行动作。如果这一过程中线控制动自动驾驶系统的控制精度和系统响应出现问题，车辆很可能会由于没有及时制动而冲过停车线，违反交通规则，也可能会因为制动太急造成驾乘人员严重不适甚至导致后方车辆追尾。因此，线控制动自动驾驶系统的性能对于车辆安全通行是至关重要的。

（3）线控制动自动驾驶系统的工作原理

线控制动自动驾驶系统由制动踏板、自动驾驶计算平台、整车控制器、线控制动控制单元、制动执行电机等组成。线控制动控制单元包括控制器、电机、液压泵、油箱、阀块、电磁阀以及传感器等组件。在系统工作过程中，线控制动控制单元根据计算平台发出的制动命令，主动向制动油路增、减压。线控制动自动驾驶系统具有人工驾驶和自动驾驶两种模式。

人工驾驶模式的制动原理如图 12–3 所示，驾驶员踩下制动踏板，由整车控制器采集制动踏板信号，判断驾驶员意图，发送制动指令给线控制动控制单元，控制制动执行电机运转。

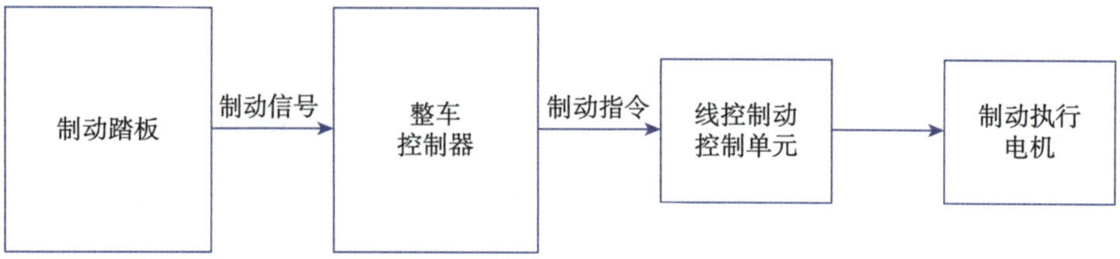

图 12–3　人工驾驶模式的制动原理

自动驾驶模式的制动原理如图 12–4 所示，车辆由自动驾驶计算平台（上位机）输出制动信号，整车控制器根据运动规划生成制动力曲线，向线控制动控制单元发出指令，控制单元操控制动执行电机完成制动动作。执行系统在制动执行电机的推动下为油路增压，制动力由制动主缸传递至制动轮缸，带动制动卡钳或制动鼓完成车辆减速。此过程中，制动控制单元根据所接收到的制动指令控制执行系统，当达到预设的最大制动指令百分比时，压力不再增加且一直保持不变。

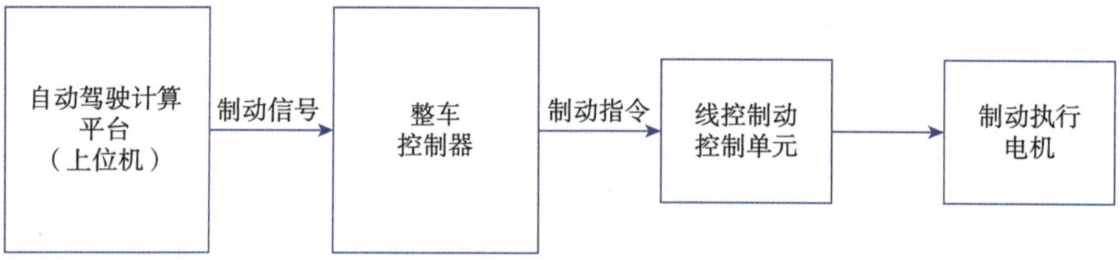

图 12–4　自动驾驶模式的制动原理

需注意不同智能网联车型采用不同的底盘控制器拓扑，具体车型的线控制动系统控制器的数量与控制系统架构需参考车辆手册。

（4）最大制动压力标定

线控制动自动驾驶系统采用的是液压式制动系统。制动系统的最大制动压力不足会造成制动力不足，最大制动压力过大容易造成制动部件的损坏。因此，在线控制动自动驾驶系统运行前，需根据系统的使用工况对最大制动压力进行标定，标定的工作界面如图 12–5 所示，红色方框内为相关信息与按键。

标定步骤为连接标定主机与车辆，在标定底盘界面输入最大制动压力值，并发送标定值。在标定系统功能验证界面查看目标和实际制动压力曲线，对标定结果进行验证。

2. 技能操作

（1）操作准备

准备技能操作所需的物料，见表 12–1。

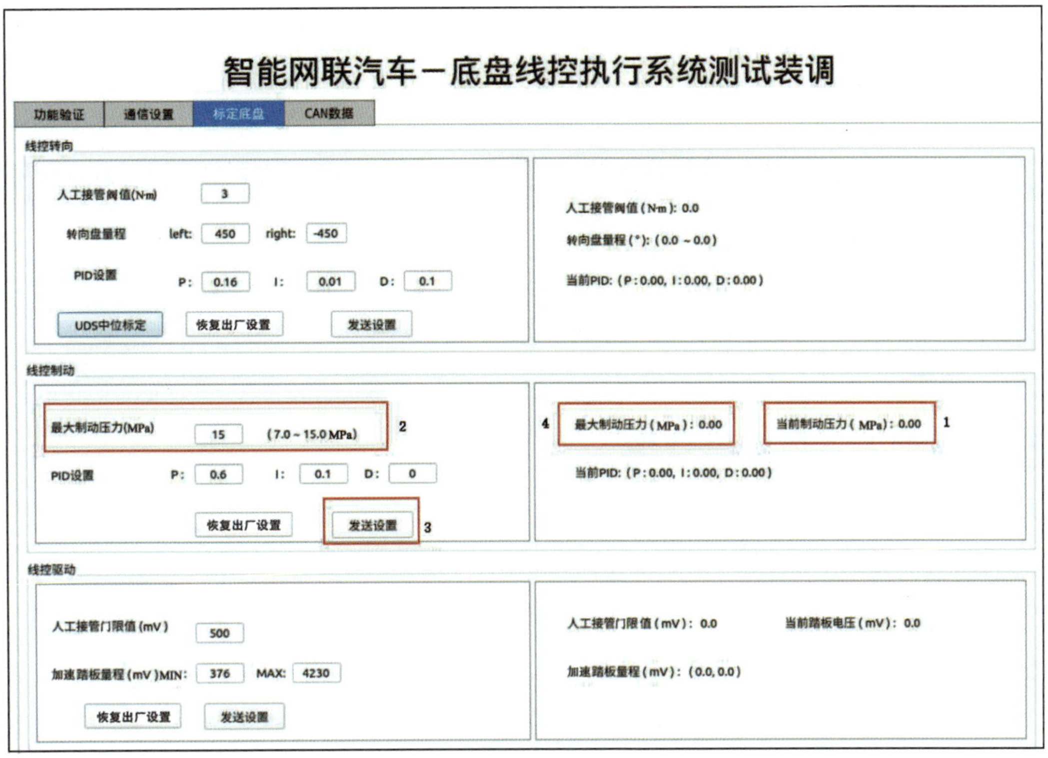

图 12-5　最大制动压力标定的工作界面

表 12-1　物料准备

类别	所需物料
教学整车 / 实训平台	线控底盘实训台架（外观见图 12-6）
仪器、设备、工具等	标定主机、标定软件、台架手册等

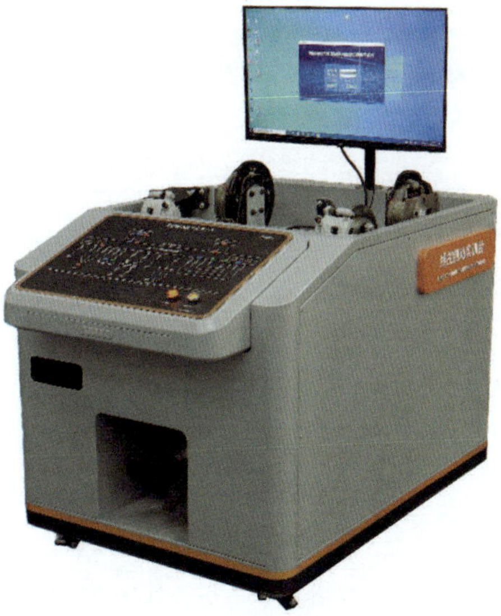

图 12-6　线控底盘实训台架外观

（2）最大制动压力标定

对线控制动自动驾驶系统的最大制动压力进行标定，将标定结果记录在表 12-2 中。

表 12-2 最大制动压力标定记录

序号	步骤	项目	内容
1	连接设备	标定主机是否与车辆成功连接	是□ 否□
2	开启软件	是否能够顺利开启标定软件	是□ 否□
3	标定操作	是否输入最大制动压力并发送标定值	是□ 否□
4	结果验证	标定是否成功	是□ 否□

二、线控制动自动驾驶系统检查

1. 知识学习

（1）线控制动自动驾驶系统的功能

在先进驾驶辅助系统（ADAS）或自动驾驶系统运行过程中，线控制动自动驾驶系统应用于车辆纵向减速控制，其系统主要具有制动控制、制动反馈、人工接管、越界处理四类功能，见表 12-3。

自动驾驶状态下，线控制动自动驾驶系统开启（即使能，英文为 Enable）系统，整车控制器发出制动踏板目标位置、目标减速度、制动灯控制信号，执行装置动作以达到预期数值。

线控制动自动驾驶系统的制动反馈功能将系统状态信息通过诊断系统采集并监控系统运行。将系统制动踏板位置和制动灯状态进行反馈。

当驾驶员希望操纵车辆时可以通过人工接管功能迅速踩下制动踏板，线控系统会退出自动驾驶模式。线控制动系统的越界处理功能是当制动踏板位置信号超过指定的限制时，系统忽略目标踏板位置的数值，并退出自动驾驶模式，若不能退出自动驾驶模式，则发送越界警告。

表 12-3 线控制动系统自动驾驶功能表

序号	功能	信号
1	制动控制	使能
		制动踏板目标位置
		目标减速度
		制动灯控制
2	制动反馈	当前驾驶模式
		制动踏板位置
		制动灯状态
		故障信息
3	人工接管	制动踏板切换至人工接管
4	越界处理	越界拒绝执行，并退出自动驾驶模式，若不能退出自动驾驶模式，则发送越界警告

（2）系统检查方法与步骤

线控制动自动驾驶系统检查内容包括控制使能检查、制动指令检查、系统反应时间检查、故障自诊断与安全退出功能检查、人工接管功能检查，检查操作界面如图 12–7 所示。

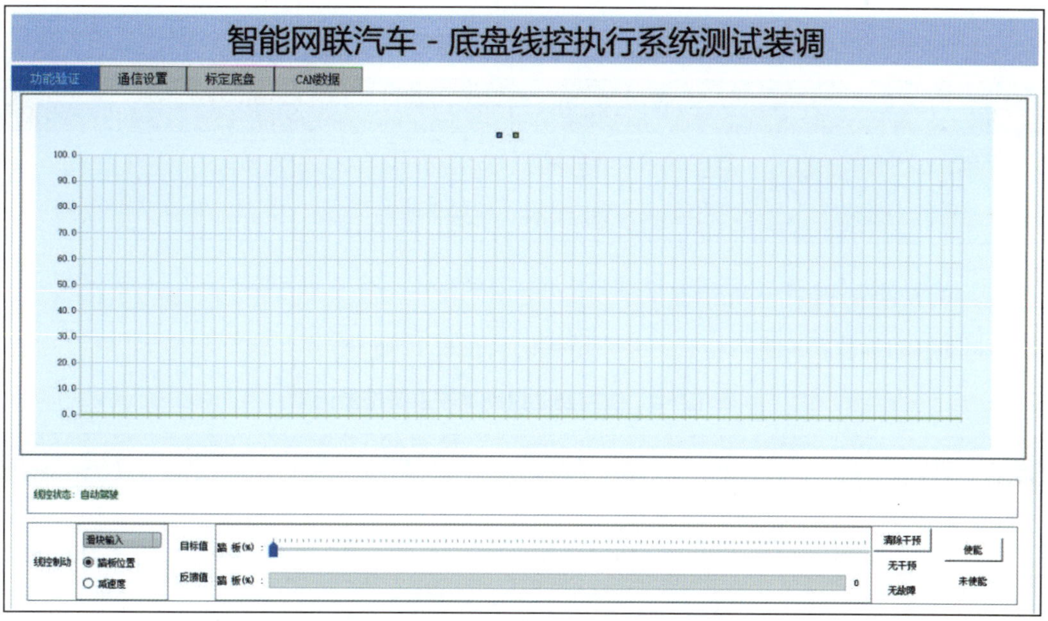

图 12–7　线控制动自动驾驶系统检查操作界面

1）控制使能检查

在人工驾驶模式下开启系统，使能（Enable）自动驾驶系统。检查切换界面是否正常、自动驾驶制动模式是否正常开启。

2）制动指令检查

自动驾驶模式下，在功能验证界面调整制动开度，从 0 到 100% 缓慢增加，查看系统反馈制动压力值是否相应增加。

3）系统反应时间检查

① 将制动压力值从 0 MPa 调整至 8 MPa，通过反馈制动压力曲线，查看系统达到最大制动力的时间是否小于 200 ms。

② 将制动压力值从 8 MPa 调整至 0 MPa，通过反馈制动压力曲线，查看系统达到最小制动力的时间是否小于 200 ms。

4）故障自诊断与安全退出功能检查

在自动驾驶系统运行中设置故障，检查系统是否发送故障信息、是否发送退出自动驾驶的信号。

5）人工接管功能检查

在自动驾驶模式下踩下制动踏板，检查系统是否迅速退出自动驾驶模式实现人工接管，同时检查系统的响应速度。

2. 技能操作

（1）操作准备

准备技能操作所需的物料，见表 12–4。

表 12–4　物料准备

类别	所需物料
教学整车 / 实训平台	线控底盘实训台架或线控制动实训台架
仪器、设备、工具等	标定主机、标定软件、台架手册等

（2）线控制动自动驾驶系统检查

对线控制动自动驾驶系统进行检查，并将结果记录在表 12–5 中。

表 12–5　线控制动自动驾驶系统检查记录

序号	功能	项目	内容
1	控制使能检查	是否能正常进入自动驾驶界面	是□　否□
		模式切换按键是否正常	是□　否□
		自动驾驶制动模式是否能正常开启	是□　否□
2	制动指令检查	自动驾驶模式下，将制动压力从 0 到 100% 缓慢增加，系统反馈制动压力值是否相应增加	是□　否□
3	系统反应时间检查	将制动压力值从 0 MPa 调整至 8 MPa，系统达到最大制动力的时间是否满足要求	是□　否□
		将制动压力值从 8 MPa 调整至 0 MPa，系统达到最小制动力的时间是否满足要求	是□　否□
4	故障自诊断与安全退出功能检查	系统是否完成故障自诊断	是□　否□
		系统是否能在故障下退出自动驾驶	是□　否□
5	人工接管功能检查	系统是否能完成人工接管	是□　否□
		系统响应速度是否迅速	是□　否□

检查评估

对本任务的学习情况进行检查，并将相关内容填写在表 12–6 中。

表 12–6　检查表

检查项目	检查结果	结果点评
线控制动自动驾驶系统调试		
是否正确连接标定调试设备	是□　否□	

续表

检查项目	检查结果	结果点评
制动踏板信号是否被正常反馈显示	是□　否□	
人工接管是否可以正常工作	是□　否□	
线控制动自动驾驶系统检查		
线控制动自动驾驶系统各项功能是否被完整检查	是□　否□	
是否完整填写检查表格	是□　否□	
整理与恢复		
工具、设备是否整理恢复	是□　否□	
实训工位是否打扫干净	是□　否□	
产生的垃圾是否分类处理	是□　否□	

任务小结

本任务小结如图 12-8 所示。

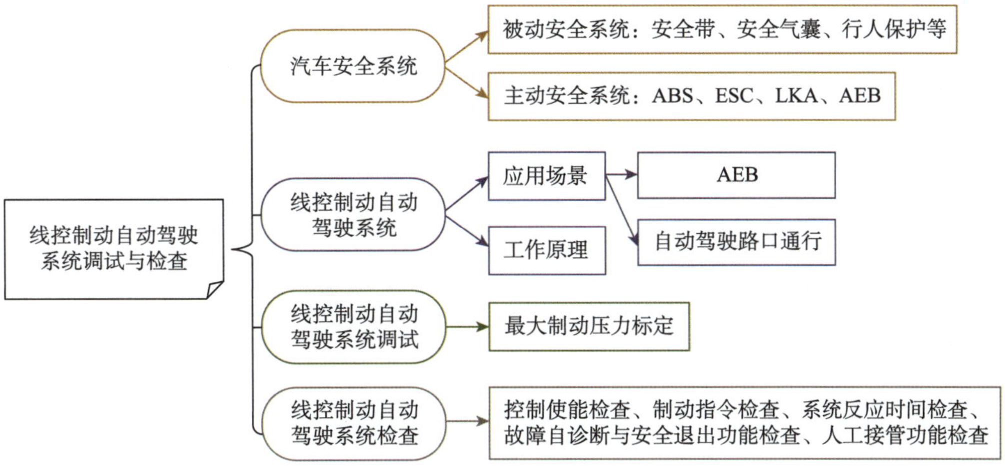

图 12-8　任务小结

情境四
线控悬架系统部件与综合故障检修

情境介绍

智能网联汽车线控悬架系统用于车辆动态调整悬架系统参数，以便提升车辆操纵稳定性与驾乘舒适性。目前，以空气悬架系统为代表的线控悬架系统正在迅速普及。以车身高度调节为例，线控悬架系统综合考虑车速、路况等多种因素，使车身始终处于最优高度状态，同时使车辆达到良好的通过性和操纵稳定性。

本情境包含线控悬架系统部件检修、线控悬架系统综合故障检修两个任务，具体内容包括空气弹簧检修、减振器检修、车身加速度传感器检测以及综合故障检修等。

情境目标

▶ 能根据车辆维修手册，正确使用检查与维修工具，规范完成线控悬架系统执行部件的检修。

▶ 能根据车辆维修手册，正确使用检查与维修工具，规范完成线控悬架系统电控部件的检修。

▶ 能根据车辆维修手册，正确使用故障诊断及维修工具，规范完成线控悬架系统综合故障的检修。

任务十三 线控悬架系统部件检修

任务导入

场景： 某国产智能网联汽车售后维修中心。

人物： 客户王先生、维修技师赵师傅、见习维修技师小杨。

情节： 客户王先生的国产智能网联汽车已经行驶了6万千米，目前车辆出现悬架故障灯点亮的情况。赵师傅查看了故障车的线控悬架系统后，发现存在部件损坏问题。小杨需要协助赵师傅对整个系统的部件进行检查和故障件更换。如果你是小杨，你会从哪些方面着手开始工作？

任务目标

▸ 能根据车辆维修手册，正确使用检修工具与设备，规范完成线控悬架系统空气弹簧、减振器部件的检修。

▸ 能根据车辆维修手册，正确使用检修工具与设备，规范完成线控悬架系统供气系统空气压缩机、电磁阀单元、压缩空气管路及系统传感器部件的检修。

▸ 能根据车辆维修手册，正确使用检修工具与设备，规范完成线控悬架系统控制单元、车身加速度传感器、车身高度传感器部件的检修。

任务实施

一、线控悬架系统执行部件检修

1. 知识学习

（1）线控悬架系统的定义与主要功能

线控悬架系统又称为主动悬架系统（active suspension system，ASS），是利用电控技术根据车辆的运动状态和路面状况等行驶条件，主动动态调节自身刚度、阻尼特性、几何尺寸等参数，使车辆始终处于最佳状态的汽车悬架系统。线控（主动）悬架系统如图 13-1 所示。

图 13-1 线控（主动）悬架系统

线控悬架系统目前在智能网联汽车上的配装日益普及，其主要功能体现为车辆姿态控制、减振性能提升、车身高度调节、驾乘个性化四个方面：

1）线控悬架系统可以通过动态调节悬架参数，有效抑制转向时车辆侧倾、制动时前部点头、加速时后部下沉等车身姿态变化，从而提高车辆的操纵稳定性、行驶平顺性与驾乘舒适性。

2）线控悬架系统可以根据不同路面情况，人为或自动调节车辆减振性能，更好地在各种道路条件下过滤由路面不平造成的车辆颠簸。

3）线控悬架系统可以根据车辆负载、道路状况、行驶状态等因素改变车身高度。例如，当汽车高速行驶时，线控悬架系统会降低车身高度，减小空气阻力并提升操纵稳定性；当汽车在不平整的路面上行驶时，线控悬架系统会增加车身高度，以提高汽车的通过性，保护底盘不被损伤；当关闭点火开关时，因乘客和行李减少，线控悬架系统会降低车身高度，以保持良好的驻车状态。

4）线控悬架系统通常具有驾驶员操控与自动调节两种模式，可以使驾驶行为个性化，从而使车辆更好地适应车辆驾驶员的驾乘习惯并提高驾乘乐趣。

（2）线控悬架系统的组成

根据作用不同，线控悬架系统的主要部件分为执行部件与电控部件两大类。执行部件主要包括弹性元件如空气弹簧、阻尼元件如减振器以及动力源如供气装置、蓄压器。电控部件主要包括模式选择开关、车身高度传感器、车身加速度传感器、悬架控制器等。空气悬架是一种典型的线控悬架，其系统的组成如图 13-2 所示。

（3）空气弹簧

弹性部件是悬架中承载车身的部件，安装在车轮与车身之间。根据悬架系统类型的不同，弹性部件主要有螺旋弹簧、空气弹簧、橡胶弹性体等。其中，空气弹簧是线控悬架系统的常用弹性部件，其气室压力全程由悬架控制器自动调节，空气悬架系统通过改变空气弹簧内的空气量和压力获得空气弹簧不同的高度和刚度。空气弹簧通常与减振器进行一体化设计，共同作为一个部件，同时具有弹性和减振两个功能。在空气弹簧的应用中，根据车型不同也存在空气弹簧与螺旋弹簧并联使用的设计。空气弹簧的外观与安装位置如图 13–3 所示。

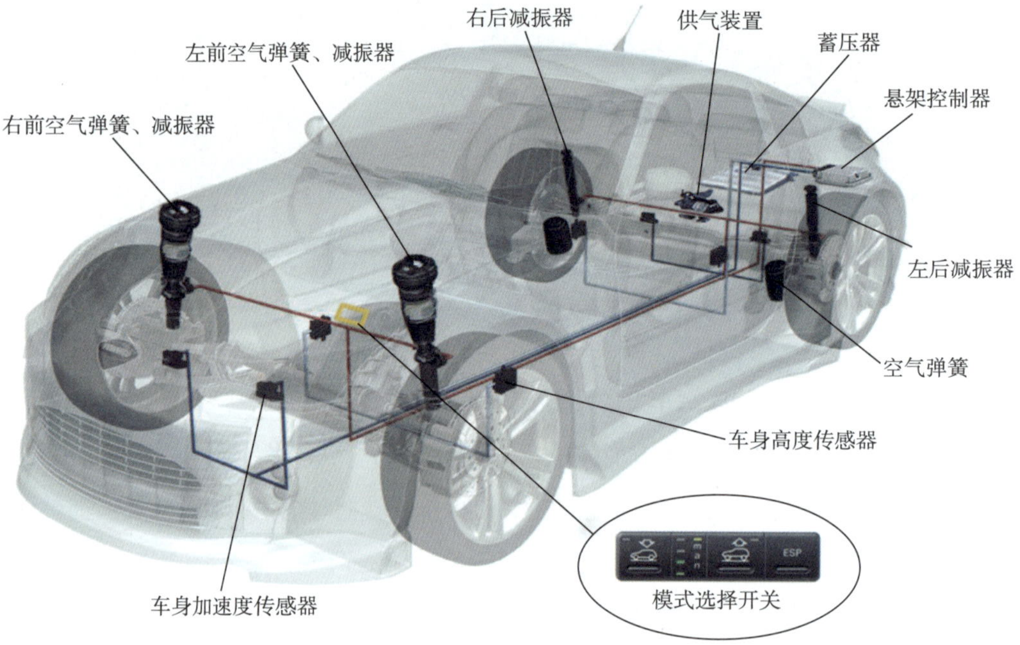

图 13–2　空气悬架系统的组成

a）　　b）

图 13–3　空气弹簧的外观与安装位置

a）空气弹簧的外观　b）空气弹簧的安装位置

（4）减振器

线控悬架系统中可调阻尼减振器的主要类型有连续减振器（continuous damping control，CDC）和气动减振器（pneumatic damping control，PDC）两种。

连续减振器内部充有液压油，油液通过小孔在内外两个腔室内流动，改变油液流动阻力的大小即可改变减振器阻尼值。连续减振器（见图 13-4）通过控制阀改变孔径以调整油液在内外腔室往复的阻力，实现减振器阻尼调节。

气动减振器需要搭配空气弹簧使用。气动减振器阀通过气动软管与空气弹簧连接。气动减振器工作时，不同的气压对减振器阀芯的预紧不同，油液打开阀芯所需的压力也不同，减振器的阻尼力随着空气弹簧内部压强的变化而变化。

图 13-4　连续减振器

（5）供气系统

供气系统是空气悬架的动力源，主要由供气装置、蓄压器及管路组成。供气装置由空气压缩机、压力传感器、温度传感器以及空气管路等组成，如图 13-5 所示。

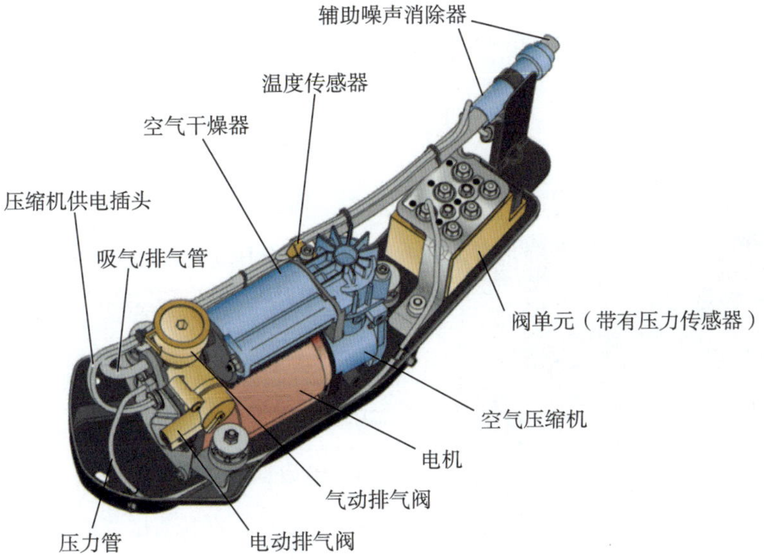

图 13-5　供气装置的组成

1）空气压缩机

空气压缩机通过单级往复活塞生产压缩空气，通常安装在车外的机舱或备胎坑附近。为避免润滑油污染线控悬架的橡胶部件，一般采用无润滑式（干式）压缩机。为延长其使用寿命和保护其安全，空气压缩机大多集成有空气干燥器和排气阀。空气压缩机的内部结构如图 13–6 所示。

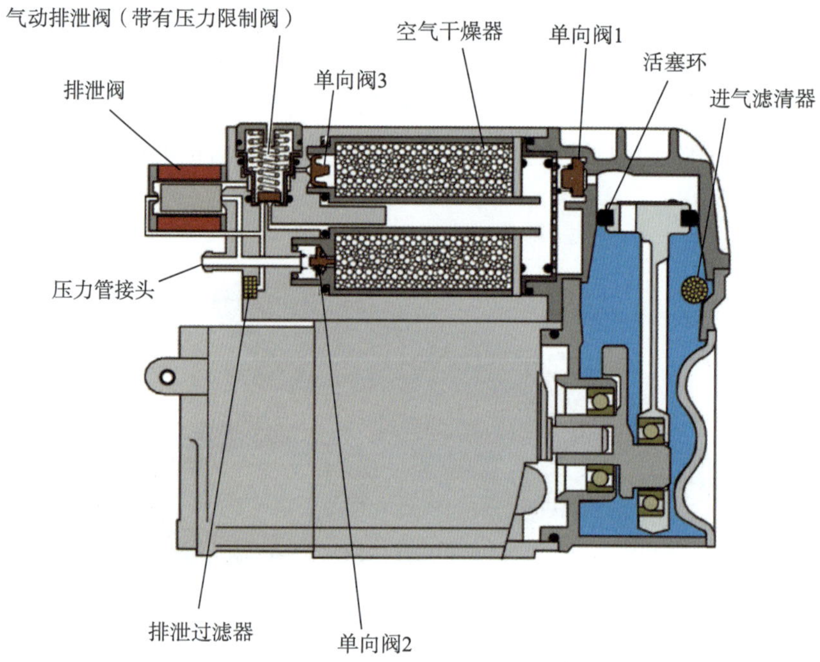

图 13–6　空气压缩机的内部结构

2）蓄压器

蓄压器一般为铝制，有一定的容积（通常为 5~10 L）和压力（通常为 16~18 bar）限制。当车速较低时，如果蓄压器内压力足够，就可以不借助空气压缩机来升高悬架高度（蓄压器与空气弹簧之间压差不低于 3 bar）。为避免空气压缩机运行的噪声干扰，通常只有在车辆行驶时才会给蓄压器充气。蓄压器如图 13–7 所示。

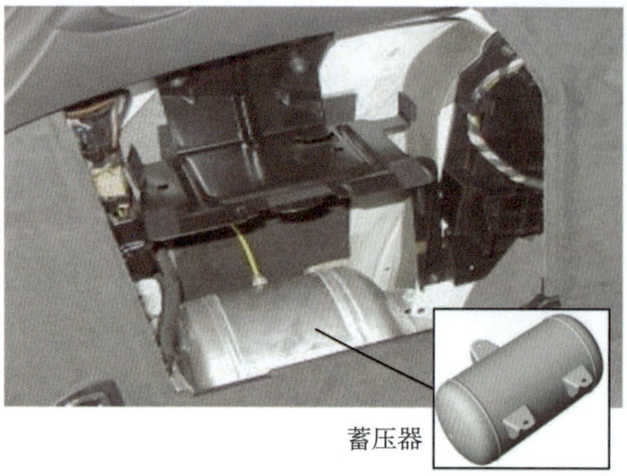

图 13–7　蓄压器

3）压力传感器

为了监控蓄压器和空气弹簧的压力，在电磁阀单元内集成了一个压力传感器，在空气弹簧或蓄压器排气、充气时进行压力测量。通常，在车辆行驶过程中，每隔几分钟就重新测量一次蓄压器内的压力。压力传感器发出与压力成比例的电压信号。

4）电磁阀

供气系统中的电动排气阀是一个二位三通阀（有两个接口和三个切换位置），在不通电时是关闭的，它与气动排气阀一起构成一个功能单元，气动排气阀的作用是限制压力以及保持残余压力。

空气弹簧阀和蓄压器阀都是二位二通阀（有两个接口和两个切换位置），二者组成一个电磁阀单元，在不通电时是关闭的，空气弹簧一侧 / 蓄压器一侧的压力沿关闭方向作用。

在车身上升和下降过程中，所有空气弹簧阀是一同控制的。在车辆行驶过程中，为了使空气弹簧的压力平衡，空气弹簧阀每隔一定时间打开数次（约 12 s 打开三次），为空气弹簧补充压缩空气，打开的持续时间约为 3 s。

5）压缩空气管路

为了避免在连接压力管路时出现混淆的情况，管路上都标有颜色。阀体的接口上有颜色点用于指示匹配状况，如图 13–8 所示。

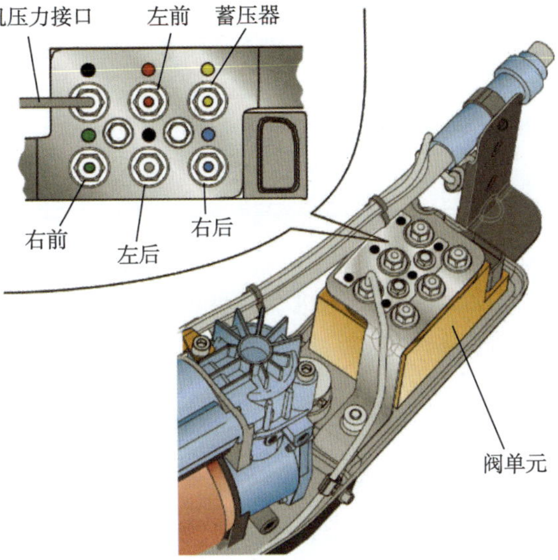

图 13–8　压缩空气管路连接颜色指示

6）供气系统的工作原理

供气系统的工作原理如图 13–9 所示。

悬架控制器向系统发送信号，在悬架上升阶段，即为空气弹簧的充气过程，悬架控制器同时启动压缩机继电器和空气弹簧阀，空气经空气滤清器、辅助噪声消除器 1 进入压缩机 8，压缩的空气流过单向阀 2 经空气干燥器 3 干燥后流向单向阀 5，此时电动排气阀 9 是关闭的，压缩空气在经过空气弹簧阀 12、13、14、15 后进入空气弹簧 17、18、19、20，空气弹簧被充气，悬架升高。

悬架控制器向系统发送信号，在悬架下降阶段，即为空气弹簧的排气过程，空气弹簧阀 12、13、14、15 以及电动排气阀 9 都打开。空气弹簧压力传至气动排气阀 7，在此处经辅助噪声消除器 1 进入大气，悬架下降。

（6）执行部件的检修方法

1）空气弹簧的检修方法

漏气是空气弹簧常见的故障，泄漏点有管路接头、空气弹簧气囊等。检测方法也很简单，听漏气声

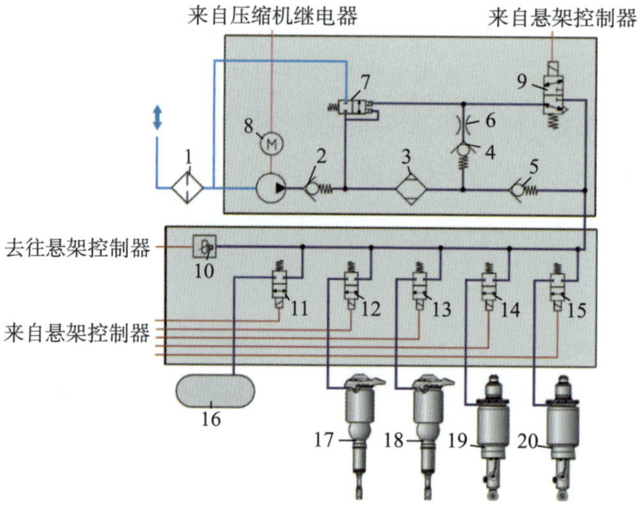

图 13-9　供气系统的工作原理

1—辅助噪声消除器　2—单向阀 1　3—空气干燥器　4—单向阀 3　5—单向阀 2　6—排气节流阀　7 —气动排气阀
8—压缩机　9—电动排气阀　10—压力传感器　11—蓄压器阀　12—左前空气弹簧阀　13—右前空气弹簧阀
14—左后空气弹簧阀　15—右后空气弹簧阀　16—蓄压器　17—左前空气弹簧
18—右前空气弹簧　19—左后空气弹簧　20—右后空气弹簧

音找方位，涂肥皂水找泄漏点。如果空气压缩机不能建立足够的气压，也可将管路拆下，用气枪对空气弹簧打压后再进行泄漏点查找。

2）减振器的检修方法

减振器一般会因机械损伤、内部磨损造成渗漏、失效、异响、高度不一致等故障，常规判断方法是通过目测检测是否有渗漏和高度不一致的情况；通过路试感受减振器阻尼效果和异响，初步判断减振器的好坏；对于较难判断的情形，可以通过减振器试验台进行检测。连续减振器和气动减振器在检测时要根据具体车型，依据维修手册、电路图对相关气路、电路等进行检测和测试。

3）供气系统的检修方法

① 空气压缩机的检修方法

空气压缩机常见故障有不能建立压力、建立压力过低或过高、短时间产生温度过高等。在确定无泄漏的前提下，可以通过观察压力传感器数据流和压缩机工作时间来判断压缩机压力建立的好坏。对由于压缩机不工作而无法建立压力的情况，可以通过读取故障码并进行相关电路、继电器等的检测来判断电路或压缩机故障。

② 电磁阀单元的检修方法

对于电动排气阀、空气弹簧阀和蓄压器阀，可以通过读取故障码和电磁阀开关状态数据流来初步判断故障范围，之后通过执行元件测试，检查电磁阀是否动作。若无动作，可对电磁阀电阻及相关线路进行检测来进一步确定故障点。

③ 压缩空气管路的检修方法

压缩空气管路常见的故障有弯折堵塞、破损漏气等。检测时可将管路两端接头拆下，用气枪在一端吹气，另一端用手指堵住。如果管路有漏气的声音，可通过涂肥皂水找到泄漏点。在拿开手指后，如果管路气流很小或无气体流出，则说明管路有弯折或堵塞情况，可沿管路查找弯折点。

管路损坏或泄漏时，可以更换空气管路及其接口或者用专用剪刀和专用连接件修理空气管路。通常根据维修手册中关于修理空气管路的相关规定，从空气压缩机到电磁阀单元、从电磁阀单元到蓄压器的空气管路都只能整根更换，不得修复。

④ 压力传感器的检修方法

压力传感器常见故障为失效或信号失准。判断故障方法为读取故障码和数据流来判断故障范围，通过执行元件测试，操纵相应的电磁阀降低或增加空气弹簧或蓄压器的压力，使底盘相应升高或降低，观察压力传感器的数据流变化来检验传感器功能。

⑤ 温度传感器的检修方法

温度传感器的常见故障与检测方法与压力传感器基本一致，常见故障也是失效或信号失准。判断故障方法也是读取故障码和数据流来确定故障范围，通过执行元件测试，操纵空气压缩机运转，根据压缩机运转时间观察温度传感器的数据流变化来检验其功能的可靠性。

检修执行部件的注意事项如下：在分离空气管路前要清洁分离点周围的区域，避免污物进入管路；在打开供气系统前必须先放气；在连接空气管路时要特别注意，各个接口不得混淆；压缩机及其总成上的附件（如某车型的压力传感器、温度传感器等）一般不可维修或单独更换，需要更换总成；对于没有残余压力保持阀的空气弹簧，在排净空气后不可让车辆支撑在车轮上，这样可能会造成空气弹簧损坏。

2. 技能操作

（1）操作准备

准备技能操作所需的物料，见表 13–1。

表 13–1　物料准备

类别	所需物料
教学整车 / 实训平台	配备线控悬架系统的智能网联汽车或线控底盘实训台架
仪器、设备、工具等	维修手册、电路图、翼子板防护布、车内防护用品、耐磨手套、绝缘扭力扳手、绝缘工具套装、诊断仪、万用表、示波器、举升机、撬棍、撬板（塑料）、钢丝钳、剪刀、抹布、肥皂水、盛水容器、毛刷等

（2）空气弹簧检修

查询维修手册，按照标准流程对空气弹簧进行检修，将检修结果记录在表 13–2 中。

表 13-2　空气弹簧检修记录

序号	检修内容	结果记录
1	空气弹簧布置形式	同轴布置□　单独布置□
2	空气弹簧漏气情况	左前□　右前□　左后□　右后□
3	空气弹簧外观损伤情况	左前□　右前□　左后□　右后□
4	所检测空气弹簧的处理结果	更换□　修理□　继续使用□

（3）减振器检修

查询维修手册，按照标准流程对减振器进行检修，将检测结果记录在表 13-3 中。

表 13-3　减振器检修记录

序号	检修内容	结果记录
1	减振器类型	连续减振器□　气动减振器□
2	减振器高度是否一致	是□　否□
3	减振器外观损伤情况	左前□　右前□　左后□　右后□
4	减振器漏油或漏气情况	左前□　右前□　左后□　右后□
5	减振器异响情况	左前□　右前□　左后□　右后□
6	减振器检查处理结果	更换□　修理□　继续使用□

（4）供气系统检修

查询维修手册，按照标准流程对供气系统进行检修，将检修过程记录在表 13-4 中。

表 13-4　供气系统检修过程记录

诊断仪是否能够正常进入系统		是□　否□
故障码		
序号	故障码	故障码说明
1		
2		
3		
4		
5		

续表

数据流			
序号	数据流名称	当前值	标准值
1			
2			
3			
4			
5			

将供气系统检修结果记录在表 13–5 中。

表 13–5　供气系统检修结果记录

序号	检测内容	检测结果是否正常	处理结果
1	空气压缩机及其电路	是□　否□	更换□　修理□　继续使用□
2	电动排气阀及其电路	是□　否□	更换□　修理□　继续使用□
3	空气弹簧阀及其电路	是□　否□	更换□　修理□　继续使用□
4	蓄压器阀及其电路	是□　否□	更换□　修理□　继续使用□
5	压力传感器及其电路	是□　否□	更换□　修理□　继续使用□
6	温度传感器及其电路	是□　否□	更换□　修理□　继续使用□
7	压缩空气管路	是□　否□	更换□　修理□　继续使用□

二、线控悬架系统电控部件检修

1. 知识学习

（1）线控悬架控制器

线控悬架控制器一般安装于行李箱、座椅下方或仪表台下方，通过处理传感器和其他控制器输入的信息，控制悬架执行器来调节车辆高度和悬架刚度，同时对整个悬架系统进行监控。线控悬架控制器外观如图 13–10 所示。

（2）车身加速度传感器

车身加速度传感器用于获取车身运动（簧载质量）和车轴运动（非簧载质量）的时间曲线，以使线控悬架系统对每种行驶状态进行最理想的减振调控。线控悬架系统使用三个传感器来测量车身的加速度，其中两个位于减振器槽附近的前桥上，第三个位于右后车轮槽内。车身加速度传感器如图 13–11 所示。

图 13-10　线控悬架控制器外观

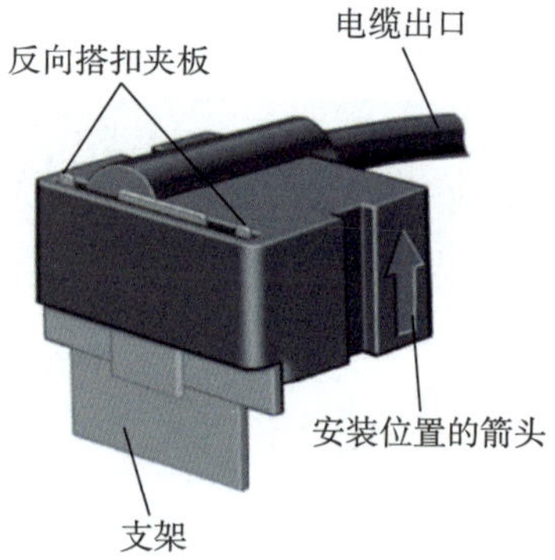

图 13-11　车身加速度传感器

车身加速度传感器的工作原理如图 13-12 所示。在一个以弹性方式固定的长方体（可振物体）两侧分别涂有金属镀层，构成电容器极板，传感器壳体内部两侧同样装有电容器极板，以此总共构成两个电容器：C1 和 C2。

车身没有加速运动时，可振物体位于对应电极的中间位置，如图 13-12a 所示，此时两个电容器 C1 和 C2 的电容相同；车身进行加速运动时，由于自身的惯性和弹性悬架装置（硅制弹簧）的牵引，可振

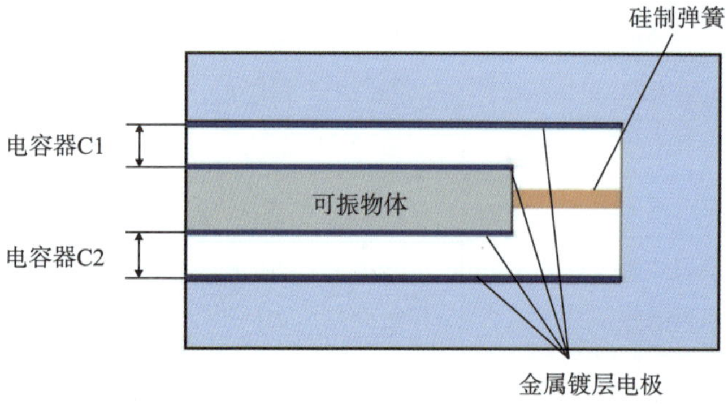

a）

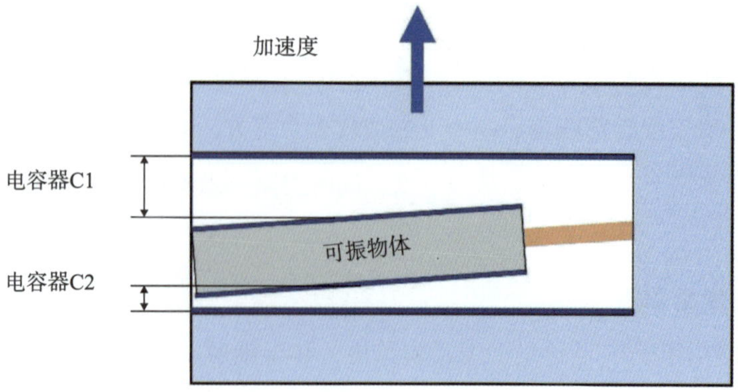

b）

图 13-12　车身加速度传感器的工作原理

a）车身加速度为零状态　b）车身加速运动状态

物体相对传感器壳体的位置发生改变，电容器极板之间的距离随之发生改变，以图 13–12b 所示为例，此时电容器 C1 的两极板间距增大，电容器 C2 的两极板间距减小。根据平板电容器电容的计算公式可知，两极板的间距越小，电容器的电容就越大，因此电容器 C2 的电容量相对于静止状态时增大，而电容器 C1 的电容量减小。悬架控制器在为车身加速度传感器提供输入电压的同时，不断分析电容的这种改变，来判断当前时刻的车身加速度。

（3）车身高度传感器

车身高度传感器又称为车身水平传感器，是一种非接触式的底盘传感器，如图 13–13 所示。车身高度传感器安装于车身上，通过连杆机构与悬架臂连接，如图 13–14 所示。车身高度传感器测得悬架臂和车身之间的距离并由此测得车辆的高度状态，通常在整套线控悬架系统中安装四个此传感器。

图 13–13　车身高度传感器（带连杆机构）

图 13–14　车身高度传感器安装位置

车身高度传感器的工作原理如图 13–15 所示，传感器的转子主要为一块环形磁铁，定子为可分为两半的铁芯，铁芯之间有一个偏心安装的霍尔集成电路。根据环形磁铁的位置不同，穿过霍尔集成电路的磁场会发生变化，由此而产生的霍尔信号被测量电子装置按角度比例转换成电压信号，悬架控制器通过此电压信号判定车身的高度（水平）状态。

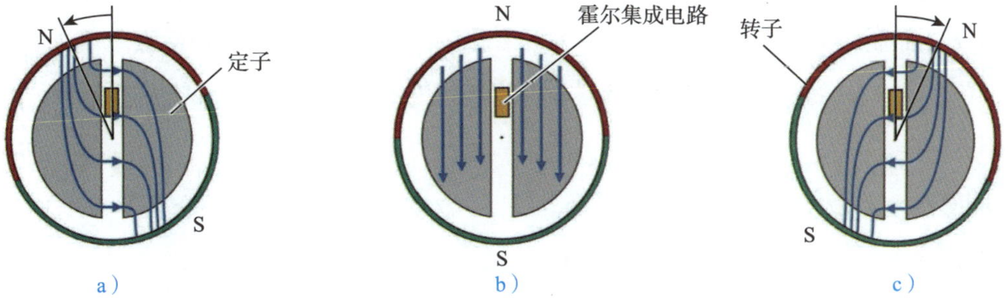

图 13–15　车身高度传感器的工作原理
a）向左偏转 35°　b）无偏转　c）向右偏转 35°

（4）电控部件的检修方法

1）线控悬架控制器的检修方法

由于线控悬架控制器内部结构的特殊性和复杂程度，常用排除法来确定其是否存在故障。在更换新的线控悬架控制器后，要用专用诊断仪依据维修手册的步骤进行编码或写入数据，激活线控悬架控制单元在该车上使用的软件参数。线控悬架控制器更换后，还要执行车身高度传感器的基本设定来存储传感器自适应值。

2）车身加速度传感器的检修方法

车身加速度传感器常见故障为失效或信号失准。可通过诊断仪读取悬架系统是否出现与车身加速度传感器有关的故障码，若出现故障码，可通过读取数据流确认传感器数据是否与维修手册一致。若无信号输出则需要对其电路进行检测，根据车身加速度传感器的工作原理，应对输入电压、导线等进行测量，并根据维修手册的标准数值确定故障点。一般车型安装新的传感器后，可通过查看传感器外壳上的箭头是否朝上来对安装进行检查，具体箭头朝向要求需查询维修手册。

3）车身高度传感器的检修方法

车身高度传感器常见故障为失效或信号失准。如果只是一个车身高度传感器无法提供信号，控制器会通过其他传感器的测量值生成一个替代信号，调节系统仍可继续工作。常见的车身高度传感器一般包含 5 V 电源输入、传感器接地、传感器信号输出（模拟信号或 PWM 信号），检测时可根据诊断仪读取的故障码、数据流确定故障范围，然后依据维修手册和电路图对输入、输出电压及其导线进行检测来确定故障部位。

在更换车身高度传感器、空气弹簧后，为使线控悬架控制器能根据测量值的不同来判定出相应的车辆高度位置，必须根据维修手册使用专用诊断仪进行传感器基本设定。

安装有自适应前照灯系统的车辆，因其与线控悬架系统共用车身高度传感器，在拆装或更换车身高度传感器后必须对前照灯调节装置进行基本设定；配备有电子减振控制系统的车辆，在拆装、更换车身高度传感器，或者分解其拉杆后，必须进行基本设定；如果在配备有车道保持辅助系统的车辆上进行了车身高度传感器的基本设定，则必须重新校准车道保持辅助系统控制器；如果在配备有自动车距控制辅助系统的车辆上进行了车身高度传感器的基本设定，则必须重新校准辅助系统摄像头；车身高度传感器在进行基本设定前需要确保车辆水平、空载；左、右传感器臂的偏转方向是相反的，所以输出的信号也是相反的，例如，车身一侧的传感器输出信号在空气悬架压缩时是增大的，那么在车身另一侧该输出信号则是减小的。

2. 技能操作

（1）操作准备

准备技能操作所需的物料，见表 13-6。

表 13-6　物料准备

类别	所需物料
教学整车 / 实训平台	配备线控悬架系统的智能网联汽车或线控底盘实训台架
仪器、设备、工具等	维修手册、翼子板防护布、车内防护用品、耐磨手套、绝缘扭力扳手、绝缘工具套装、诊断仪、万用表、示波器、举升机、撬棍、撬板（塑料）、钢丝钳、剪刀、抹布、肥皂水、盛水容器、毛刷等

（2）车身加速度传感器检测

参考维修手册，按照标准流程对车身加速度传感器进行检测，将检测结果填写在表 13–7 中。

表 13–7　车身加速度传感器检测记录

序号	检测内容	检测结果	是否正常
1	输入电压	左前： 右前： 后：	左前□　右前□　后□
2	输出信号	左前： 右前： 后：	左前□　右前□　后□
3	导线	左前： 右前： 后：	左前□　右前□　后□
4	车身加速度传感器	根据以上检测结果推断	左前□　右前□　后□

（3）车身高度传感器检测

参考维修手册，按照标准流程对车身高度传感器进行检测，将检测结果填写在表 13–8 中。

表 13–8　车身高度传感器检测记录

序号	检测内容	检测结果	是否正常
1	输入电压	左前： 右前： 左后： 右后：	左前□　右前□　左后□　右后□
2	输出信号	左前： 右前： 左后： 右后：	左前□　右前□　左后□　右后□
3	导线	左前： 右前： 左后： 右后：	左前□　右前□　左后□　右后□
4	车身高度传感器	根据以上检测结果推断	左前□　右前□　左后□　右后□

检查评估

对本任务的学习情况进行检查，并将相关内容填写在表 13–9 中。

表 13-9　检查表

检查项目	检查结果	结果点评
线控悬架系统执行部件检修		
执行部件检测过程是否正常	是□　否□	
执行部件检测结果是否准确	是□　否□	
执行部件检测流程是否标准	是□　否□	
工作页记录是否完整	是□　否□	
线控悬架系统电控部件检修		
电控部件检测过程是否正常	是□　否□	
电控部件检测结果是否准确	是□　否□	
电控部件检测流程是否标准	是□　否□	
工作页记录是否完整	是□　否□	
整理与恢复		
工具、设备是否整理恢复	是□　否□	
实训工位是否打扫干净	是□　否□	
产生的垃圾是否分类处理	是□　否□	

任务小结

本任务小结如图 13-16 所示。

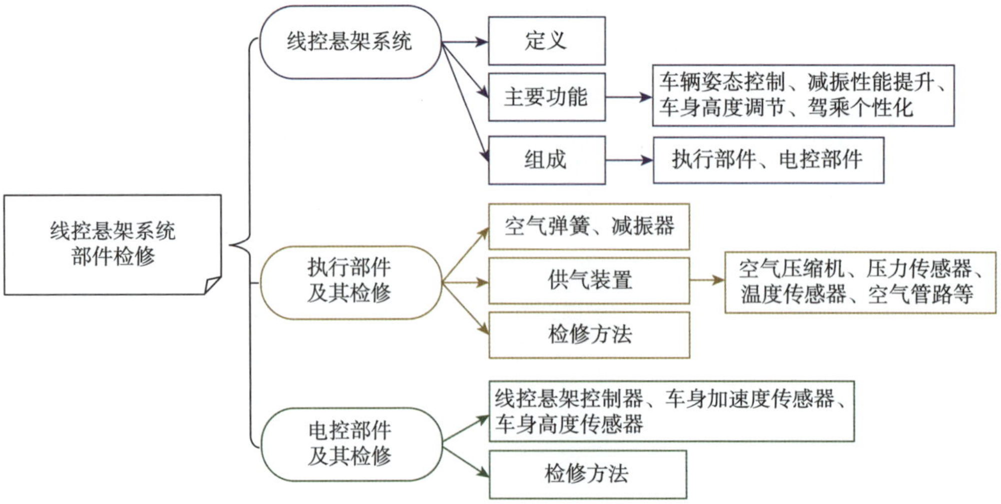

图 13-16　任务小结

任务十四
线控悬架系统综合故障检修

任务导入

场景：某国产智能网联汽车售后维修中心。

人物：客户王先生、维修技师赵师傅、见习维修技师小杨。

情节：客户王先生的国产智能网联汽车已经行驶了 5.5 万千米。车辆在驶过一段颠簸路面后，悬架故障灯点亮，悬架系统无法正常升降以调节车身高度。小杨需要协助赵师傅对悬架系统故障进行检修。如果你是小杨，你会从哪些方面着手开始工作？

任务目标

- 能利用线控悬架系统技术知识，按照维修服务规范，正确使用诊断仪等工具，规范完成线控悬架系统的故障验证与系统检查。
- 能依据车辆维修手册，按照检修流程，正确使用万用表及专用设备，规范完成线控悬架系统的综合故障检修。

任务实施

一、线控悬架系统故障验证与检查

1. 知识学习

（1）线控悬架系统的分类

线控悬架系统主要有电磁悬架系统、液压可调悬架系统和空气悬架系统三种形式，如图 14–1 所示。

a） b） c）

图 14-1　线控悬架系统的分类

a）电磁悬架系统　b）液压可调悬架系统　c）空气悬架系统

（2）线控悬架系统的操控方式

根据车型不同，线控悬架系统的操控一般分为按键操控和触屏操控，如图 14-2 所示。通过操控，可实现线控悬架系统根据驾驶员的操纵意图、车辆行驶状态、车辆负荷情况等来手动或自动调节车身高低与悬架刚度，以满足驾乘人员对于不同的场景下车辆操控性、舒适性和通过性的需求。

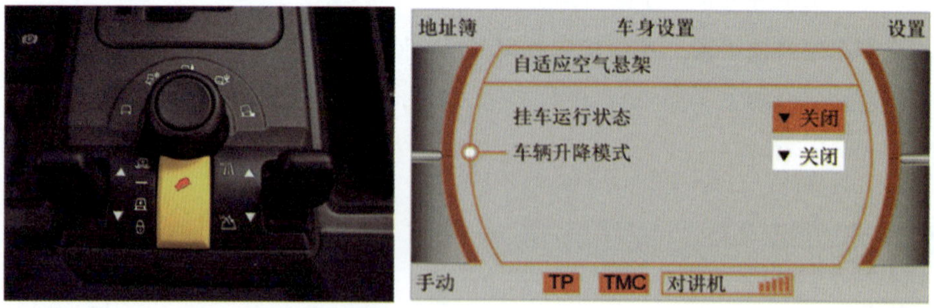

a） b）

图 14-2　线控悬架系统的操控方式

a）按键操控　b）触屏操控

（3）线控悬架系统的调节模式

1）基本模式

悬架高度的自动调节根据驾驶模式进行。驾驶模式通常分为舒适、节能、运动等。在不同的驾驶模式下，线控悬架系统的悬架模式见表 14–1。当悬架为自动模式时，车辆会根据车速、路况等自动调整悬架的高度和硬度，比如，当车辆以超过 120 km/h 行驶 30 s 后悬架高度会自动降至低状态。在不同的驾驶模式下也可手动调节悬架，比如，在舒适驾驶模式下可以手动调整悬架高度。需要注意，手动调节会对驾乘的舒适性造成一定的影响。

表 14–1　线控悬架系统的悬架模式

序号	驾驶模式	悬架模式
1	舒适	自动模式
2	节能	自动模式
3	运动	低模式

2）高级模式

① 驻车模式：一般当车速 <5 km/h 时认定车辆处于驻车模式，该模式下车辆悬架可自动降低至最低车身高度，以方便上下车或取放行李。当车速 >10 km/h 时，悬架将自动上升至当前驾驶模式对应的高度。驻车模式在某些车型中也被称为“轻松进入模式”或“载物模式”。

② 换胎 / 举升 / 运输模式：更换轮胎时需要用千斤顶或举升机举升车辆，此时可锁定当前车辆悬架高度，避免在举升车辆过程中车身悬架高度发生变化。当车速 >10 km/h 时该模式自动取消。

③ 休眠模式：为了尽量减少耗电，悬架控制器在“系统静止”15 min 后切换为休眠模式。在休眠模式下，悬架系统将停止调节。当车辆需要起步行驶时，由车门接触信号、点火开关接通信号或者车速信号触发“唤醒”，车速 >10 km/h 时悬架系统进入行驶模式。

（4）线控悬架系统悬架指示灯

在不同的悬架模式或线控悬架出现故障时，悬架指示灯将通过点亮、闪烁来提醒驾驶员注意。当悬架指示灯因故障而常亮时，悬架系统会关闭或进入应急模式。悬架指示灯如图 14–3 所示。

悬架指示灯各状态含义如下：当车辆点火开关处于 ON 挡、车辆自检时，或悬架系统因故障进入应急模式时，悬架指示灯为常亮状态；当悬架处于极低、极高状态或悬架执行元件处于自检过程时，悬架指示灯为闪烁状态。

（5）线控悬架系统的工作原理

1）电磁悬架系统的工作原理

电磁悬架又称为磁流变液减振器悬架，多用于运动型轿车或跑车上。电磁悬架系统主要由减振器调节按钮、减振器控制器、车身高度传感器、电磁减振器、减振器调节指示灯等组成，如图 14–4 所示。

电磁悬架系统的工作原理如图 14–5 所示。电磁悬架内部的磁流变液是在以碳氢化合物为基础的减振器油中加入了很多直径为 3~10 μm 的磁悬浮微粒，磁悬浮微粒的排列状态可因外部磁场磁力线方向的变化而改变。

图 14-3　悬架指示灯

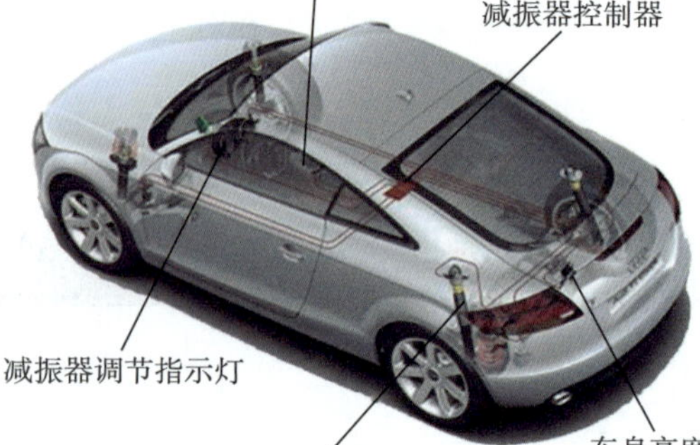

图 14-4　电磁悬架系统的组成

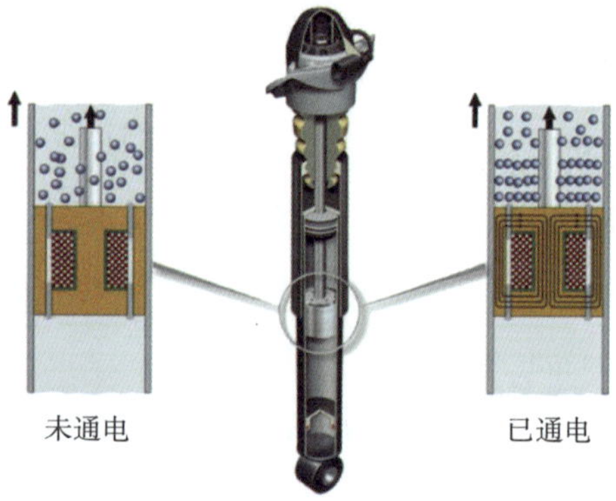

图 14-5　电磁悬架系统的工作原理

电磁线圈在未通电的状态下，减振器油内的磁悬浮微粒呈杂乱无序状态，彼此之间没有力的作用。在活塞运动时，这些微粒与油液一同从活塞孔压出，这时的减振力（阻尼力）相对较低且大小取决于减振器油的基本黏度值。

电磁线圈在通电时，微粒会按照磁场的磁力线方向排列，特别是活塞孔内会聚集一长串微粒，从而增大油液与孔壁的摩擦力，以升高流变压力和减振力（阻尼力）。

电磁悬架系统解决了传统减振系统不能同时满足运动性和舒适性要求的设计难题。当车辆直线行驶时，电磁悬架系统能够保持车身的稳定，使驾乘人员感到舒适。当驾驶员期望得到驾驶乐趣如快速过弯时，电磁悬架系统能够自动地调节阻尼力，给车辆提供足够的过弯支撑，以有效提高车辆稳定性。

2）液压可调悬架系统的工作原理

液压可调悬架系统是利用液体压力变化来调节车身的悬架系统，它的核心部件是一个内置式电子液压集成模块，可以根据车辆行驶速度对减振器的伸缩频率和行程加以调整。此外，由于不同车型的重心分配不同，通常要在汽车重心的附近安装车身加速度传感器来采集车身振动、车轮跳动以及倾斜状态等车辆信息。这些信号经过悬架控制器变为执行信号传递至四个执行油缸，以增、减液压油的方式来改变车辆离地间隙。液压可调悬架系统如图 14-6 所示。

3）空气悬架系统的工作原理

空气悬架系统诞生于 19 世纪中期，在长期的发展中经历了“气动弹簧——气囊复合式悬架——半主动空气悬架——中央充放气悬架”等多种形式的变化。我国的空气弹簧研究开始于 1957 年，由郭孔辉院士带领，在对空气弹簧理论初步研究的基础上进行了大量的实验。20 世纪 80 年代初期，长春汽车研究所空气弹簧悬架研究成果被多家国产汽车品牌采用。

空气悬架系统是利用空气弹簧作为弹性元件的悬架形式，以气体为介质，利用气体的可压缩性实现其弹性作用。

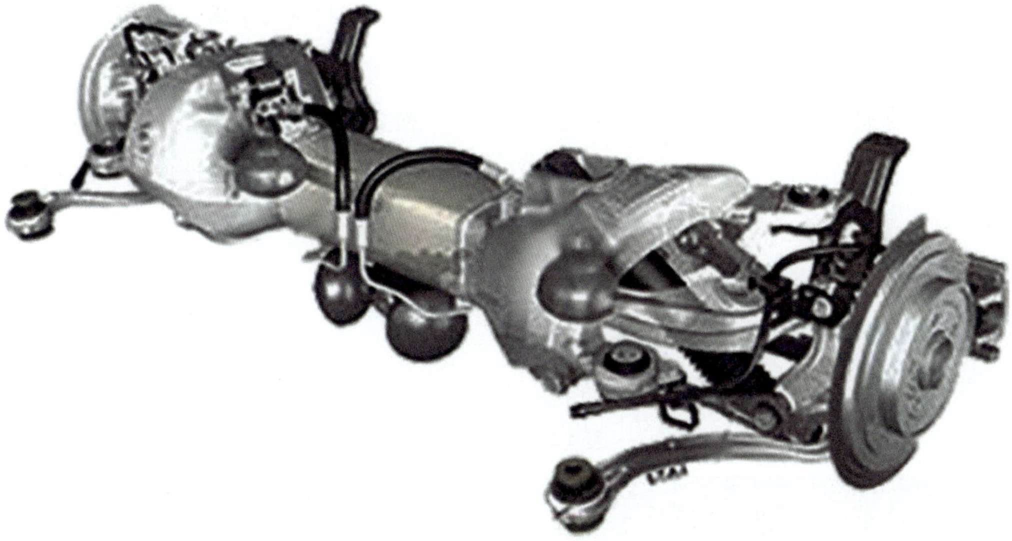

图 14-6　液压可调悬架系统

空气悬架系统的工作原理如图 14-7 所示。悬架控制器在接收到驾驶员选择的模式指令后，根据车身高度传感器传来的车身高度信号，结合其他系统通过车载网络发送过来的车速、车门状态等信息控制空气压缩机和排气阀门，使空气弹簧自动压缩或伸长，从而减小或增大底盘的离地间隙以进行车辆悬架状态的调整。在自动模式下，悬架控制器还会将接收到的车身加速度信号和其他系统通过车载网络发送过来的制动信号、转向角信号、横向加速度信号等信息进行处理，判断出车辆起步、加速、制动、转弯等状态，并根据悬架控制器内的特性曲线及时调整车辆悬架状态，最大限度减小车身的俯仰和侧倾。

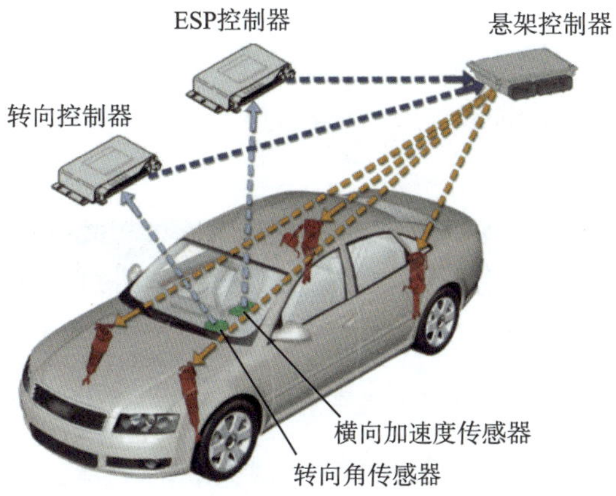

图 14-7　空气悬架系统的工作原理

（6）线控悬架系统的故障验证与检查方法

1）故障验证

在故障检修前需先进行故障验证。参照车辆维修手册操纵车辆，验证线控悬架系统故障是否真实存在。为保证安全，在验证故障时应场地宽阔，车辆前方和后方不得站人，当悬架使车辆离地间隙过小时，不得驾驶车辆。

主要验证内容包括：车辆启动后“READY”指示灯是否指示正常、车身是否倾斜、悬架是否能够按操作指令正常上升或下降。

2）检查方法

线控悬架系统故障检查步骤如下：观察仪表提示信息、悬架指示状况等是否异常；检查悬架系统弹性元件、减振器、管路等是否存在机械损伤及泄漏等情况；与用户沟通了解车辆线控悬架系统故障发生时的路况、故障是否偶发及发生故障前一段时间内车辆是否异常等。如果故障发生时经过颠簸路面或者故障偶发，则可以怀疑导线、插接器等可能出现了虚接；检查辅助蓄电池电压是否满足维修手册规定值；检查辅助蓄电池正负极端子是否存在虚接、氧化、腐蚀等情况；用诊断仪读取线控悬架系统的故障码、数据流，测试执行元件来检查线控悬架系统是否存在故障。

2. 技能操作

（1）操作准备

准备技能操作所需的物料，见表 14–2。

表 14–2　物料准备

类别	所需物料
教学整车 / 实训平台	配备线控悬架系统的整车或线控底盘实训平台
仪器、设备、工具等	维修手册、电路图、翼子板防护布、车内防护用品、耐磨手套、绝缘扭力扳手、绝缘工具套装、诊断仪、万用表、示波器、举升机、抹布等

（2）故障验证

验证线控悬架系统故障，将验证结果记录在表 14–3 中。

表 14–3　线控悬架系统故障验证记录

序号	验证内容	验证结果
1	车辆启动后“READY”指示灯是否指示正常	是□　　否□
2	车身是否倾斜	是□　　否□
3	悬架是否能够按操作指令正常上升或下降	是□　　否□

（3）故障问诊

1）车辆问诊

对车辆进行问诊，将问诊结果记录在表 14–4 中。

表 14–4　线控悬架系统故障问诊记录

序号	问诊内容	问诊结果
1	仪表故障指示灯、提示信息等是否异常	是□　　否□
2	弹性元件是否有损伤	是□　　否□
3	弹性元件是否有泄漏	是□　　否□
4	减振器是否有损伤	是□　　否□

续表

序号	问诊内容	问诊结果
5	减振器是否有渗漏	是□　否□
6	管路是否有损伤	是□　否□
7	管路是否有泄漏	是□　否□
8	故障发生时的路况及车辆保养是否与故障有关	是□　否□

2）辅助蓄电池检查

对辅助蓄电池进行检查，将检查结果记录在表 14–5 中。

表 14–5　辅助蓄电池检查记录

序号	检查内容	检查结果
1	辅助蓄电池电压是否正常	是□　否□
2	辅助蓄电池正极端子是否正常	是□　否□
3	辅助蓄电池负极端子是否正常	是□　否□

3）故障码和数据流读取

通过诊断仪读取线控悬架系统的故障码和数据流，将检测结果记录在表 14–6 中。

表 14–6　线控悬架系统的故障码和数据流

诊断仪是否能够正常进入系统		是□　否□
故障码		
序号	故障码	故障码说明
1		
2		
3		
4		
5		
6		

情境四

续表

数据流			
序号	数据流名称	当前值	标准值
1			
2			
3			
4			
5			
6			
7			
8			
9			
10			

4）执行元件检查

通过诊断仪对执行器进行元件检查，将检查结果记录在表 14-7 中。

表 14-7　线控悬架系统执行元件检查记录

序号	项目	检查结果是否正常
1	左前减振器 / 空气弹簧上升 / 下降（软 / 硬调整）	是□　否□
2	右前减振器 / 空气弹簧上升 / 下降（软 / 硬调整）	是□　否□
3	左后减振器 / 空气弹簧上升 / 下降（软 / 硬调整）	是□　否□
4	右后减振器 / 空气弹簧上升 / 下降（软 / 硬调整）	是□　否□
5	补充或清空蓄压器压缩空气	是□　否□

二、线控悬架系统故障分析与检修

1. 知识学习

（1）线控悬架系统故障分析

线控悬架系统故障分析步骤如下：

1）测试电路中与线控悬架系统公用供电、接地、网络的其他系统或部件的工作状况来分析线控悬架系统可能的故障点。

2）分析故障码，根据线控悬架系统检测到的故障码分析可能的故障原因和故障点。

3）将读取的数据流目标值与实际值进行对比，并结合维修手册进行分析，判断线控悬架系统传感器、执行器、相关电路的工作状态是否正常。线控悬架系统数据流示例见表 14–8。

表 14–8　线控悬架系统数据流示例

序号	数据流名称	值	序号	数据流名称	值
1	车门状况	关闭 / 打开 / 联锁	9	水平位置传感器电压	V
2	行李舱状况	关闭 / 打开 / 联锁	10	选择低水平位置	操作 / 未操作
3	选择高水平位置	操作 / 未操作	11	与正常水平位置的偏差	mm
4	压缩机继电器	打开 / 关闭	12	电磁阀开关状态	打开 / 关闭
5	压缩机温度	℃	13	车身高度位置与调控位置的偏差	mm
6	压力信号	bar	14	车辆纵向加速度传感器	V
7	出口电磁阀状况	打开 / 关闭	15	车辆传感器减振速度信号	dm/s
8	保压阀状况	打开 / 关闭	16	转向角度	°

（2）线控悬架系统故障检修流程

线控悬架系统故障检修流程如图 14–8 所示。

2. 技能操作

（1）操作准备

准备技能操作所需的物料，见表 14–9。

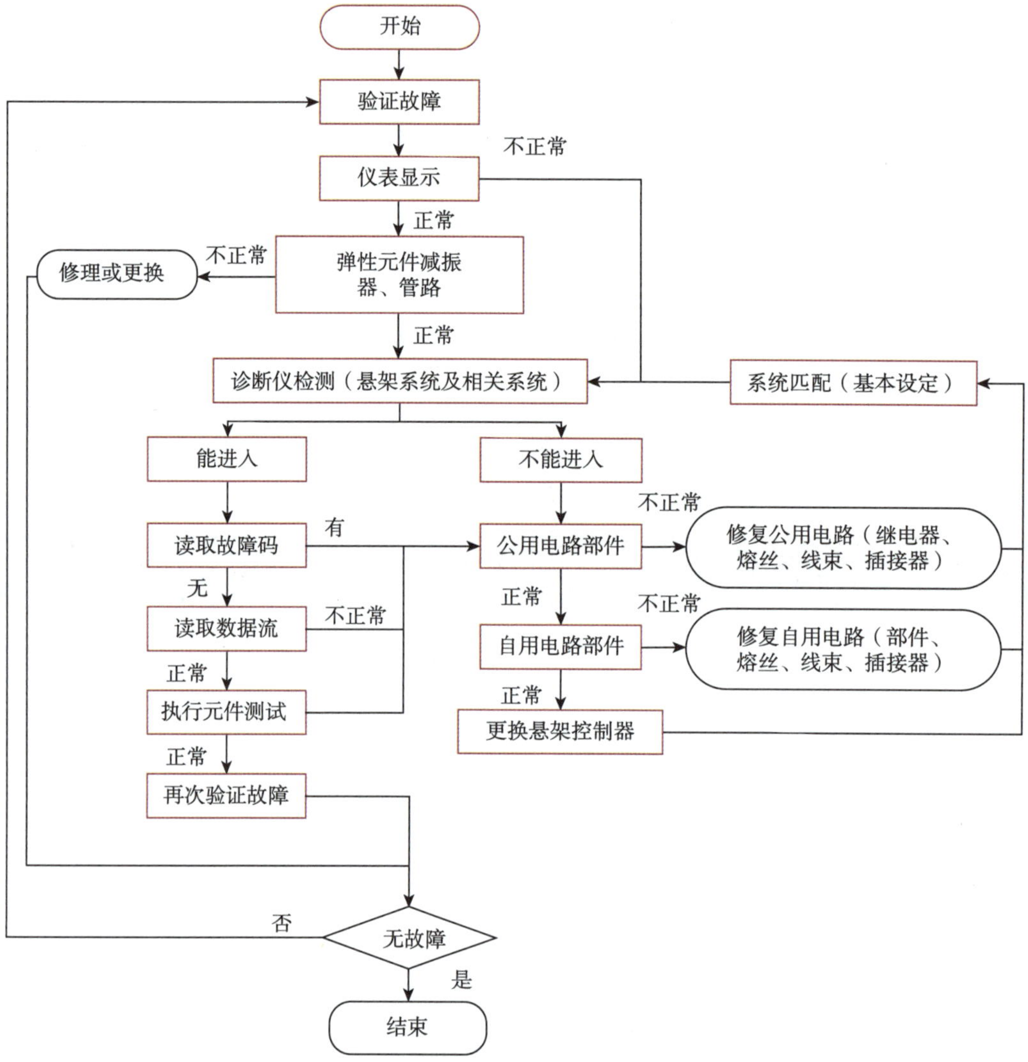

图 14-8　线控悬架系统故障检修流程

表 14-9　物料准备

类别	所需物料
教学整车 / 实训平台	配备线控悬架系统的整车或线控底盘实训平台
仪器、设备、工具等	维修手册、电路图、翼子板防护布、车内防护用品、耐磨手套、绝缘扭力扳手、绝缘工具套装、诊断仪、万用表、示波器、举升机、抹布等

（2）线控悬架系统检修

1）电路图拆画

查阅所维修车型的电路图、维修手册，拆画实训车辆线控悬架系统电路图，画在图 14-9 的图框中。

2）公用电路部件测试

测试与线控悬架系统公用的电路中其他系统或部件的工作状况，将测试结果记录在表 14-10 中。

图 14-9　线控悬架系统电路图

表 14-10　公用电路中部件或系统测试结果记录

序号	部件或系统名称	测试结果是否正常	可排除的线控悬架系统部件
例	自动空调系统	是■　否□	IF30 熔丝、IG1 继电器供电正常
1		是□　否□	
2		是□　否□	
3		是□　否□	
4		是□　否□	
5		是□　否□	

情境四

3）故障点分析

分析可能的故障点和故障原因，将分析结果记录在表 14–11 中。

表 14–11　故障点分析记录

序号	可能的故障点	可能的故障原因
1		
2		
3		
4		

4）故障诊断

根据维修手册、电路图，选用合适的工量具查找故障点，将故障排除过程及结果记录在表 14–12 中。

表 14–12　线控悬架系统故障排除记录

序号	诊断内容	测量结果	是否正常	处理方法
例 1	IP42/5 和 IP01/17 线路电阻	<1 Ω	是■　否□	—
例 2	IP42/5 与辅助蓄电池负极电压	0 V	是□　否■	修理 IP42/5 和 IP01/17 线束或插接器
1			是□　否□	
2			是□　否□	
3			是□　否□	
4			是□　否□	
5			是□　否□	
6			是□　否□	
7			是□　否□	
8			是□　否□	
9			是□　否□	
10			是□　否□	
11			是□　否□	
12			是□　否□	
13			是□　否□	

5）车身高度传感器设定

参照维修手册对车身高度传感器进行基本设定，将基本设定流程记录在表 14–13 中。

表 14–13　车身高度传感器基本设定操作记录

序号	基本设定步骤
1	
2	
3	
4	
5	
6	
7	
8	

（3）检修结果验证

验证线控悬架系统故障是否排除，将验证结果记录在表 14–14 中。

表 14–14　线控悬架系统故障排除验证记录

序号	验证内容	验证结果
1	检验修理后故障是否仍然存在	是□　否□
2	使用诊断仪清除故障码，故障码是否被清除	是□　否□
3	使用诊断仪读取数据流是否全部正常	是□　否□
4	使用诊断仪进行执行元件测试是否正常	是□　否□

检查评估

对本任务的学习情况进行检查，并将相关内容填写在表 14–15 中。

表 14–15　检查表

检查项目	检查结果	结果点评
线控悬架系统故障验证与检查		
是否进行故障验证	是□　否□	
是否对各部件进行检查	是□　否□	
是否对辅助蓄电池进行检查	是□　否□	
是否填写故障码与数据流	是□　否□	

续表

检查项目	检查结果	结果点评
线控悬架系统故障分析与检修		
故障点和故障原因分析是否合理	是□　否□	
故障排除方案或流程是否合理	是□　否□	
故障是否排除	是□　否□	
故障排除结果是否验证	是□　否□	
工作页记录是否完整	是□　否□	
整理与恢复		
工具、设备是否整理恢复	是□　否□	
实训工位是否打扫干净	是□　否□	
产生的垃圾是否分类处理	是□　否□	

任务小结

本任务小结如图 14-10 所示。

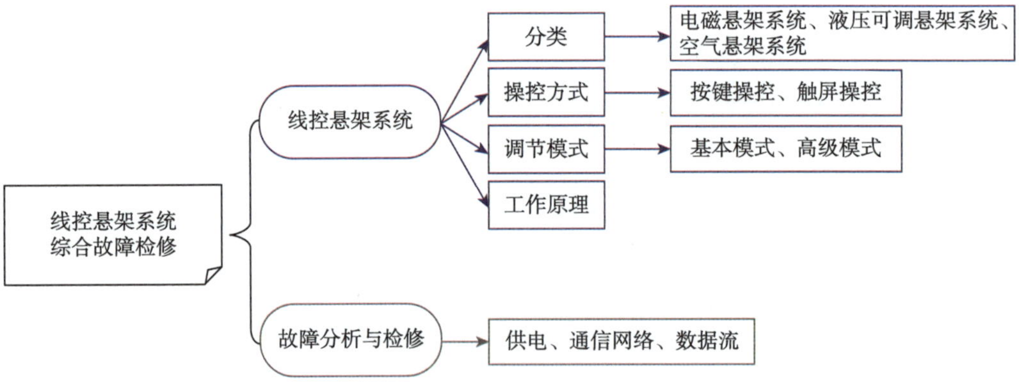

图 14-10　任务小结

情境五
线控底盘数据解析与综合调试

情境介绍

近年来，智能网联汽车正在向控制系统集成化与功能模块化发展，线控底盘逐渐成为数字底盘，车辆设计采用基于驱动 / 制动 / 转向 / 悬架的底盘一体化线控方式。在技术的不断进步中，线控底盘通信数据解析与综合调试正在成为汽车底盘研发和后市场服务重要的工作内容。

本情境包含线控底盘通信系统检查与数据解析、线控底盘参数调节与综合测试两个任务，内容包括通信数据解析、底盘自动控制 PID 参数调节等。

情境目标

▶ 能根据自动驾驶汽车装调手册，按照标准工作流程，规范完成线控底盘通信数据调取的任务。

▶ 能根据自动驾驶汽车装调手册，按照通信协议，正确完成线控底盘通信数据的解析。

▶ 能根据自动驾驶汽车装调手册，运用 PID 自动控制技术知识，按照调试经验流程，规范完成线控底盘控制参数的调整。

▶ 能根据自动驾驶运用场景，熟练操作线控底盘硬件在环（HIL）测试设备，规范完成线控底盘系统的综合测试。

任务十五
线控底盘通信系统检查与数据解析

任务导入

场景：某国产智能网联汽车研发中心。

人物：工程师王工、见习工程师小宋。

情节：某国产智能网联汽车新产品正处于研发阶段，研发部门王工在进行线控底盘车载通信网络调试时发现 CAN 总线上的驱动信号异常。王工安排小宋协助自己对整个线控底盘的 CAN 总线数据进行调取和解析，查找故障原因。如果你是小宋，你会从哪些方面着手开始工作？

任务目标

▸ 能根据线控底盘 CAN 总线调试手册，熟练运用汽车底盘通信网络知识，正确连接 CAN 分析仪和线控底盘主机系统等设备，规范完成线控底盘通信数据调取与系统检查。

▸ 能根据线控底盘通信协议，熟练查找通信协议中对应的说明与注释，正确完成线控底盘通信数据的解析。

任务实施

一、通信数据调取与系统检查

1. 知识学习

（1）线控底盘 CAN 总线

智能网联汽车的线控底盘部件之间通过 CAN 总线交换信息。如果将汽车通俗地理解为“人体”，CAN 总线就是“神经系统”，连接着“人体”的每个部分并传输各种信息，如图 15-1 所示，CAN 总线连接着每个电控单元，共同组成车载网络并进行系统之间的数据交换。汽车总线系统具有多种类型，各类型的总线之间通过网关实现不同网络之间的数据交换，网关可以被理解为一个“翻译人员”，读取网络中的数据并进行格式转换，供其他的网络使用。

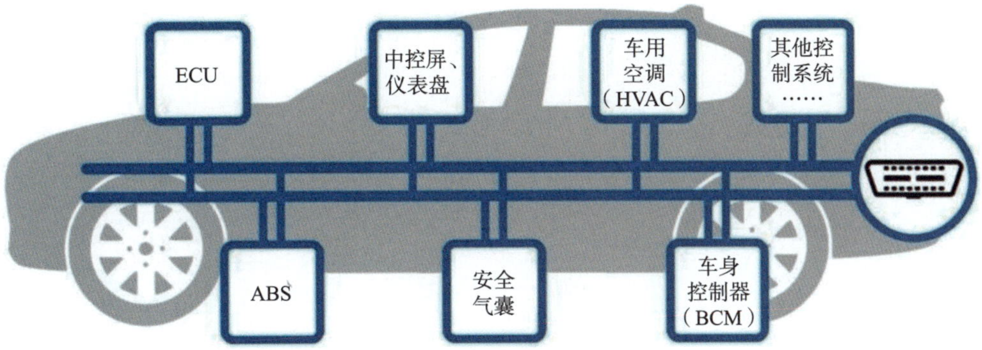

图 15-1　汽车车载网络

线控底盘 CAN 总线传输包括工作状态信号、传感器信号、控制电机工作的控制信号和执行元件的开关信号等多种信号。

1）CAN 总线系统的组成

CAN 总线系统主要由若干个节点（电控单元）、数据传输线（CAN-H 和 CAN-L）和终端电阻 R_t 组成，如图 15-2 所示。

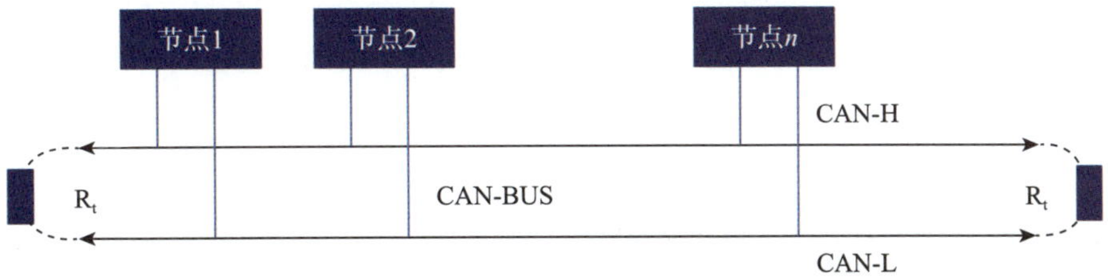

图 15-2　CAN 总线系统的组成

① 节点

CAN 节点主要由微控制器、CAN 控制器、CAN 收发器组成，如图 15-3 所示。目前智能网联汽车上多将 CAN 控制器集成于微控制器内部。CAN 总线上的每个节点独立完成网络数据交换和测控任务。理论上 CAN 总线可以连接无数个节点，但实际上受总线驱动能力的限制，现有技术下每个 CAN 总线系统中最多可以连接 110 个节点。

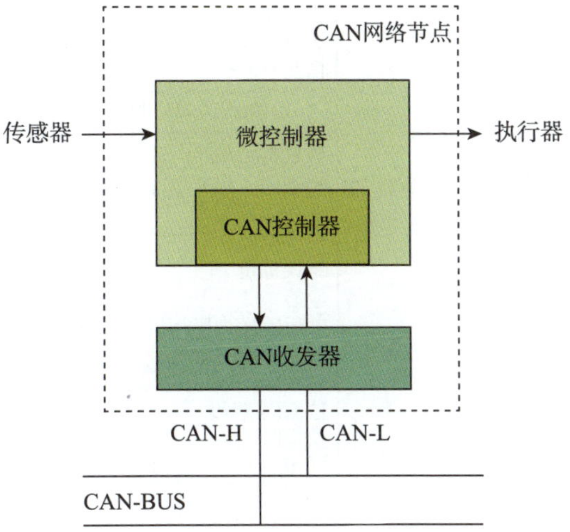

图 15-3　CAN 节点

CAN 节点中的 CAN 控制器具有“数据打包 / 解包”和“验收滤波”的作用。CAN 收发器具有“边说边听”

和信号转换两个功能。“边说边听”功能是指收发器同时发送和接收信号，信号转换功能是将数字信号与总线电压信号进行转换。CAN 收发器实现电压信号到数字信号转换的过程如图 15–4 所示，CAN 收发器对 CAN–H 和 CAN–L 两根线的电压进行差分运算后生成差分电压信号；采用“负逻辑”将差分电压信号转换为数字信号。其中，负逻辑是相对正逻辑而言的，即将高电平对应逻辑为 0、低电平对应逻辑为 1。

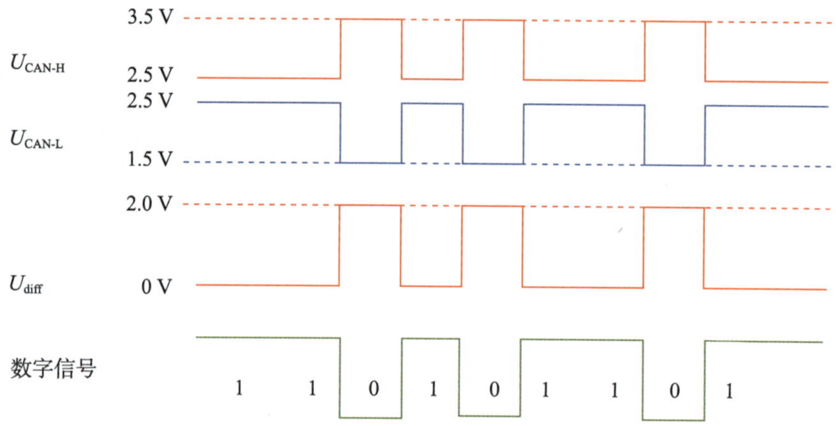

图 15–4　电压信号到数字信号转换的过程

CAN 系统的工作是建立在通信协议基础上的，CAN 通信协议主要描述各控制单元间的信息传递方式，由数据链路层和物理层组成，其中数据链路层又包括逻辑链路控制（LLC）子层和介质访问控制（MAC）子层，如图 15–5 所示。各控制单元间的数据传输实际上发生在物理层之间，且各控制单元只通过物理层的物理介质互连，CAN 最常用的物理介质为双绞线。总线的监督器对协议中的各层进行故障界定，对物理层进行总线故障管理。

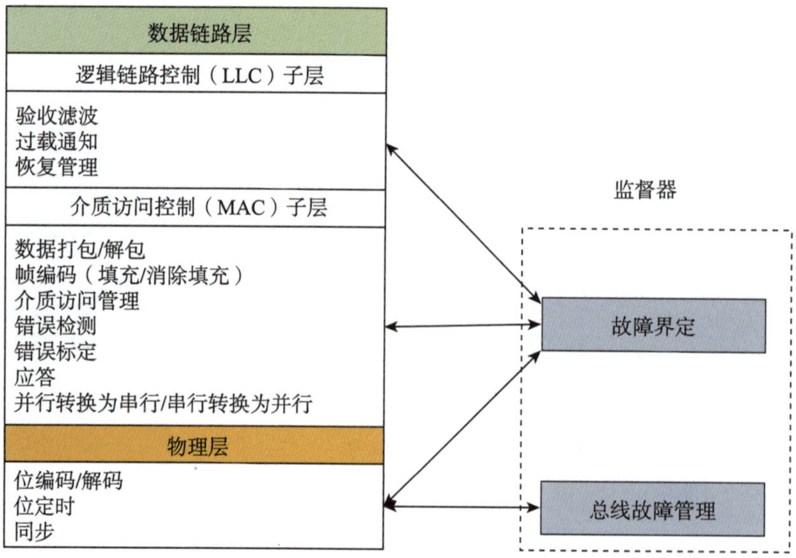

图 15–5　CAN 网络分层

② 数据传输线

CAN 数据传输线是双向串行总线，大都采用具有较强抗干扰能力的双绞线，分为 CAN-H 线和 CAN-L 线。两线缠绕绞合在一起，其绞距为 20 mm，横截面积为 0.35 mm^2 或 0.5 mm^2，如图 15-6 所示。

图 15-6　CAN 数据传输线

③ 终端电阻 R_t

终端电阻 R_t 的作用是防止信号在传输线终端产生反射波，干扰正常传输的数据。

2）CAN 总线网络通信原理

CAN 总线网络通信原理如图 15-7 所示，节点 1 向节点 *n* 传输数据的流程如下：

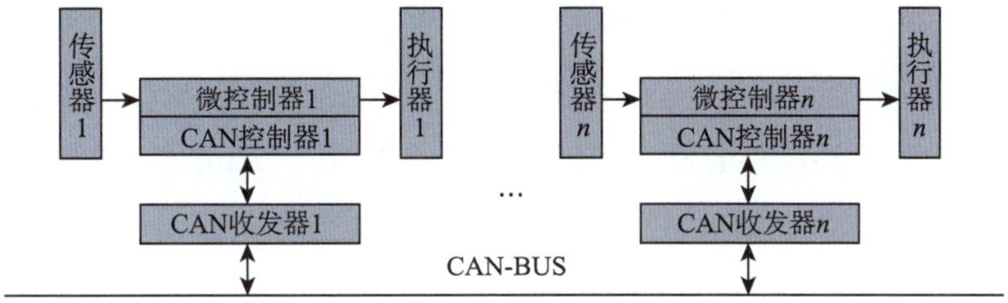

图 15-7　CAN 总线网络通信原理

① 节点 1 的微控制器 1 对传感器 1 进行数据采集，然后将传感器 1 对应的数字信号附加一个数据 ID 号发送给 CAN 控制器 1，CAN 控制器 1 将数据打包，然后将数据包发送给 CAN 收发器 1，CAN 收发器 1 再将其数字信号转换为对应的 CAN 总线电压信号，从而完成数据发送过程。

② 当节点 *n* 从 CAN 总线上接收到电压信号后，首先由 CAN 收发器 *n* 将总线电压信号转换为对应的数字信号，然后将其数字信号发送给 CAN 控制器 *n*。CAN 控制器 *n* 对其收到的数据进行“验收滤波”，判断收到的信号是否是自身节点需要的数据。若是，则接收此数据并解包，为节点 *n* 的微控制器 *n* 提供有效数据（节点 1 的传感器 1 信号），微控制器 *n* 可根据节点 1 的传感器 1 信号控制执行器 *n* 动作；若不是，节点 *n* 放弃此次收到的电压信号。

（2）通信数据调取与系统检查

1）CAN 分析仪及接口

CAN 分析仪是专门用于发送和接收 CAN 总线报文的设备，可支持线控底盘发送调试报文和接收反馈报文的工作。CAN 分析仪可将所要调试的线控底盘与调试电脑连接，以分析线控底盘 CAN 总线的网络数据、错误状态、网络负载、应用层协议或模拟 CAN 总线应用终端的工作状态。

CAN 分析仪的接口及按键如图 15-8 所示。

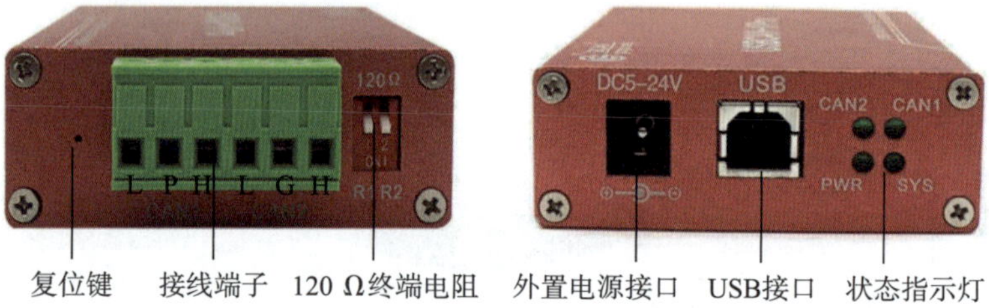

图 15-8　CAN 分析仪的接口及按键

① 接线端子：L 端子为 CAN-L，H 端子为 CAN-H，G 端子为信号地，P 是专门用于将电气装置外露导电部分接地的引脚。此外，CAN 分析仪上的 CAN1 和 CAN2 代表两条 CAN 通道，接线时应先将端子逆时针旋松，然后将导线插入 1 通道或 2 通道的 L 和 H 引脚并顺时针压紧螺钉，G 和 P 大多数情况下不需要接入总线。

② 复位键：用于设备升级内核，请勿擅自操作。

③ 120 Ω 终端电阻：拨码开关向下时为接入 120 Ω 电阻，测试时应保证总线上有两个 120 Ω 电阻，需根据实际情况判断是否接入。

④ 外置电源接口：直流 5~24 V 电源，设备脱机模式会用到，一般情况不需要接入。

⑤ USB 接口：为带有 USB 接口的 CAN 设备供电，与 PC 通信时用到。

⑥ 状态指示灯：CAN 分析仪正常上电时，PWR、SYS 会常亮；CAN 分析仪正常启动之后 SYS 会闪烁；CAN1 和 CAN2 在成功收发数据时会闪烁。

2）通信数据调取

利用 CAN 分析仪进行通信数据调取，工作步骤是：安装分析软件，将设备插入调试电脑 USB 端口，检查设备管理器中是否含有此设备；如果没有驱动，需要安装设备的驱动；驱动安装成功后，打开软件进行参数设置。一般情况下，工作模式选择“正常模式”、波特率选择与用户 CAN 设备一致的波特率，如图 15-9 所示。

CAN 总线采用异步串行通信形式，没有单独的时钟线来保证各收发器之间时钟的一致。每个收发器按事先设置的波特率对总线上的电平进行分位。CAN 总线的稳定通信依赖波特率的设置，如果调试时不清楚 CAN 设备的波特率是多少，可以使用软件的自动识别波特率功能，选择完毕后单击“开始识别”启动系统。

参数设置完毕后进入软件，CAN 分析仪的 SYS 灯进入闪烁状态。如果 CAN 设备此时正在主动发送数据，软件界面中就会收到 CAN 数据，如图 15-10 所示。此时设备对应通道灯闪烁。

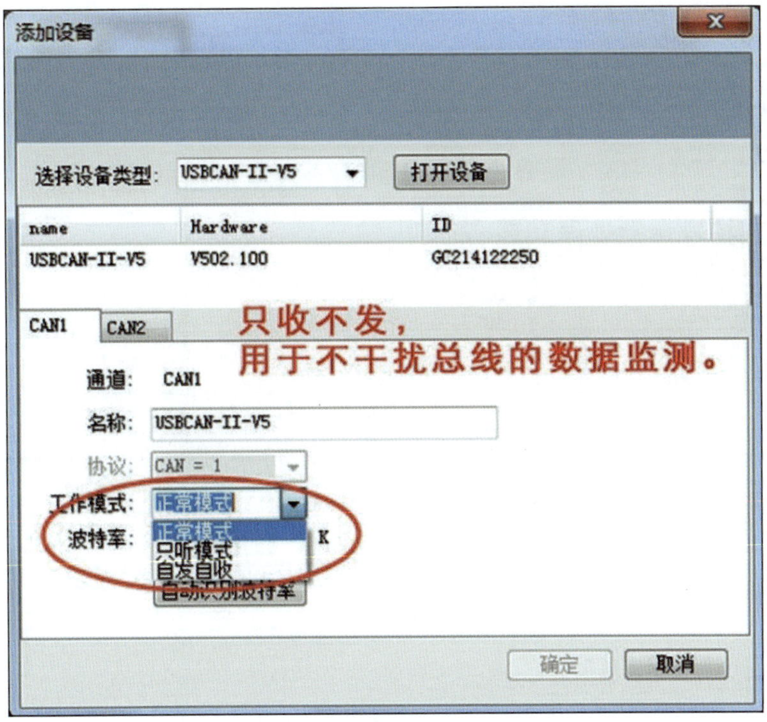

图 15-9　分析软件参数设置

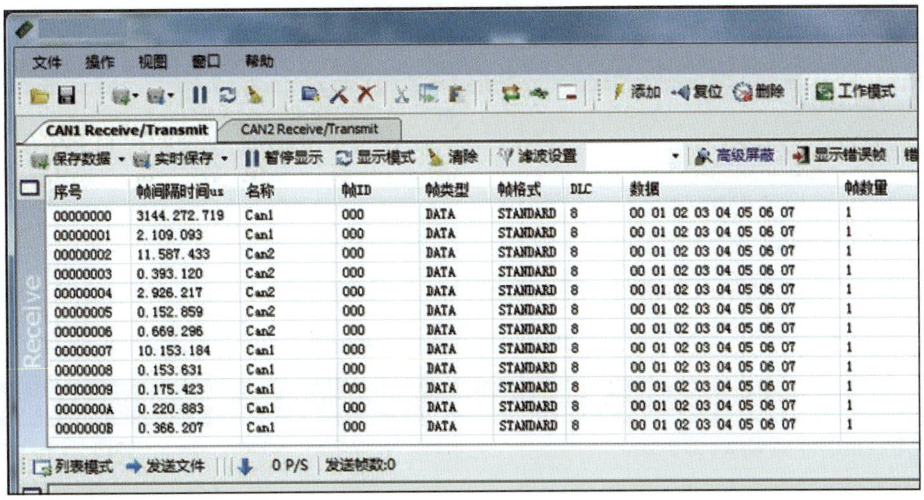

图 15-10　软件界面

在界面中“数据”一列可以读取系统当前在 CAN 总线中的数据，例如图中“00 01 02 03 04 05 06 07”。

3）通信系统检查

通信系统的检查可以通过手动发送指令的方式进行。打开软件后，发送任意数据，单击“发送”按钮进行测试，如图 15-11 所示。若显示“发送成功”，说明波特率、终端电阻等通信参数设置正确，若显示“发送失败”，说明通信未成功，需进行故障诊断，查明影响通信的故障点。

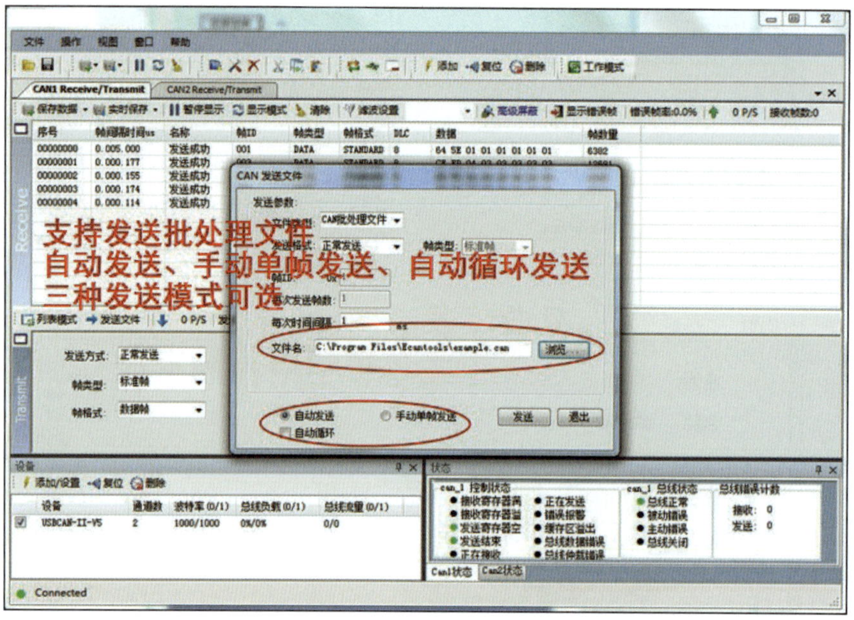

图 15-11　手动发送指令界面

2. 技能操作

（1）操作准备

准备技能操作所需的物料，见表 15-1。

表 15-1　物料准备

类别	所需物料
教学整车 / 实训平台	线控底盘实训平台、线控转向实训平台、线控制动实训平台
仪器、设备、工具	CAN 分析仪及软件、标定主机、标定软件等

（2）通信数据调取

对线控底盘系统进行通信数据调取，将结果记录在表 15-2 中。

表 15-2　通信数据调取记录

序号	项目	结果记录
1	是否正确连接 CAN 分析仪	是□　否□
2	是否成功开启软件并进入界面	是□　否□
3	是否完成参数设定	是□　否□
4	是否使用软件的自动识别波特率功能	是□　否□
5	是否在软件界面收到 CAN 数据	是□　否□
6	对应通道灯是否闪烁	是□　否□
7	记录调取的一条数据	

（3）通信系统检查

对线控底盘系统进行通信系统检查，将结果记录在表 15-3 中。

表 15-3　通信系统检查记录

序号	项目	结果记录
1	是否正确连接 CAN 分析仪	是□　　否□
2	是否成功开启软件并进入界面	是□　　否□
3	记录一条发送的数据	
4	是否发送成功	是□　　否□

二、通信数据解析

1. 知识学习

汽车线控底盘采用 CAN 总线进行通信。CAN 总线通信系统具有通信速度快、通信距离远、有柔性（便于根据应用场景做适应性开发）、有错误检测功能、有错误通知和错误恢复功能、连接多个节点等优点。

（1）CAN 报文格式

CAN 总线以报文形式进行数据传送。在 CAN 总线上有四种不同的报文类型，又被称为帧（frame）类型，分别是数据帧（data frame）、远程帧（remote frame）、错误帧（error frame）和过载帧（overload frame）。数据帧是发送单元向接收单元传输数据的帧；远程帧是接收单元向具有相同 ID 号的发送单元请求数据的帧；错误帧是当检测到错误出现时向其他单元报告错误的帧；过载帧是接收单元向总线上的其他单元报告自身接收能力达到极限，未做好接收下一帧数据准备的帧。

CAN 总线中真正的数据仅由数据帧传输。一个完整的数据帧如图 15-12 所示，其中红色部分为数据域（data field），是报文中的主要数据信息。数据域的长度最长为 8 个字节（byte），即 64 比特（bit）。

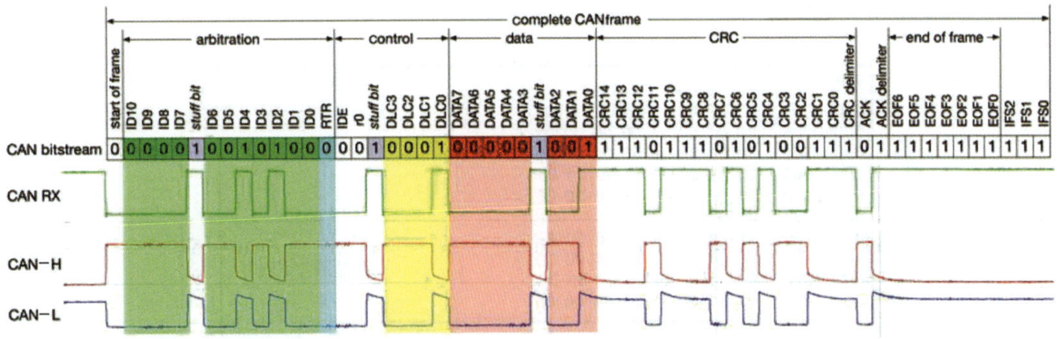

图 15-12　CAN 总线的数据帧

（2）CAN 命令手动解析的工作步骤

CAN 命令解析是根据线控底盘手册中的通信协议，将 CAN 数据窗口中的指令“翻译”成其代表的物理量，分为手动解析和计算平台（上位机）自动解析两类。线控底盘调试中可以通过自动解析结果查看系统反馈的指令。

CAN 命令手动解析工作主要有以下作用：在首次运行计算平台自动解析后，需手动解析若干个原始 CAN 数据，以验证自动解析功能是否正常；如果线控底盘试验过程中发现某些数据异常，需手动解析查找故障；当发现计算平台没有解析后的数据时，需查看是否有原始 CAN 信号，并通过手动解析查看信号是否正常。

CAN 命令手动解析的工作流程如下：

1）对 CAN 通信数据进行调取。CAN 数据界面如图 15-13 所示。

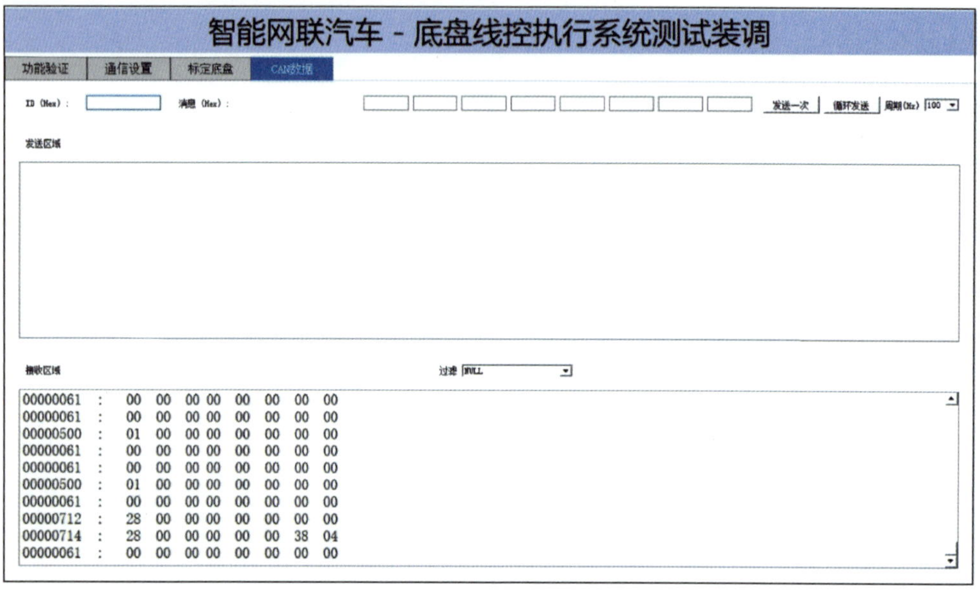

图 15-13　CAN 数据界面

2）使用数据过滤工具，通过 ID 过滤的方式选择并查找期望解析的数据。

3）将查找到的数据截图或者抄写下来，根据线控底盘手册中的通信协议进行解析。数据过滤前后的对比如图 15-14 所示，图中采用 ID 过滤的方式进行数据过滤。

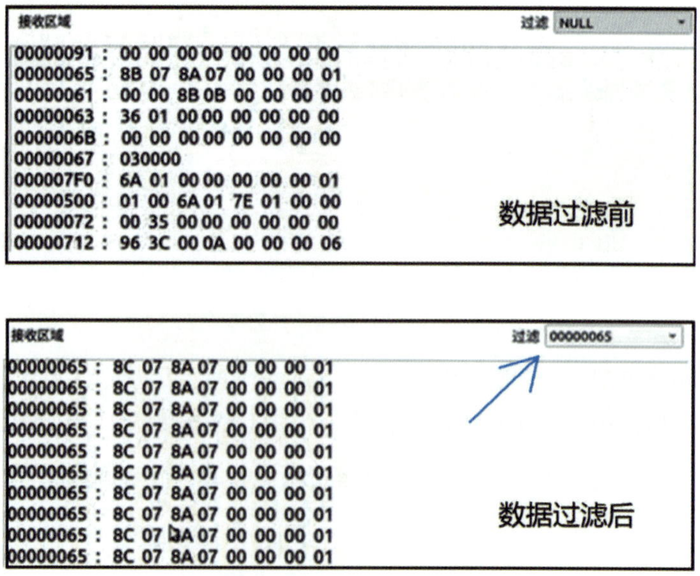

图 15-14　数据过滤前后的对比

4）根据工作目的，根据解析结果对计算平台或通信系统进行检查。

（3）CAN 命令手动解析的工作内容与方法

基本的手动解析工作对象为 CAN 指令的物理数值，如加速开度值。具体需要解析的对象有 ID 号、使能信号等。

1）ID 号解析

ID 号表明该条命令所属的线控系统。在线控底盘手册通信协议中，各系统的指令一般以英文名称分类，例如 “Throttle Command” 表示线控加速指令。在 “Throttle Command” 章节下，以 “Message ID：0x067” 的形式给出 ID 号，即 ID 号为 0x067 的指令是线控加速指令。

2）信息所处位置解析

数据域中的 8 个字节（byte）数据帧中每个字节分别代表不同的含义。在基本的手动解析工作中，主要解析以下内容：

① 指令数值（英文为 Command），在 CAN 协议中指令数值以十六进制数据进行消息发送。

② 使能（英文为 EN），1 代表使能，指令有效；0 代表不使能，指令无效。

③ 清除（英文为 CLEAR），代表人为干预标志位。1 代表清除人为干预，0 代表不清除人为干预。

以上信息在数据域中的位置可在线控底盘通信协议的底盘信息描述部分查阅。图 15-15 所示为某车型线控底盘通信协议中的 CAN 信息描述。

Throttle Command

Message ID:　0x067
Cycle time:　20ms
Receive Timeout: 100ms

Command CAN Message Description

byte	bits	bit7	bit6	bit5	bit4	bit3	bit2	bit1	bit0
0	7:0	PCMD <7:0>							
1	15:8	PCMD <15:8>							
2	23:16	--	--	--	--	--	--	--	--
3	31:24	--	--	--	--	--	IGNORE	CLEAR	EN
4	39:32	ACMD<7:0>							
5	47:40	A_P_CMD_SW	--	--	--	--	ACMD<10:8>		
6	55:48	--	--	--	--	--	--	--	--

bit 0~15　**PCMD:** Pedal Command
65535 = 100%
0 = 0%
bit 16~23　**Unimplemented:** Set to '0'
bit 24　**EN:** Enable request
1 = enable
0 = disable
bit 25　**CLEAR:** Clear driver override flag
1 = request clear of driver override
0 = normal operation
bit 26　**IGNORE:** Ignore driver override
1 = ignore
0 = normal

图 15-15　线控底盘通信协议（示例）中的 CAN 信息描述

在图 15–15 所示线控底盘通信协议中，通过英文“Pedal Command”可知 PCMD 代表加速指令开度值，该值占 bit 0~15，即前两个字节；第三字节占 bit 16~23，没有具体含义，以“0”表示；第四字节占 bit 24，代表使能（EN）的状态，bit 25 代表清除（CLEAR）状态。

查阅和了解以上协议中的内容后，以“0x067 11 22 00 01 00 00 00 00”为例，解析结果应该是：该条指令为线控加速指令，ID 号为 0x067；前两个字节的 11 和 22 为“加速指令开度值”信息；第四个字节的 01 为“使能”和“清除”状态；其余字节为系统格式，一般无具体含义。

3）物理数值解析

物理数值的解析分为数值读取、数值转化和等比例换算三个步骤。

先进行数值读取。世界范围内 CAN 协议的编码格式有 Intel（英特尔）式和 Motorolla（摩托罗拉）式两种。Intel 式采用的是低字节保存在低地址、高字节保存在高地址的方式；而 Motorolla 式则与之相反。进一步解释为：如果某个信息占据了 byte0 和 byte1 两个字节，Intel 式是先发低位（即 byte0 是低位，byte1 是高位），解析顺序应为 byte1、byte0；Motorolla 式是先发高位（即 byte0 就是高位），所以解析的顺序是 byte0、byte1。通俗地说，占据两个字节的信息，Intel 式需要“对调”，Motorolla 式不需要“对调”。以“0x067 11 22 00 01 00 00 00 00”为例，两个字节的内容“11”和“22”表示“加速指令开度值”信息，在 Intel 式编码格式下，加速指令开度值（PCMD）为 2211。

再进行数值转化。将数值进行十六进制向十进制的转化即可得到加速指令开度的十进制数值。以“0x067 11 22 00 01 00 00 00 00”为例，加速指令开度值（PCMD）的十进制数值为 8721。

最后进行等比例换算。将得到的十进制数值根据线控底盘通信协议进行等比例换算，即可得到物理开度百分比。继续上例，根据线控底盘通信协议中“65535=100%，0=0%”的信息，进行等比例换算，此时底盘驱动系统的加速指令开度值为 13%。

对上例进行总结，“0x067 11 22 00 01 00 00 00 00”作为 CAN 总线上的指令信号，其解析结果为：计算平台（上位机）向线控驱动系统发送指令，要求系统达到加速指令开度值为 13% 的动力输出。

2. 技能操作

（1）操作准备

准备技能操作所需的物料，见表 15–4。

表 15–4　物料准备

类别	所需物料
教学整车 / 实训平台	线控底盘实训平台
仪器、设备、工具	CAN 分析仪及软件、标定主机、标定软件等

（2）数据调取

对线控底盘进行 CAN 通信数据调取，将结果记录在表 15–5 中。

表 15-5　通信数据调取记录

序号	项目	结果记录
1	是否正确连接标定主机	是□　否□
2	是否正确连接 CAN 分析仪	是□　否□
3	是否成功开启软件并进入界面	是□　否□
4	是否完成参数设定	是□　否□
5	界面是否显示 CAN 指令	是□　否□

（3）线控驱动系统数据解析

对线控驱动系统进行 CAN 通信数据解析，将结果记录在表 15-6 中。

表 15-6　线控驱动系统数据解析记录

序号	项目	结果记录
例	待解析 CAN 指令	0x067 11 22 00 01 00 00 00 00
1	待解析 CAN 指令	
2	指令 ID 号及含义	
3	信息位置	指令数值：第　　字节 EN：第　　字节 CLEAR：第　　字节
4	EN 解析	数值： 含义：
5	CLEAR 解析	数值： 含义：
6	指令数值	指令编码格式：Intel 式 □　Motorolla 式 □ 十六进制数值：　　十进制数值： 底盘协议数值范围： 含义：
7	解析验证：是否与计算平台自动解析结果一致	是□　否□

（4）线控转向系统数据解析

对线控转向系统进行 CAN 通信数据解析，将结果记录在表 15-7 中。

（5）线控制动系统数据解析

对线控制动系统进行 CAN 通信数据解析，将结果记录在表 15-8 中。

表 15-7　线控转向系统数据解析记录

序号	项目	结果记录
例	待解析 CAN 指令	0x067 11 22 00 01 00 00 00 00
1	待解析 CAN 指令	
2	指令 ID 号及含义	
3	信息位置	指令数值：第　　　　字节 EN：第　　　　字节 CLEAR：第　　　　字节
4	EN 解析	数值： 含义：
5	CLEAR 解析	数值： 含义：
6	指令数值	指令编码格式：Intel 式 □　Motorolla 式 □ 十六进制数值：　　　　十进制数值： 底盘协议数值范围： 含义：
7	解析验证：是否与计算平台自动解析结果一致	是□　　否□

表 15-8　线控制动系统数据解析记录

序号	项目	结果记录
例	待解析 CAN 指令	0x067 11 22 00 01 00 00 00 00
1	待解析 CAN 指令	
2	指令 ID 号及含义	
3	信息位置	指令数值：第　　　　字节 EN：第　　　　字节 CLEAR：第　　　　字节
4	EN 解析	数值： 含义：
5	CLEAR 解析	数值： 含义：
6	指令数值	指令编码格式：Intel 式 □　Motorolla 式 □ 十六进制数值：　　　　十进制数值： 底盘协议数值范围： 含义：
7	解析验证：是否与计算平台自动解析结果一致	是□　　否□

检查评估

对本任务的学习情况进行检查，并将相关内容填写在表 15–9 中。

表 15–9　检查表

检查项目	检查结果	结果点评
通信数据调取与系统检查		
是否正确连接网络通信调试设备	是□　否□	
是否成功调取通信数据	是□　否□	
是否完成通信系统检查	是□　否□	
通信数据解析		
是否正确解析线控驱动系统 CAN 通信数据	是□　否□	
是否正确解析线控转向系统 CAN 通信数据	是□　否□	
是否正确解析线控制动系统 CAN 通信数据	是□　否□	
是否完整填写检查表格	是□　否□	
整理与恢复		
工具、设备是否整理恢复	是□　否□	
实训工位是否打扫干净	是□　否□	
产生的垃圾是否分类处理	是□　否□	

任务小结

本任务小结如图 15–16 所示。

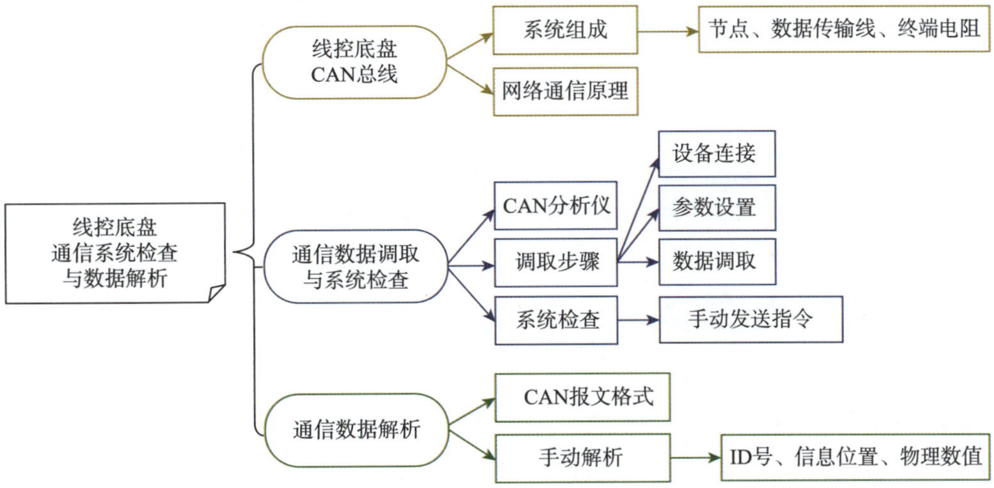

图 15–16　任务小结

任务十六 线控底盘参数调节与综合测试

任务导入

场景：某国产智能网联汽车研发中心。

人物：工程师王工、见习工程师小郝。

情节：某国产智能网联汽车新产品正处于研发阶段，研发部门王工在进行线控底盘自动驾驶场景下的综合测试时，发现车辆的运动控制效果不理想，车辆横向控制稳定性较差。王工安排小郝协助自己对线控底盘的控制参数进行重新调节，并对系统进行硬件在环测试。如果你是小郝，你会从哪里开始着手工作？

任务目标

- 能根据自动驾驶汽车装调手册，熟练运用 PID 自动控制技术知识，按照调节流程，规范完成线控底盘控制参数的调节。
- 能根据自动驾驶场景，熟练操作硬件在环（HIL）测试设备，规范完成线控底盘的综合测试。

任务实施

一、底盘系统控制参数调节

1. 知识学习

（1）自动驾驶底盘运动控制

在汽车自动驾驶过程中，车辆的运动通过系统对线控底盘的操控实现。智能网联汽车自动驾驶系统的车辆运动控制分为横向控制、纵向控制、横纵向协同控制三类。

1）横向控制

车辆横向控制根据上层运动规划输出的路径、曲率等信息进行跟踪控制，要求减小跟踪误差并保证汽车的行驶安全性、平稳性与乘坐舒适性。横向控制主要用于车辆的转向控制，以最大程度减小车辆与目标路径之间的距离误差，使车辆始终沿着车辆的运动规划输出路径行驶。

图 16–1 所示为典型的横向控制仿真测试道路和目标路径。在这个测试场景中，灰色区域为一条三车道单行道路，蓝色曲线为自动驾驶系统输出的运动规划路径，即自动驾驶系统要求车辆从中间车道出发，进入弯道后切换至左侧车道，之后再切换回中间车道。此类测试中通常对车速的变化没有要求，车辆保持匀速，测试线控转向系统根据自车与目标路径之间的距离误差、车速、车辆稳定边界条件等进行车辆控制并完成变道自动驾驶的能力。

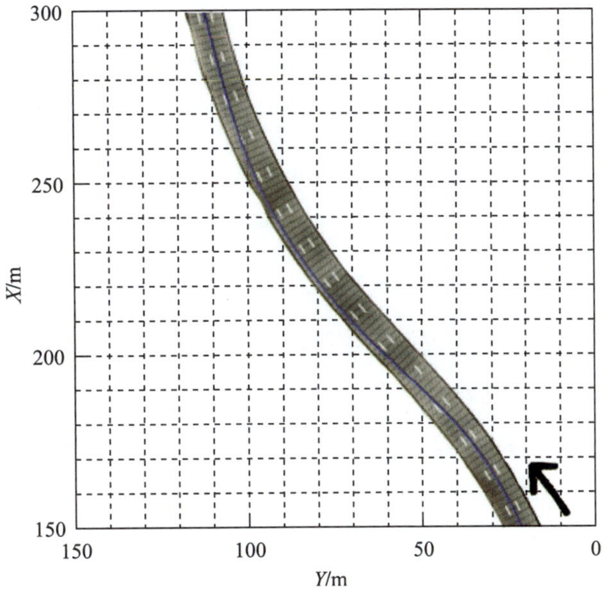

图 16–1　横向控制仿真测试道路和目标路径

车辆横向控制在车辆先进驾驶辅助系统（ADAS）的典型应用与线控转向系统的应用场景相同，包括车道保持辅助（LKA）系统与自动驾驶泊车系统等。

2）纵向控制

车辆纵向控制通过控制车辆的车速、加速度等参数，完成自动驾驶汽车的速度跟踪，控制汽车实现按照预定的速度巡航或与前方动态目标保持一定的距离等功能。纵向控制主要用于线控加速系统、加速换挡系统和线控制动系统。

3）横纵向协同控制

在高级别自动驾驶中，车辆需独立完成相当距离的自主行驶，在此过程中需要对线控底盘进行横纵向协同控制。横纵向协同控制的架构如图 16–2 所示，横向控制与纵向控制协同并优化控制参数形成综合系统，进行横纵向耦合运动控制。

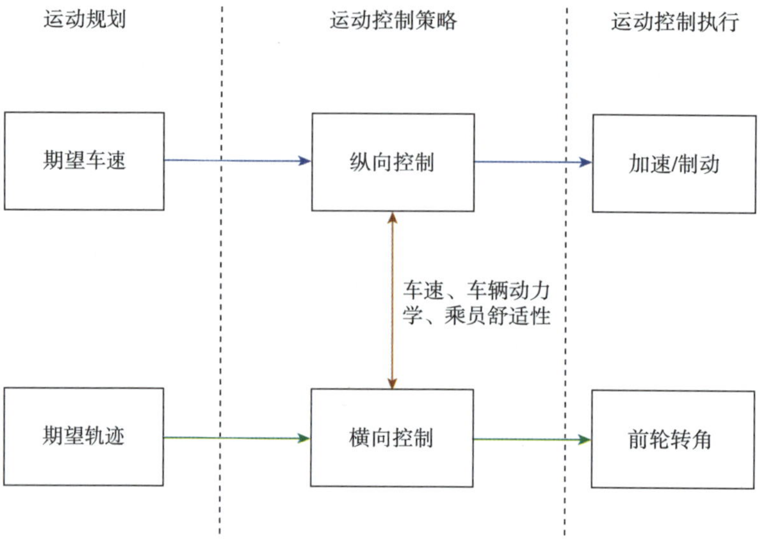

图 16-2　横纵向协同控制的架构

根据图 16-2 可知，自动驾驶汽车的纵向速度（车速）同时是横向控制器和纵向控制器的状态量输入，因此，汽车的纵向车速是连接横向控制系统与纵向控制系统的关键点。在车辆动力学上，横纵向协同控制必须以保证车辆的稳定性为前提和约束，自动驾驶绝不可出现车辆滑移、甩尾等危险的驾驶行为。在乘员舒适性方面，以车道保持辅助系统为例，在线控转向系统自动纠正车道偏差的同时，纵向控制系统需减速以降低横向控制难度（车速减小，车辆冲出车道的时间变长），并且纵向控制系统的减速幅度不可过大，避免给乘员带来不适甚至恐慌，严重影响驾驶员对自动驾驶系统的信赖感。车道保持辅助系统具体车速要求可参考相关的国家推荐测试标准。

（2）闭环控制与开环控制

自动驾驶控制系统的基本形式有闭环反馈控制和开环控制两种。

1）闭环反馈控制

闭环反馈控制又称反馈控制或闭环控制，是通过测量被控对象的输出，并将测量结果与控制目标进行比较，不断修正控制作用以消除偏差的控制方法。将被控对象的输出量供控制装置使用，被称为反馈；整个控制过程是一个闭环过程，因此被称为闭环控制。闭环反馈控制是现实世界广泛存在的自动控制方法。以人伸手取桌子上的书本为例，这一过程的控制系统如图 16-3 所示。书本在桌子上的位置是系统的输入信号，取书时人眼通过观察不断获得手相对于书的位置信息，并将该信息反馈给大脑，大脑

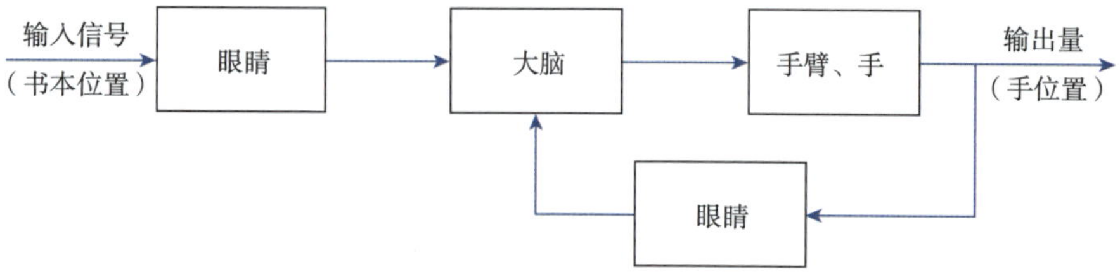

图 16-3　人取书的闭环反馈控制系统

判断手和书之间的位置偏差，发出控制手臂移动的指令，逐渐使手与书本的距离变小，当位置偏差为零时手触碰到书，控制完成。

闭环反馈控制系统中有目的变量、受控变量、参考变量、控制变量、干扰变量五种主要变量。目的变量是系统预期会受到影响的变量，即希望通过控制改变的系统变量。受控变量是传感器测量对象，为系统提供反馈信息；受控变量是与目的变量有直接关系的物理量，在技术可行的情况下，目的变量通常被当作受控变量使用。参考变量是独立存在于控制系统外部并可作为输入信号的变量，一般是设定值或者预设曲线。控制变量是控制系统的输出变量，同时也是受控系统的输入变量，是将控制系统的作用施加于受控系统的变量。干扰变量是来自系统外部并对系统产生不良影响的变量。

闭环反馈控制系统由传感器、控制器、执行器、受控对象组成。传感器用于测量受控变量并为系统提供反馈信息。执行器又被称为终控元件，用于执行控制指令改变控制变量。受控对象是控制系统所控制的外部物理系统。

闭环反馈控制系统框图如图 16–4 所示。

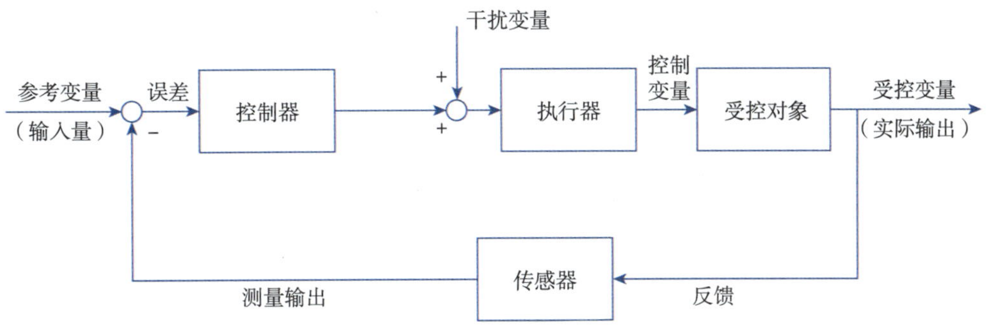

图 16–4　闭环反馈控制系统框图

下面以发动机 λ 闭环控制系统为例，对闭环反馈控制系统进行说明。发动机 λ 闭环控制系统用于发动机的尾气净化，目的是控制进入发动机的空气与燃油混合气的比例，即空燃比（目的变量），使过量空气系数为 $\lambda=1$（参考变量），以使三元催化器保持最佳的催化效果。系统通过安装在排气管上的氧传感器检测尾气中的含氧量（受控变量），将电压信号发送给发动机管理单元；发动机管理单元在对检测到的含氧量与参考含氧量进行对比后，综合考虑曲轴箱通风（干扰变量）等干扰因素，根据一定的控制策略向燃油系统发出指令，燃油喷嘴改变燃油喷射量（控制变量）；燃油喷射量的变化在进气系统、燃烧室、空燃比传感器前的排气系统（受控对象）中发生作用，使排气中的含氧量满足要求，从而实现对混合气体浓度的控制。包括发动机 λ 闭环控制系统在内的典型汽车闭环反馈控制系统示例见表 16–1。

闭环反馈控制具有抑制扰动、控制精度高等优点，广泛应用于车辆的自动驾驶系统。

2）开环控制

开环控制系统使用控制器和执行器直接控制受控对象，以获得期望的效果，开环控制系统没有反馈部分，如图 16–5 所示。

表 16-1 典型汽车闭环反馈控制系统示例

		发动机 λ 闭环控制	柴油机转速控制	防抱制动系统（ABS）	座舱自动温度系统
变量	目的变量	空燃比	发动机转速	车路打滑	内部温度
	受控变量	尾气中的含氧量	发动机转速	车路打滑	内部温度
	参考变量	$\lambda=1$	设定转速	车路打滑极限（自适应）	设定温度
	控制变量	燃油喷射量	燃油喷射量	制动压力	热水流速或热/冷空气混合比
	干扰变量	曲轴箱通风等	负荷	道路和行车条件	发动机温度、外部热量等
元件	传感器	氧传感器	发动机转速传感器	汽车轮速传感器	温度传感器
	执行器（终控元件）	燃油喷嘴	调速器、燃油喷射泵	压力控制阀	温度调节器、电磁加热装置、通风口
	受控对象	燃烧室、进气系统、氧传感器前的排气系统	发动机内混合气形成区	轮胎、道路	座舱

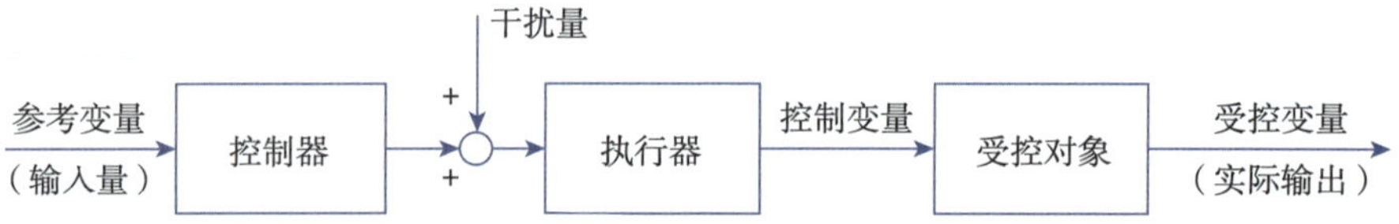

图 16-5 开环控制系统框图

典型的汽车开环控制系统见表 16-2。

表 16-2 典型的汽车开环控制系统示例

		电子燃油喷射系统	电子点火系统
变量	目的变量	空燃比	点火点
	参考变量	空燃比设定点	点火点设定点
	干扰变量	燃料温度、歧管壁上的燃料沉积	火花塞状况、空燃比、燃料品质
	控制变量	喷射持续时间	点火点
元件	控制器	带有各种测量元件的电子喷射控制系统	点火控制单元
	执行器（终控元件）	燃油喷嘴	点火输出装置
	受控对象	混合器形成区	发动机燃烧室

开环控制系统结构简单、调整方便、成本低，适用于对于控制精度要求不高或者干扰影响较小的控制任务。

（3）控制效果

在控制系统工作时，希望达到的理想控制效果如图 16–6a 所示，即在给系统一个输入信号（绿色）后，系统的输出信号（蓝色）迅速跟随输入信号发生变化，并始终和输入信号的数值保持一致。例如当向系统发送车速每小时 5 km 的指令后，线控驱动系统控制车辆迅速从初始速度调整至每小时 5 km，并始终保持该速度行驶。但需要注意的是，图 16–6a 所示仅为理想状态，在现实中并不存在。

现实中，由于系统部件具有惯性等固有属性，输出信号必然表现出一定的延迟和波动。因此，工程上控制效果良好的表现如图 16–6b 所示，即系统输出在短暂的波动后很快稳定在输入信号附近，并随着时间推移逐渐与输入一致，效果表现为快、准、稳。在工作过程中，该控制效果是参数调节的大体目标，波动的幅度和进入稳定状态的时间等具体目标需进一步通过查阅相关手册获取。

自动驾驶控制系统工作时不应出现图 16–6c 所示输出始终与输入存在误差的情况，该情况下系统达不到“准”的要求；也不应出现图 16–6d 所示输出信号忽大忽小，在输入信号附近频繁大幅振荡的情况，该情况下系统达不到“稳”的要求。上述两种情况的问题应通过控制器参数调节来解决。

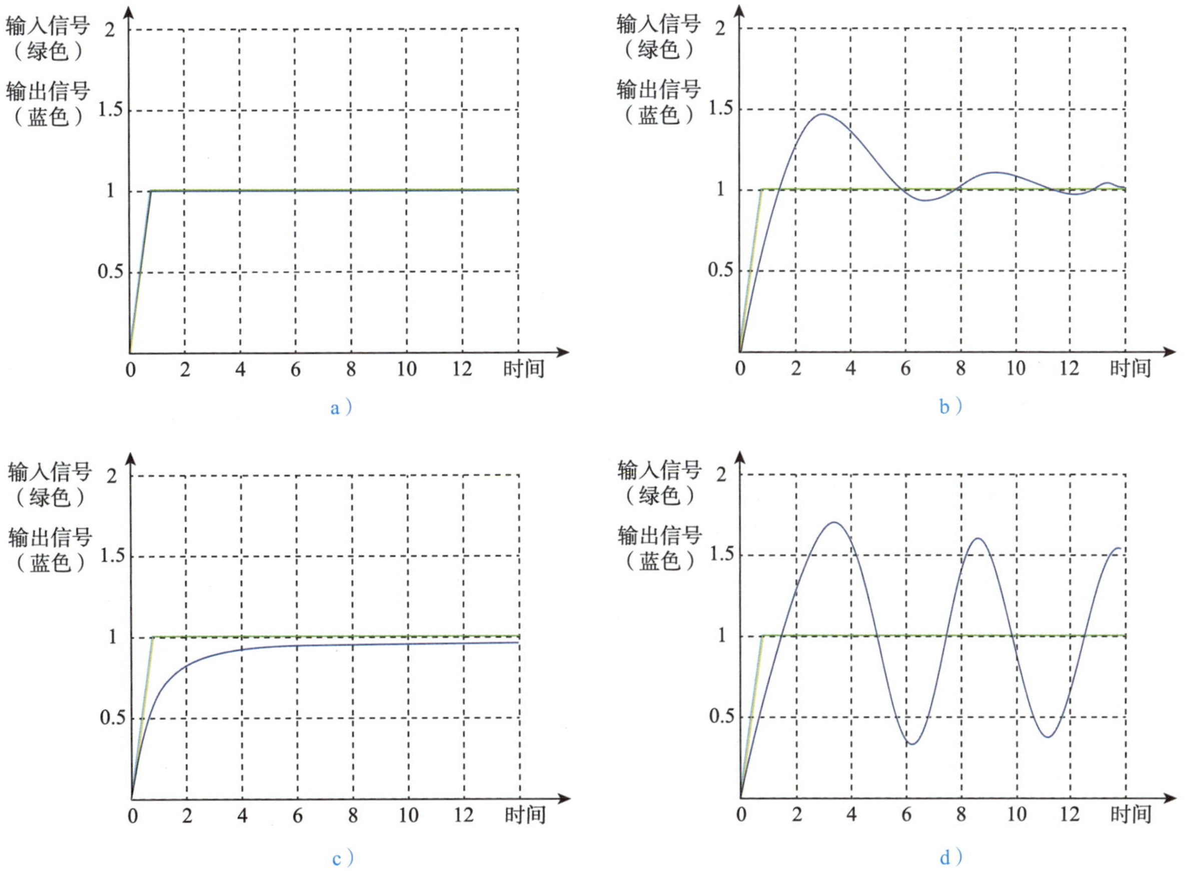

图 16–6　控制效果

a）希望达到的理想控制效果　b）控制效果良好　c）输出始终与输入存在误差

d）输出忽大忽小，在输入值附近频繁大幅振荡

（4）PID 控制方法与参数

汽车自动驾驶系统通过构造闭环反馈控制系统实现车辆的横向控制、纵向控制和横纵向协同控制。目前自动驾驶的控制方法有模型预测控制法、模糊控制法等，其中，比例－积分－微分控制简称 PID 控制，因其具有结构简单、便于调整参数等优点，成为汽车控制领域最基本的控制方法。

动态系统的误差是大小随着时间不断变化的变量。反馈控制最理想的目标是使输出与输入的误差值始终为零。误差值的大小、误差存在的时间和误差随时间变化的快慢是评价系统控制效果的关键指标，同时也是 PID 控制器的工作依据。在数学上，上述三方面信息分别与误差相关的比例运算、积分运算与微分运算所对应。因此，PID 控制包含比例控制、积分控制、微分控制三个过程，PID 控制系统框图如图 16–7 所示。

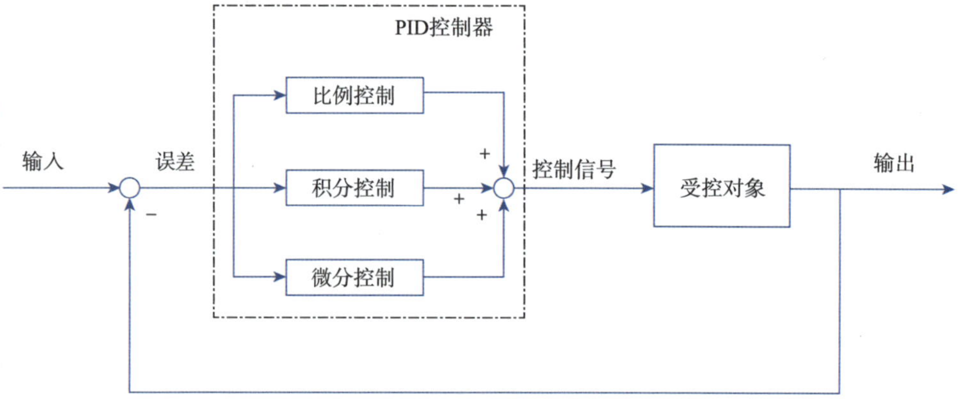

图 16–7　PID 控制系统框图

1）比例控制

比例控制的输出信号与系统输出 / 输入之间的误差值成比例关系。比例控制参数为 K_p。单独采用比例控制即 P 控制时，系统的输出一般会存在稳态误差。

比例控制参数 K_p 可以被理解为控制器对系统“当下欠佳表现”的控制“力度”，误差大则 K_p 应相应调高，随着 K_p 调高，误差会减小，但输出会趋于振荡。

2）积分控制

积分控制的输出信号与系统输出 / 输入之间误差值的积分成正比关系。积分控制参数为 K_i。

积分控制参数 K_i 可以被理解为控制器对系统“一个时间段内欠佳表现”的控制“力度”。当受控系统进入稳态后，输出仍然存在一定稳态误差时，在控制器中引入含有 K_i 的“积分项”，可以有效消除误差。即使误差值较小，如果长时间存在，也会被积分控制“纠正”。

结合比例控制和积分控制的功能，可以使系统趋于稳态且没有稳态误差。此控制方法被称为 PI 控制。

3）微分控制

微分控制的输出信号与系统输出 / 输入之间误差值的微分（即误差变化率）成正比关系。微分控制

参数为 K_d。

微分控制参数 K_d 可以被理解为控制器对系统“表现欠佳且任性、不受管束”的控制“力度”。控制系统在消除误差的过程中可能会出现频繁振荡甚至不稳定的现象，这是因为系统中存在较大惯性或滞后的环节。特别是当控制器只使用比例控制时，比例项的作用会放大误差的振荡。微分控制可以克服以上问题，通过“预测”系统误差的变化趋势提前动作以消除振荡，同时避免出现被控量严重超调的问题。因此，特别针对具有较大惯性和滞后特点的被控对象，PD 控制可以改善系统在动态调节过程中的特性。

4）PID 控制器

PID 控制器的输出为比例控制、微分控制、积分控制三部分之和，因此 PID 控制器具有 K_p、K_i、K_d 三个主要控制参数。

（5）PID 控制系统参数调节

PID 控制无须精准获取被控对象的数学模型，控制参数需要凭借操作人员的工程经验在现场进行调节。

1）调节原则

PID 控制参数调节需遵从以下两个原则。一是应具有工程思维，注重标准。调节工作作为工程开发的一环，应采用在项目计划时间内快速完成多个调节方案，在各方案中“择优选取”的工作方式。根据相应标准，各项性能指标都有其接受区间。调节工作的结果只要满足区间要求即可，无须过分苛求结果以至延误开发进度。二是 PID 控制参数调节应兼顾性能，突出特点。优秀的参数调节成果应在兼顾各项性能的基础上，根据系统的应用需求对重要性能有所偏重。因此，调节参数前重要的基础工作包括对系统用途和功能目标的深入理解，做到有针对性地开展工作。

2）控制参数作用

PID 控制参数调节需要了解上文所提到的各个 PID 参数所对应的“系统表现”。工程领域中将 PID 调节的控制效果总结为“快、准、稳”，其中“快”对应比例控制参数 K_p、“准”对应积分控制参数 K_i、“稳”对应微分控制参数 K_d。

比例控制参数、积分控制参数、微分控制参数的作用以及调节不当时会产生的相应问题总结见表 16–3。

3）参数调节方法与步骤

PID 控制系统参数调节采用试凑法，不同的汽车厂商所采用的试凑方式各不相同，但大都采用“先比例，再积分，最后微分”的方式。PID 调节参数界面（以线控转向调节参数为例）如图 16–8 所示，参数输入框与按键由红色方框标出。

表 16-3　比例控制参数、积分控制参数、微分控制参数的作用以及调节不当时会产生的相应问题总结

控制类型	作用	控制参数	参数调节不当产生的问题	
			参数过大	参数过小
比例控制	受控变量快速到达参考变量附近并在目标位置上下振动	K_p	控制作用偏激进，响应的速度快，但会产生超调量，也就是受控变量到达参考变量附近后不断远离，且产生严重振荡，导致系统稳定性变差	控制作用偏保守，系统响应速度变慢，受控变量达到参考变量的时间变长
积分控制	消除静态误差，将受控变量稳定在目标位置	K_i	产生过大超调量，影响系统稳定性	静态误差无法消除
微分控制	使受控变量“变化速度”减小，起到类似于阻尼的作用。通过超前预判，使其上下移动的幅度减小	K_d	对偏差变化的阻尼抑制作用太强，到达目标位置的速度变慢	对偏差变化的阻尼抑制作用太弱，产生振荡

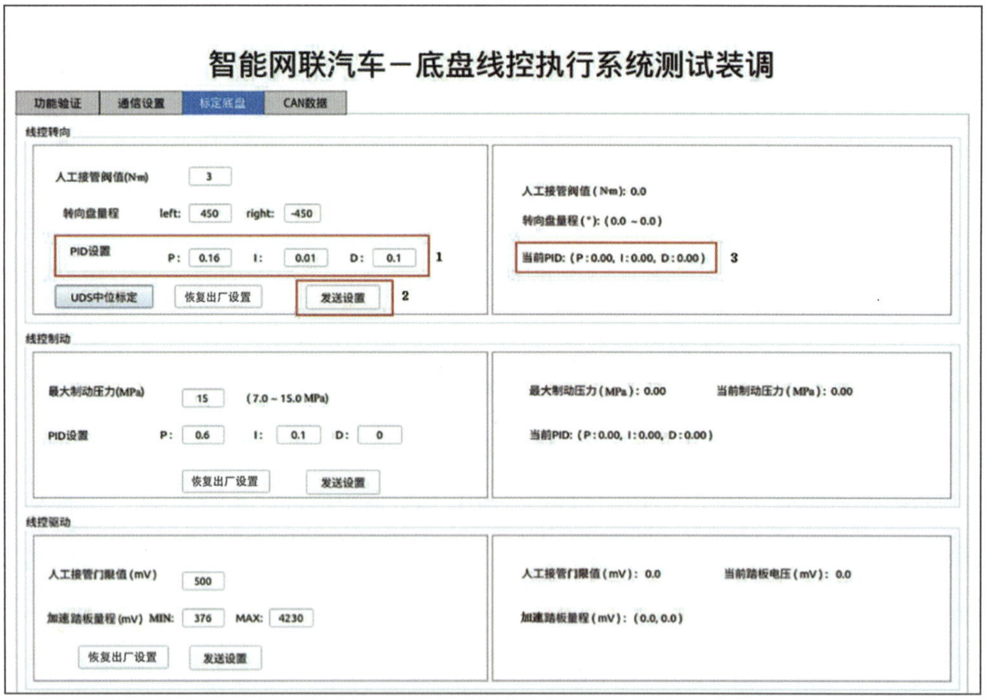

图 16-8　PID 调节参数界面（以线控转向调节参数为例）

具体调节参数步骤如下。

准备工作：

以线控转向系统参数调节为例。首先在软件的通信设置界面连接设备；在软件的功能验证界面单击“使能”按钮；设定转向盘转速，用鼠标拖动“转速”滑动条将转向盘转速调至 50% 的位置（滑动条中间处），之后转向盘会以该速度自动转动至目标位置；设定控制参考变量，用鼠标拖动“转角”滑动条，

确定转向盘目标转角；调节全程通过界面上方的目标角度和实际角度曲线查看调节效果。

参数调节工作：

① 调节比例控制参数。将控制器设定为纯比例控制（P 控制），即不含积分和微分的控制；将系统输入设定为允许最大值的 60%~70%；将比例控制参数由 0 逐渐调大，直至系统出现振荡；此时反向调节比例控制参数，将比例控制参数逐渐调小，直至系统振荡消失，记录此时的比例控制参数值；将记录下来的比例控制参数值乘以一个 0.6~0.7 的系数，得到比例控制参数 K_p。比例控制参数调节完成。此时，控制效果可能会出现系统稳态误差不满足要求的情况，需通过下一步积分控制参数调节解决。

② 调节积分控制参数。比例控制参数 K_p 确定后，将积分控制参数由 0 逐渐调大，直至系统出现振荡；此时反向调节积分控制参数，将积分控制参数逐渐调小，直至系统振荡消失，记录此时的积分控制参数值；将记录下来的积分控制参数值乘以一个 0.55~0.65 的系数，得到积分控制参数 K_i。积分控制参数调节完成。如果控制效果满足要求，则调节任务结束，也就是说采用 PD 控制，使用已确定的参数值即可完成调节任务。如果控制效果依然存在振荡的情况，需通过下一步微分控制参数调节解决。

③ 调节微分控制参数。微分控制参数的调节过程与上两步相同，但取值系数不同。将微分控制参数由 0 逐渐调大，直至系统出现振荡；此时反向调节微分控制参数，将微分控制参数逐渐调小，直至系统振荡消失，记录此时的微分控制参数；将记录下来的微分控制参数值乘以系数 0.3，得到微分控制参数 K_d。微分控制参数调节完成。

上述参数均为工程开发经验值。在工程开发与测试中，通常还会进行控制系统空载与负（带）载两个运行工况联调。根据控制输出曲线对各参数进行微调，直至满足要求。

2. 技能操作

（1）操作准备

准备技能操作所需的物料，见表 16–4。

表 16–4　物料准备

类别	所需物料
教学整车 / 实训平台	线控底盘实训平台、线控转向实训平台、线控制动实训平台
仪器、设备、工具	控制主机、控制调节参数软件等

（2）线控转向系统参数调节

将线控转向系统框图绘制在表 16–5 中。

将线控转向系统变量与控制元件填写在表 16–6 中。

完成线控转向系统参数调节，将结果记录在表 16–7 中。

表 16-5　线控转向系统框图

序号	项目	结果记录
1	系统名称	
2	线控转向系统框图	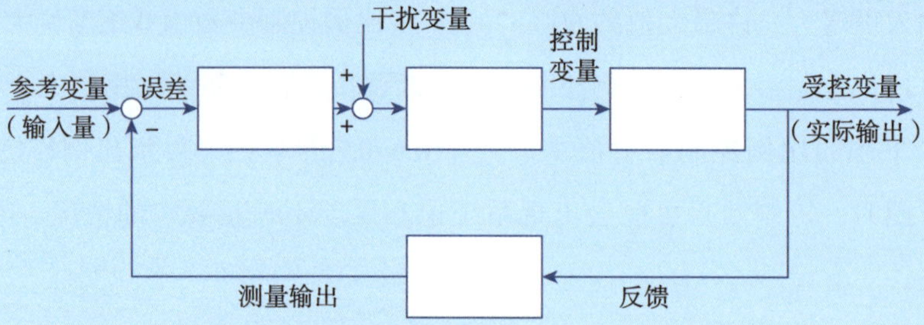

表 16-6　线控转向系统变量与控制元件

控制系统名称		
变量	目的变量	
	受控变量	
	参考变量	
	控制变量	
	干扰变量	
控制元件	传感器	
	执行器（终控元件）	
	受控对象	

表 16-7　线控转向系统参数调节记录

序号	项目	结果记录
1	是否进入通信设置界面	是□　否□
2	是否设置参考变量（输入）	是□　否□ 数值：
3	第一组调节参数	K_p：　K_i：　K_d：
4	第一组参数调节效果描述	
5	第二组调节参数	K_p：　K_i：　K_d：
6	第二组参数调节效果描述	
7	通过对比第一组和第二组参数调节效果，选择参数，进行原因描述	

（3）线控制动系统参数调节

将线控制动系统框图绘制在表 16–8 中。

将线控制动系统变量与控制元件填写在表 16–9 中。

完成线控制动系统参数调节，将结果记录在表 16–10 中。

表 16-8　线控制动系统框图

序号	项目	结果记录
1	系统名称	
2	线控制动系统框图	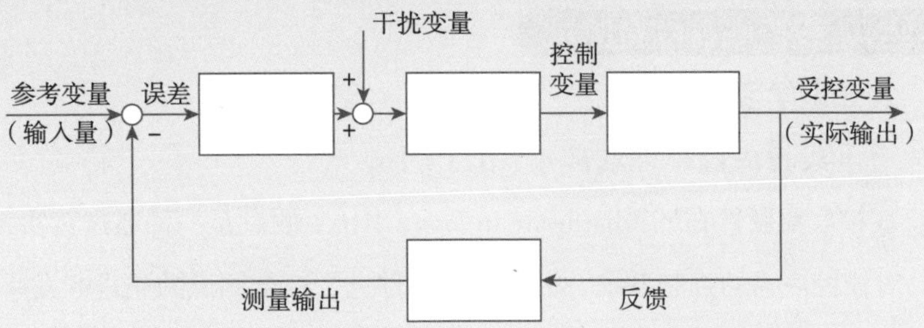

表 16-9　线控制动系统变量与控制元件

控制系统名称		
变量	目的变量	
	受控变量	
	参考变量	
	控制变量	
	干扰变量	
控制元件	传感器	
	执行器（终控元件）	
	受控对象	

表 16-10　线控制动系统参数调节记录

序号	项目	结果记录
1	是否进入通信设置界面	是□　否□
2	是否设置参考变量（输入）	是□　否□ 数值：
3	第一组调节参数	K_p：　K_i：　K_d：
4	第一组参数调节效果描述	
5	第二组调节参数	K_p：　K_i：　K_d：

续表

序号	项目	结果记录
6	第二组参数调节效果描述	
7	通过对比第一组和第二组的参数调节效果，选择参数，进行原因描述	

二、线控底盘综合测试

1. 知识学习

（1）线控底盘硬件在环（HIL）测试

线控底盘硬件在环（hardware in loop，HIL）测试是一种通过真实系统部件与虚拟车辆仿真系统相结合，对线控底盘的控制系统、机械执行部件进行综合测试的先进开发手段。

硬件在环测试系统由底盘线控部件、电控单元、HIL 模拟器及信号接口、操作界面、车辆与场景模型组成，如图 16–9 所示。底盘线控部件和电控单元共同组成真实的底盘线控系统作为测试的对象；车辆与场景模型模拟整个自动驾驶系统运行状态，向系统反馈正确的状态信息；HIL 模拟器运行仿真模型以及处理 I/O 通信、数据记录等各项 HIL 测试中的任务，信号接口按照真实的线路形式（如硬线、CAN 总线、以太网等）与协议收发信息；操作界面与 HIL 模拟器通信，提供可视化操作和观测界面，进行设备硬件、软件和测试任务的管理。

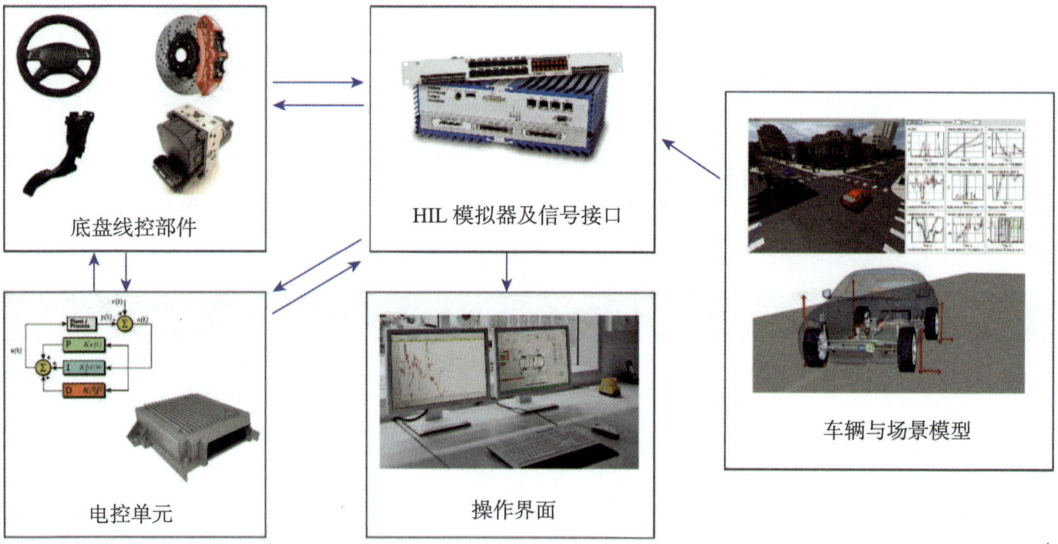

图 16–9　硬件在环测试系统的组成

（2）线控底盘的测试方法

线控底盘综合测试一般采用硬件在环（HIL）和实车路试两种方法。随着虚拟仿真技术的发展，目前线控底盘硬件在环（HIL）测试正在逐渐替代很多实车试验完成测试任务，能有效缩短测试时间，节省开发成本。

传统的底盘系统测试主要是基于功能的测试，对象为人 – 机二元系统。智能网联汽车线控底盘系统作为自动驾驶系统的执行层，是人 – 车 – 环境 – 任务的强耦合系统。因此，线控底盘测试的突出特点是基于场景。

线控底盘硬件在环（HIL）测试分为 HIL 测试系统集成、启动仿真软件、搭建测试环境、建立 CAN 通信、执行测试、保存与处理数据六个主要步骤。

1）HIL 测试系统集成

根据测试需要选择合适的测试工具，并根据测试系统组成，连接部件集成 HIL 测试环境，完成真实线控底盘电控单元控制参数初调、机械执行部件工作条件检查等准备工作。典型的 HIL 测试系统（以线控制动系统 HIL 为例）如图 16–10 所示。

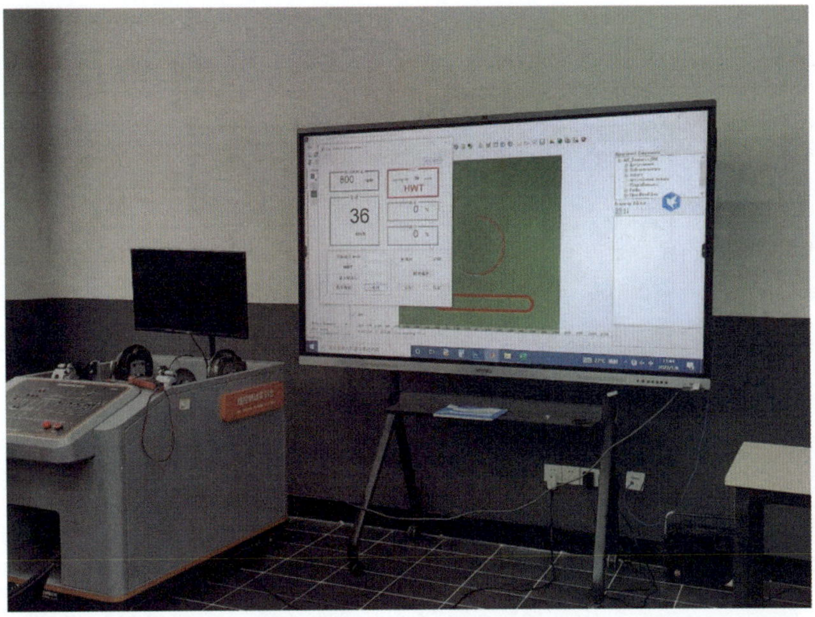

图 16–10　典型的 HIL 测试系统（以线控制动系统 HIL 为例）

2）启动仿真软件

连接网络，启动虚拟仿真软件。在仿真软件内加载试验文件，以图 16–11 所示为例，图中显示加载一个自适应巡航（ACC）测试试验文件。

3）搭建测试环境

环境搭建工作包括根据测试任务载入场景、添加交通参与者（除自车外的其他车辆、行人），如图 16–12 所示。

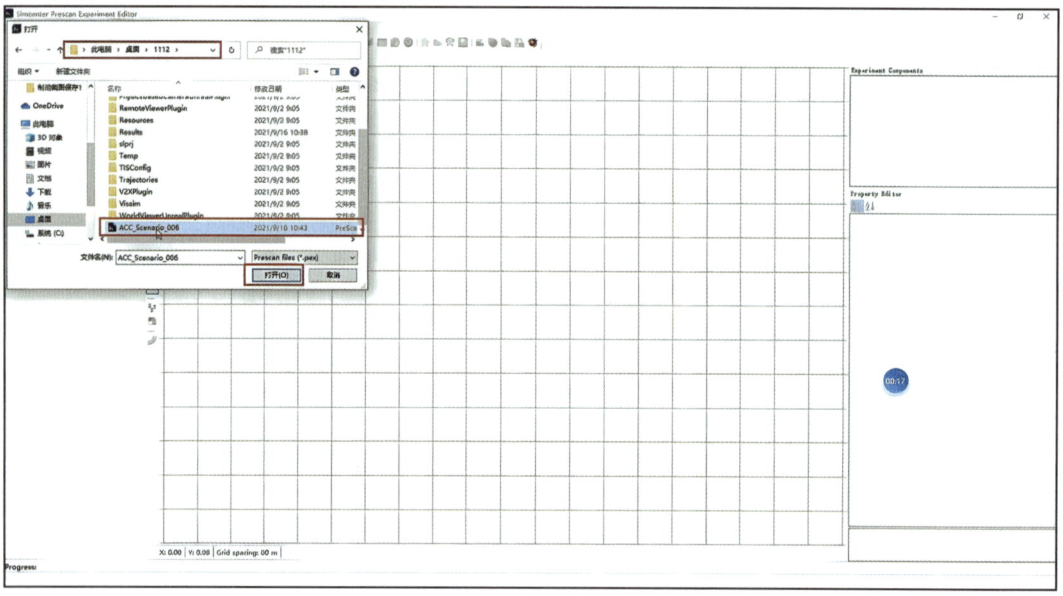

图 16-11　加载试验文件［以自适应巡航（ACC）为例］

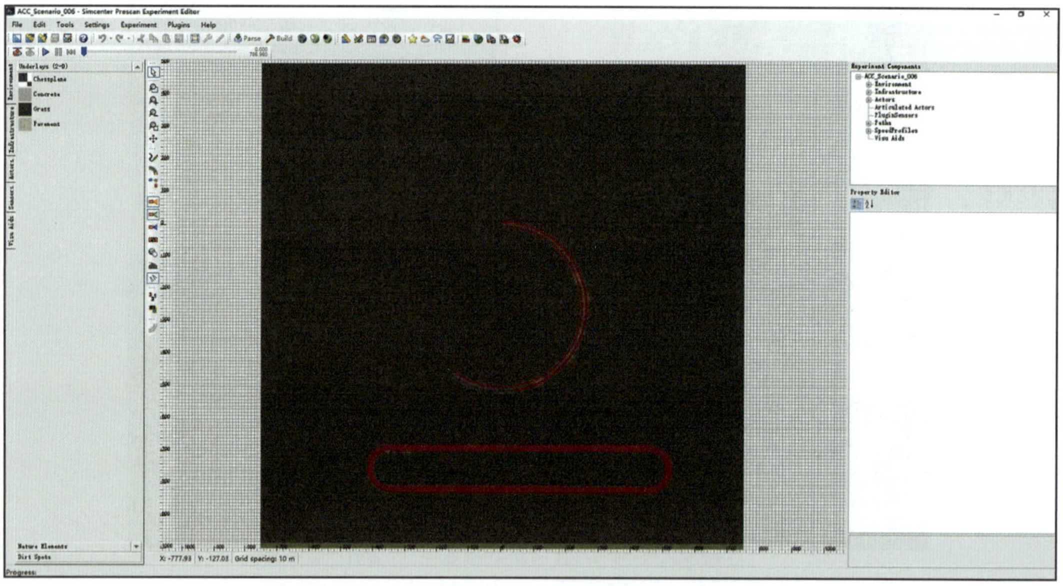

图 16-12　搭建测试环境

4）建立 CAN 通信

连接 HIL 模拟机（工控机）与底盘系统台架，完成建立通信的工作。

需要注意的是，在建立 CAN 通信以及启动仿真软件时，若线控底盘系统未产生响应或未进入线控模式，可考虑使用线控标定软件清除人为干预。

5）执行测试

① 启动任务。在模拟机上进行车辆定位，启动自动驾驶任务。

② 设置自车参数（Ego Vehicle Parameters），在操作界面（上位机）设置巡航速度、最大制动力等参

数，如图 16–13 所示，图中红色方框中标出参数设置界面与操作按键。

③ 单击“测试开始”后，在操作界面实时同步观测制动踏板开度、加速踏板开度、驱动电机转速、转向盘转角等车辆状态信息，以及车辆与障碍物距离、交通信号灯状态等环境信息。

典型测试界面如图 16–14 所示，主要由雷达探测图、3D 仿真画面、车辆参数窗口三部分组成。

④ 线控底盘系统启动并运行，图 16–15 所示为线控转向系统正在运行。观测线控底盘系统运行状态及执行器动作情况。注意观察是否显示故障信息、有无剧烈振动和异响情况，如果出现上述情况应立刻中止测试。

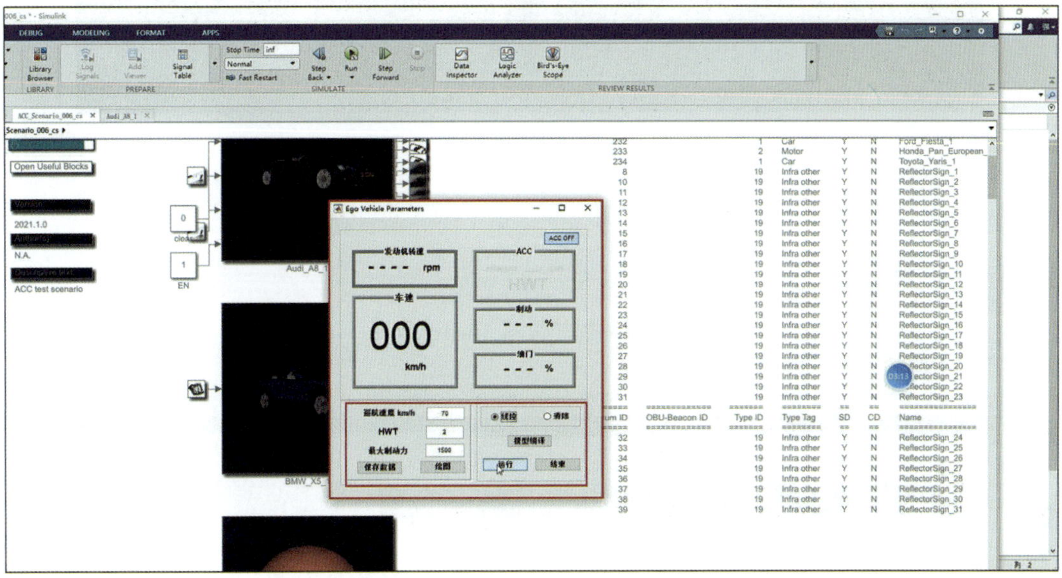

图 16–13　设置自车参数

图 16–14　典型测试界面

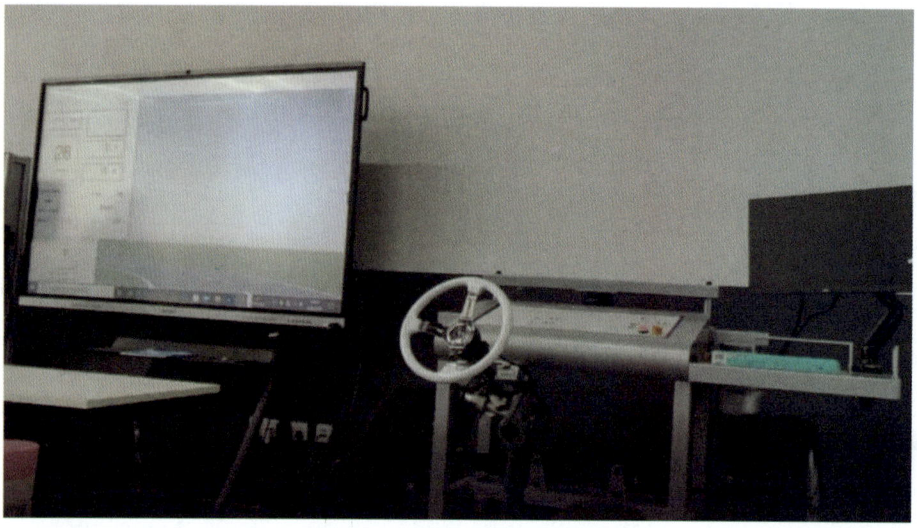

图 16-15　线控转向系统运行

⑤ 结束测试。在完成全部测试任务后，单击“结束”终止测试任务。

6）保存与处理数据

将线控底盘测试数据保存为 Excel 表格格式，如图 16-16 所示。

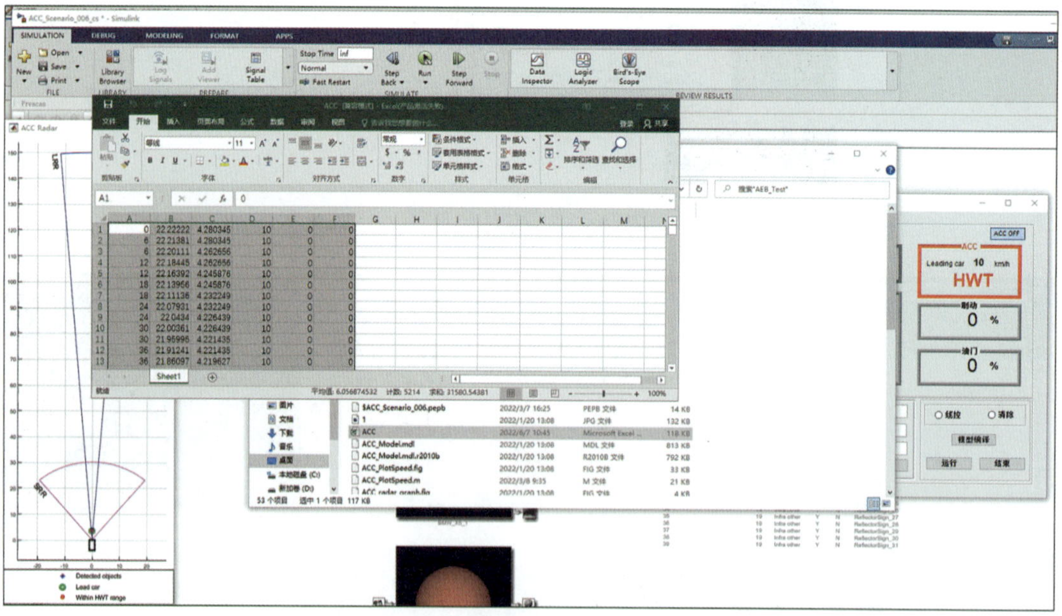

图 16-16　线控底盘测试数据保存

根据测试目的不同，数据应包括自车车速、发动机转速、前车速度等。利用数字图形化软件，根据数据绘制数据曲线，如图 16-17 所示。依照相关规范编写测试报告。

需要注意的是，由于测试期间底盘台架自主动作，因此，基于安全考虑，在综合测试过程中应避免触碰转向盘、加速踏板、制动踏板和各个车轮。

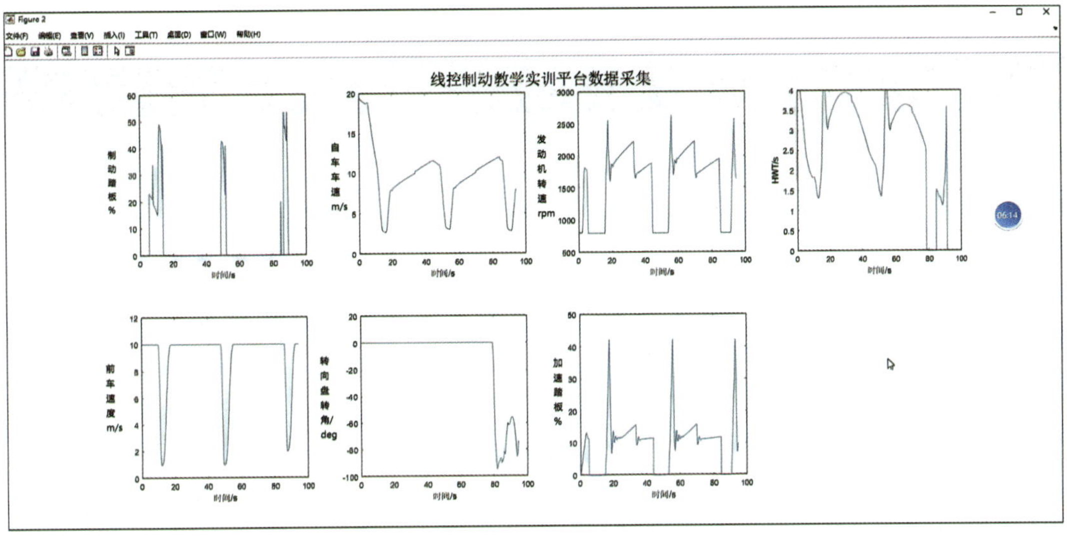

图 16-17　测试数据曲线绘制

2. 技能操作

（1）操作准备

准备技能操作所需的物料，见表 16-11。

表 16-11　物料准备

类别	所需物料
教学整车 / 实训平台	线控底盘实训平台、线控转向实训平台、线控制动实训平台
仪器、设备、工具	HIL 模拟机、虚拟仿真测试软件、显示器、鼠标、键盘等

（2）线控底盘综合测试

对线控底盘进行综合测试，将结果记录在表 16-12 中。

表 16-12　线控底盘综合测试记录

序号	项目	结果记录	
1	是否完成 HIL 测试系统组装	是□　否□	
2	是否完成系统控制参数粗调	是□　否□	
3	机械执行部件检查	检查项目	处理结果
4	是否进行网络连接	是□　否□	
5	载入测试场景	场景名称：	

续表

序号	项目	结果记录	
6	添加交通参与者	交通参与者名称与数量	简要说明
7	是否建立 CAN 通信	是□　　否□	
8	启动自动驾驶任务	任务名称：	简要描述：
9	自车参数设置	车速：	最大制动力：
10	测试中线控底盘运行是否有异常	是□　　否□	故障现象描述：
11	是否单击“结束”终止测试任务	是□　　否□	
12	是否正确输出测试数据	数据格式：	数据内容：
13	是否规范完成数据图形化处理	是□　　否□	
14	综合测试结果评价		

检查评估

对本任务的学习情况进行检查，并将相关内容填写在表 16–13 中。

表 16–13　检查表

检查项目	检查结果	结果点评
线控底盘参数调节		
是否正确绘制线控转向系统和线控制动系统框图	是□　　否□	
是否正确写出线控转向系统和线控制动系统变量与控制元件	是□　　否□	
是否完成两组参数调节方案并择优选用其一	是□　　否□	
线控底盘 HIL 综合测试		
是否正确完成 HIL 测试系统集成	是□　　否□	
是否正确添加任务场景	是□　　否□	
所选择并填写的自车参数是否合理	是□　　否□	
是否规范进行数据保存	是□　　否□	
数据图形化所选择对象是否与测试目的对应	是□　　否□	

续表

检查项目	检查结果	结果点评
整理与恢复		
工具、设备是否整理恢复	是□　否□	
实训工位是否打扫干净	是□　否□	
产生的垃圾是否分类处理	是□　否□	

任务小结

本任务小结如图 16–18 所示。

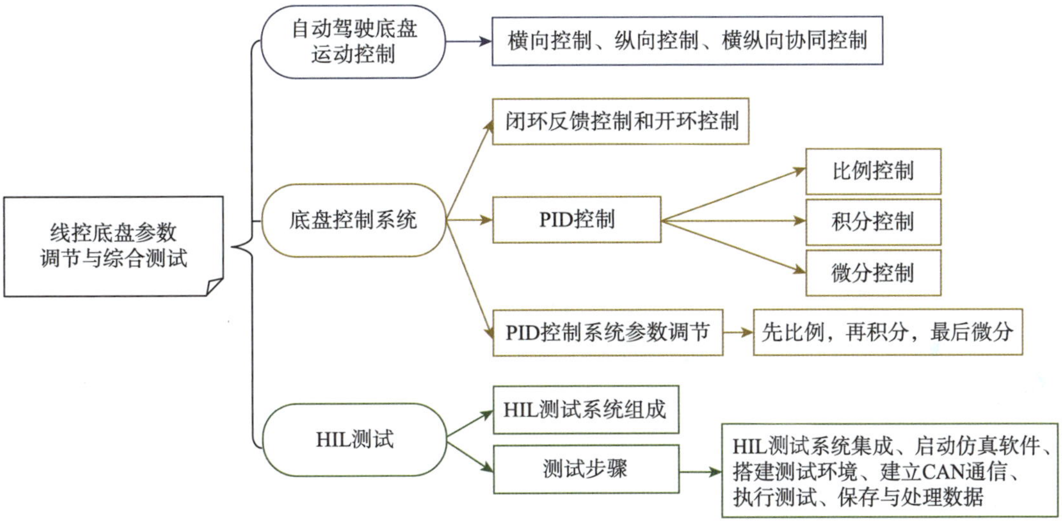

图 16–18　任务小结